O normal e
o patológico

COLEÇÃO: EPISTEME – POLÍTICA, HISTÓRIA - CLÍNICA
COORDENADOR: MANOEL BARROS DA MOTTA

- **Cristianismo: Dicionário dos Tempos, dos Lugares e das Figuras**
  André Vauchez

- **Do Mundo Fechado ao Universo Infinito**
  Alexandre Koyré

- **Estudos de História do Pensamento Científico**
  Alexandre Koyré

- **Estudos de História do Pensamento Filosófico**
  Alexandre Koyré

- **Filosofia do Odor**
  Chantal Jaquet

- **A Democracia Internet**
  Dominique Cardon

- **A Loucura Maníaco-Depressiva**
  Emil Kraepelin

- **A Razão e os Remédios**
  François Dagognet

- **O Corpo**
  François Dagognet

- **Estudos de História e de Filosofia das Ciências**
  Georges Canguilhem

- **O Conhecimento da Vida**
  Georges Canguilhem

- **O Normal e o Patológico**
  Georges Canguilhem

- **Realizar-se ou se superar – Ensaio sobre o Esporte contemporâneo**
  Isabelle Queval

- **Da Psicose Paranoica em suas Relações com a Personalidade**
  Jacques Lacan

- **Filosofia das Ciências**
  Jean Cavaillés

- **História da Filosofia Política**
  Leo Strauss e Joseph Cropsey

- **Ditos e Escritos – volumes I a X**
  Michel Foucault

- **O Nascimento da Clínica**
  Michel Foucault

- **A Arqueologia do Saber**
  Michel Foucault

- **Raymond Roussel**
  Michel Foucault

- **História do Egito Antigo**
  Nicolas Grimal

- **Michel Foucault – Uma Trajetória Filosófica**
  Paul Rabinow e Hubert Dreyfus

- **Introdução à Europa Medieval 300 – 1550**
  Peter Hoppenbrouwers – Wim Blockmans

- **Michel Foucault**
  Philippe Artières, Jean-François Bert, Frédéric Gros e Judith Revel

GEORGES CANGUILHEM

O normal e o patológico

7ª edição

Tradução
MARIA THEREZA REDIG DE CARVALHO BARROCAS

Revisão Técnica
MANOEL BARROS DA MOTTA

Tradução do Posfácio de PIERRE MACHEREY
e da Apresentação de LOUIS ALTHUSSER
LUIZ OTÁVIO F. BARRETO LEITE

Rio de Janeiro

- O autor deste livro e a editora empenharam seus melhores esforços para assegurar que as informações e os procedimentos apresentados no texto estejam em acordo com os padrões aceitos à época da publicação, *e todos os dados foram atualizados pelo autor até a data de fechamento do livro*. Entretanto, tendo em conta a evolução das ciências, as atualizações legislativas, as mudanças regulamentares governamentais e o constante fluxo de novas informações sobre os temas que constam do livro, recomendamos enfaticamente que os leitores consultem sempre outras fontes fidedignas, de modo a se certificarem de que as informações contidas no texto estão corretas e de que não houve alterações nas recomendações ou na legislação regulamentadora.

- O autor e a editora se empenharam para citar adequadamente e dar o devido crédito a todos os detentores de direitos autorais de qualquer material utilizado neste livro, dispondo-se a possíveis acertos posteriores caso, inadvertida e involuntariamente, a identificação de algum deles tenha sido omitida.

- **Atendimento ao cliente: (11) 5080-0751 I faleconosco@grupogen.com.br**

- **Traduzido de**
  LE NORMAL ET LE PATHOLOGIQUE
  © *Copyright* © *Presses Universitaires de France, 1966*
  All Rights Reserved.

- Tradução de Maria Thereza Redig de Carvalho Barrocas

- Direitos exclusivos para a língua portuguesa
  Copyright © 2011, 2020, 2024 (10ª impressão) by
  Forense Universitária, um selo da Editora Forense LTDA.
  Uma editora integrante do GEN | Grupo Editorial Nacional

- Travessa do Ouvidor, 11
  Rio de Janeiro – RJ – 20040-040
  www.grupogen.com.br

  Reservados todos os direitos. É proibida a duplicação ou reprodução deste volume, no todo ou em parte, em quaisquer formas ou por quaisquer meios (eletrônico, mecânico, gravação, fotocópia, distribuição pela Internet ou outros), sem permissão, por escrito, da Editora Forense Ltda.

- **CIP – Brasil. Catalogação-na-fonte.**
  Sindicato Nacional dos Editores de Livros, RJ.

C226n   Canguilhem, Georges, 1904-1995
7.ed.   O normal e o patológico / Georges Canguilhem; tradução de Maria Thereza Redig
         de Carvalho Barrocas; revisão técnica de Manoel Barros da Motta; tradução do posfácio de
         Pierre Macherey e da apresentação de Louis Althusser, Luiz Otávio Ferreira Barreto Leite.
         – 7.ed. – [10ª Reimp.] – Rio de Janeiro: Editora Forense, 2024.
         (Campo teórico)

         Tradução de: Le normal et le pathologique
         Conteúdo parcial: A filosofia da ciência de Georges Canguilhem / Pierre Macherey
         Inclui bibliografia e índice
         ISBN 978-85-309-3561-0

         1. Patologia. 2. Medicina – Filosofia. I. Macherey, Pierre. A filosofia da ciência de
         Georges Canguilhem. II. Título.

11-2322.   CDD 616.07
                                                                                      CDU 616

O GEN | Grupo Editorial Nacional – maior plataforma editorial brasileira no segmento científico, técnico e profissional – publica conteúdos nas áreas de ciências humanas, exatas, jurídicas, da saúde e sociais aplicadas, além de prover serviços direcionados à educação continuada e à preparação para concursos.

As editoras que integram o GEN, das mais respeitadas no mercado editorial, construíram catálogos inigualáveis, com obras decisivas para a formação acadêmica e o aperfeiçoamento de várias gerações de profissionais e estudantes, tendo se tornado sinônimo de qualidade e seriedade.

A missão do GEN e dos núcleos de conteúdo que o compõem é prover a melhor informação científica e distribuí-la de maneira flexível e conveniente, a preços justos, gerando benefícios e servindo a autores, docentes, livreiros, funcionários, colaboradores e acionistas.

Nosso comportamento ético incondicional e nossa responsabilidade social e ambiental são reforçados pela natureza educacional de nossa atividade e dão sustentabilidade ao crescimento contínuo e à rentabilidade do grupo.

SUMÁRIO

Prólogo IX

I   Ensaio sobre alguns Problemas relativos ao Normal
    e ao Patológico (1943)................................. 1
    Prefácio da Segunda Edição............................ 3
    Introdução.. 6

Primeira Parte
    Seria o Estado Patológico apenas uma Modificação Quantitativa
    do Estado Normal?..................................... 9
I   Introdução ao Problema................................ 9
II   Augusto Comte e o "Princípio de Broussais"............ 16
III Claude Bernard e a Patologia Experimental............. 31
IV   As Concepções de R. Leriche........................... 53
V   As Implicações de uma Teoria.......................... 62

Segunda Parte
    Existem Ciências do Normal e do Patológico?........... 71
I   Introdução ao Problema................................ 71
II   Exame Crítico de alguns Conceitos: do Normal, da Anomalia e
    da Doença, do Normal e do Experimental................ 79
III Norma e Média... 101
IV   Doença, Cura, Saúde................................... 125
V   Fisiologia e Patologia................................ 144
    Conclusão... 165
    Índice Bibliográfico.................................. 168
    Índice dos Nomes Citados.............................. 177

II	Novas Reflexões Referentes ao Normal e ao Patológico (1963-1966) .	181
	Vinte Anos depois...	183
I	Do Social ao Vital	187
II	Sobre as Normas Orgânicas no Homem	206
III	Um Novo Conceito em Patologia: o Erro	223
	Epílogo.	235
	Bibliografia.	236
	Índice dos Nomes Citados	241
	Posfácio	243

PRÓLOGO

A presente obra é a reunião de dois estudos, um dos quais inédito, relativos ao mesmo assunto. Trata-se, primeiro, da reedição de minha Tese de Doutorado em Medicina, reedição esta que foi facilitada pelo amável consentimento do Comitê de Publicações da Faculdade de Letras de Estrasburgo, tornando possível a realização do projeto das *Presses Universitaires de France*. Àqueles que conceberam esse projeto, assim como àqueles que favoreceram esta reedição, expresso aqui todo o meu reconhecimento.

Não cabe a mim dizer se esta reedição se impunha ou não. É verdade que minha tese teve a ventura de suscitar algum interesse no mundo médico, assim como entre os filósofos. Resta-me esperar que ela não seja agora considerada muito ultrapassada.

Acrescentando algumas considerações inéditas a meu primeiro *Ensaio*, procuro apenas fornecer um testemunho senão de meu sucesso, ao menos de meus esforços, *para conservar um problema* – que considero fundamental – no mesmo estado de atualidade que seus dados concretos, sempre em transformação.

G. C.
1966

Esta edição contém algumas retificações de detalhes e algumas notas complementares de pé de página, assinaladas por um asterisco.

G. C.
1972

I

ENSAIO SOBRE ALGUNS PROBLEMAS RELATIVOS AO NORMAL E AO PATOLÓGICO (1943)

PREFÁCIO DA SEGUNDA EDIÇÃO[1]

Esta segunda edição de minha Tese de Doutorado em Medicina reproduz exatamente o texto da primeira, publicada em 1943. Não porque a considere definitivamente satisfatória; mas, por um lado, o Comitê de Publicações da Faculdade de Letras de Estrasburgo – ao qual agradeço muito cordialmente por ter decidido reimprimir minha obra – não podia arcar com as despesas que uma modificação do texto acarretaria. Por outro lado, as correções ou complementos a este primeiro ensaio aparecerão em um futuro trabalho, de caráter mais geral. Gostaria apenas de indicar algumas novas leituras, certas críticas que me foram feitas, algumas reflexões pessoais com que eu poderia e deveria ter beneficiado a primeira versão de meu ensaio.

E, antes de tudo, mesmo em 1943, deveria ter indicado a ajuda que poderia encontrar, para o tema central de minha obra, em trabalhos como *Traité de psychologie générale*, de Pradines, e *Structure du comportement*, de Merleau-Ponty. Só pude indicar o segundo, descoberto quando meu manuscrito já estava no prelo. Ainda não havia lido o primeiro. Basta lembrar as condições em que era feita a distribuição de livros em 1943 para compreender as dificuldades de documentação da época. Além disso, devo confessar que não o lamento muito, preferindo muitíssimo uma convergência, cujo caráter fortuito faz ressaltar melhor o valor de necessidade intelectual, a uma aquiescência, mesmo totalmente sincera, às opiniões de outrem.

Se escrevesse hoje este ensaio, eu deveria dar um grande destaque aos trabalhos de Selye e à sua teoria do estado de alarme

---
1   1950 – A primeira edição data de 1943.

orgânico. Esta exposição poderia servir de mediação entre as teses – bem diferentes, à primeira vista – de Leriche e de Goldstein, que considero da maior importância. Selye estabeleceu que falhas ou distúrbios do comportamento, assim como as emoções e a fadiga por eles gerados, provocam, por sua frequente reiteração, uma modificação estrutural do córtex suprarrenal análoga à que é determinada pela introdução no meio interno de substâncias hormonais impuras ou puras mas em altas doses, ou de substâncias tóxicas. Todo estado orgânico de tensão desordenada, todo comportamento de alarme e *stress* provoca a reação suprarrenal. Essa reação é "normal", tendo em vista a ação e os efeitos da corticosterona no organismo. Aliás, essas reações estruturais, que Selye chama de reações de adaptação e reações de alarme, têm relação tanto com a tireoide ou com a hipófise quanto com a suprarrenal. Porém essas reações normais (isto é, biologicamente favoráveis) acabam por desgastar o organismo, no caso de repetições anormais (isto é, estatisticamente frequentes) das situações geradoras da reação de alarme. Em certos indivíduos instalam-se, portanto, doenças de adaptação. As repetidas descargas de corticosterona provocam ou perturbações funcionais, como o espasmo vascular ou a hipertensão, ou então lesões morfológicas, como a úlcera de estômago. Por isso é que se observou, na população das cidades inglesas sujeitas aos *raids* aéreos da última guerra, uma multiplicação considerável dos casos de úlcera gástrica.

Se interpretarmos esses fatos do ponto de vista de Goldstein, veremos a doença como o comportamento catastrófico; se os interpretarmos do ponto de vista de Leriche, a veremos como a anomalia histológica determinada pela desordem fisiológica. Esses dois pontos de vista não se excluem; muito pelo contrário.

Da mesma forma, tiraria grande partido, hoje em dia, das obras de Etienne Wolff, *Les changements de sexe* e *La science des monstres*, para minhas referências sobre os problemas da teratogênese. Insistiria mais na possibilidade e mesmo na obrigação de esclarecer as formações normais pelo conhecimento das formações monstruosas. Afirmaria com maior convicção ainda que não há, em tese e *a priori*, diferença ontológica entre uma forma viva perfeita e uma forma viva malograda. Aliás, será líci-

Prefácio da Segunda Edição

to falar de formas vivas malogradas? Que falha pode-se detectar em um ser vivo, enquanto não se tiver fixado a natureza de suas obrigações como ser vivo?

Deveria também ter levado em conta – mais ainda que as aprovações e confirmações que recebi de médicos, psicólogos, como meu amigo Lagache, professor da Sorbonne, ou biólogos, como Sabiani e Kehl, da Faculdade de Medicina de Argel – as críticas ao mesmo tempo compreensivas e severas de Louis Bounoure, da Faculdade de Ciências de Estrasburgo. Em sua obra *L'autonomie de l'être vivant*, Bounoure me acusa – com tanto espírito quanto cordialidade – de me deixar levar pela "obsessão evolucionista", e considera com grande perspicácia, se assim posso dizer, a ideia de uma normatividade do ser vivo como uma projeção, sobre toda a natureza viva, da tendência humana ao aperfeiçoamento. Com efeito, é um grave problema, ao mesmo tempo biológico e filosófico, saber se é ou não legítimo introduzir a História na Vida (penso, a esse respeito, em Hegel e nos problemas levantados pela interpretação do hegelianismo). É compreensível que eu não possa abordar essa questão em um prefácio. Quero ao menos dizer que ela não me escapa, que espero abordá-la futuramente, e que agradeço a Bounoure por ter me ajudado a colocá-la.

Finalmente, é certo que, atualmente, ao expor as ideias de Claude Bernard, eu não poderia deixar de levar em conta a publicação, em 1947, pelo Dr. Delhoume, dos *Principes de médecine expérimentale*, em que Claude Bernard examina, com mais precisão que em outras obras, o problema da relatividade individual do fato patológico. Não penso, no entanto, que minha opinião sobre as ideias de Claude Bernard se modificasse quanto ao essencial.

Para terminar, acrescento que certos leitores se surpreenderam com a brevidade de minhas conclusões e com o fato de elas deixarem aberta a porta filosófica. Devo dizer que isso foi intencional. Tinha tido a intenção de fazer um trabalho de abordagem para uma futura tese filosófica. Tinha plena consciência de que, na minha Tese de Medicina, tinha me deixado levar, talvez até demais, pelo demônio filosófico. Foi deliberadamente que dei a minhas conclusões o caráter de proposições simples e sobriamente metodológicas.

INTRODUÇÃO

O problema das estruturas e dos comportamentos patológicos no homem é imenso. O portador de um defeito físico congênito, um invertido sexual, um diabético, um esquizofrênico levantam inumeráveis problemas que remetem, em última análise, ao conjunto das pesquisas anatômicas, embriológicas, fisiológicas, psicológicas. Nossa opinião, no entanto, é que esse problema não deve ser dividido, e que as chances de esclarecê-lo são maiores se o considerarmos em blocos do que se o dividirmos em questões de detalhe. No momento, porém, não temos meios de sustentar essa opinião pela apresentação de uma síntese suficientemente documentada, que esperamos realizar um dia. No entanto, não é apenas essa impossibilidade que a publicação de algumas de nossas pesquisas traduz, mas também a intenção de marcar tempos sucessivos no exame da questão.

A filosofia é uma reflexão para a qual qualquer matéria estranha serve, ou diríamos mesmo para a qual só serve a matéria que lhe for estranha. Tendo começado o curso de medicina alguns anos depois de haver terminado o curso de filosofia, e ao mesmo tempo que ensinava filosofia, tornam-se necessárias algumas palavras de explicação a respeito de nossas intenções. Não é necessariamente para conhecer melhor as doenças mentais que um professor de filosofia pode se interessar pela medicina. Não é, também, necessariamente para praticar uma disciplina científica. Esperávamos da medicina justamente uma introdução a problemas humanos concretos. A medicina nos pareceria, e nos parece ainda, uma técnica ou arte situada na confluência de várias ciências, mais do que uma ciência propriamente dita. Parecia-nos que uma cultura médica direta viria favorecer uma colocação mais precisa e o esclarecimento de dois problemas que nos interessavam: o das relações entre ciências e técnicas e o das normas e do normal. Aplicando à medicina um espírito que gostaríamos de chamar "sem preconceitos", pareceu-nos que, apesar de tantos esforços louváveis para introduzir métodos de racionalização científica, o essencial dessa ciência ainda era a clínica e a terapêutica, isto é, uma técnica de instauração e de restauração do normal, que não pode ser inteiramente reduzida ao simples conhecimento.

O presente trabalho é, portanto, um esforço para integrar à especulação filosófica alguns dos métodos e das conquistas da medicina. É preciso dizer que não se trata de dar nenhuma lição, nem de fazer nenhum julgamento normativo sobre a atividade médica. Não temos a pretensão de querer renovar a medicina incorporando-lhe uma metafísica. Se a medicina deve ser renovada, cabe aos médicos a honra e o risco de fazê-lo. Tivemos, porém, a ambição de contribuir para a renovação de certos conceitos metodológicos, retificando sua compreensão pela influência de uma informação médica. Que não se espere, portanto, desta obra, mais do que quisermos dar. A medicina é frequentemente a presa e a vítima de uma certa literatura pseudofilosófica cujos autores, cumpre dizer, muitas vezes são os próprios médicos, e da qual a medicina e a filosofia raramente tiram algum proveito. Não pretendemos incentivar essa tendência. Tampouco pretendemos passar por historiador da medicina. E, se na primeira parte colocamos o problema em perspectiva histórica, foi unicamente para que ficasse mais facilmente inteligível. Não temos nenhuma pretensão de erudição no campo da biografia.

Apenas uma palavra sobre a delimitação do assunto. O problema geral do normal e do patológico pode, do ponto de vista médico, dividir-se em problema teratológico e em problema nosológico, e este último, por sua vez, em problema de nosologia somática ou de fisiopatologia, e em problema de nosologia psíquica ou de psicopatologia. E é muito precisamente ao problema de nosologia somática, ou de fisiologia patológica, que desejamos limitar o presente trabalho, sem, no entanto, deixar de buscar na teratologia ou na psicopatologia um ou outro dado, noção ou solução que nos parecessem particularmente capazes de esclarecer o exame da questão ou de confirmar algum resultado.

Fizemos também questão de apresentar nossas concepções em ligação com o exame crítico de uma tese, geralmente adotada no século XIX, relativa às relações entre o normal e o patológico. Trata-se de uma tese segundo a qual os fenômenos patológicos são idênticos aos fenômenos normais correspondentes, salvo pelas variações quantitativas. Assim procedendo, acreditamos obedecer a uma exigência do pensamento filosófico, que é a de reabrir debates mais do que fechá-los. León Brunschvicg disse, a respeito da filosofia, que ela é a ciência dos problemas resolvidos. Fazemos nossa esta definição simples e profunda.

Primeira Parte

SERIA O ESTADO PATOLÓGICO APENAS UMA MODIFICAÇÃO QUANTITATIVA DO ESTADO NORMAL?

I INTRODUÇÃO AO PROBLEMA

Para agir, é preciso ao menos localizar. Como agir sobre um terremoto ou um furacão? É, sem dúvida, à necessidade terapêutica que se deve atribuir a iniciativa de qualquer teoria ontológica da doença. Ver em qualquer doente um homem aumentado ou diminuído em algo já é, em parte, tranquilizar-se. O que o homem perdeu pode lhe ser restituído; o que nele entrou pode sair. Mesmo se a doença é sortilégio, encantamento, possessão demoníaca, pode-se ter a esperança de vencê-la. Basta pensar que a doença atinge o homem para que nem toda esperança esteja perdida. A magia oferece inúmeros recursos para comunicar às drogas e aos ritos de encantamento toda a intensidade do desejo da cura. Sigerist assinalou que a medicina egípcia provavelmente generalizou a experiência oriental das afecções parasitárias, combinando-a com a ideia da doença-possessão. Expulsar vermes é recuperar a saúde [107, *120*].[1] A doença entra e sai do homem como por uma porta. Atualmente ainda existe uma hierarquia vulgar das doenças, baseada na maior facilidade de localizar seus sintomas. Assim, a paralisia agitante é mais doença do que a zona torácica, e a zona torácica mais do que o furúnculo. Sem querer atentar contra a majestade dos dogmas de Pasteur, pode-se até dizer que a teoria microbiana das doenças contagiosas deve, certamente, uma parte considerável de seu sucesso ao fato de conter uma representação ontológica do mal. O micróbio, mesmo

---

1 As referências entre colchetes remetem aos números do Índice Bibliográfico, p. 178-187 (primeiro grupo de números) e aos tomos, páginas ou artigos da obra mencionada (números em itálico).

sendo necessária a mediação complicada do microscópio, dos corantes e das culturas, pode ser visto, ao passo que não se poderia ver um miasma ou uma influência. Ver um ser já é prever um ato. Ninguém pode contestar o caráter otimista das teorias da infecção quanto a seu prolongamento terapêutico. A descoberta das toxinas e o reconhecimento do papel patogênico dos terrenos específicos e individual destruíram a admirável simplicidade de uma doutrina, cuja roupagem científica dissimulava a persistência de uma reação diante do mal, que é tão antiga quanto o próprio homem.

Se sentimos, porém, a necessidade de nos tranquilizarmos é que uma angústia pesa constantemente sobre nosso pensamento; se delegamos à técnica, mágica ou positiva, a tarefa de restaurar na norma desejada o organismo afetado pela doença, é porque nada esperamos de bom da natureza por si própria.

A medicina grega, ao contrário, oferece à nossa consideração, nos escritos e práticas hipocráticos, uma concepção não mais ontológica, e sim dinâmica da doença, não mais localizante, e sim totalizante. A natureza (*physis*), tanto no homem como fora dele, é harmonia e equilíbrio. A perturbação desse equilíbrio, dessa harmonia, é a doença. Nesse caso, a doença não está em alguma parte do homem. Está em todo o homem e é toda dele. As circunstâncias externas são ocasiões, e não causas. O que está em equilíbrio no homem, e cuja perturbação causa a doença, são quatro humores, cuja fluidez é precisamente capaz de suportar variações e oscilações, e cujas qualidades são agrupadas duas a duas, segundo seu contraste (quente, frio, úmido, seco). A doença não é somente desequilíbrio ou desarmonia; ela é também, e talvez sobretudo, o esforço que a natureza exerce no homem para obter um novo equilíbrio. A doença é uma reação generalizada com intenção de cura. O organismo desenvolve uma doença para se curar. A terapêutica deve, em primeiro lugar, tolerar e, se necessário, até reforçar essas reações hedônicas e terapêuticas espontâneas. A técnica médica imita a ação médica natural (*vis medicatrix naturae*). Imitar é não somente copiar uma aparência, é reproduzir uma tendência, prolongar um movimento íntimo. É claro que tal concepção é otimista, mas esse otimismo diz respeito ao sentido da natureza, e não ao efeito da técnica humana.

O pensamento dos médicos oscila, até hoje, entre essas duas representações da doença, entre essas duas formas de otimismo, encontrando, de cada vez, para uma ou outra atitude, alguma boa razão em uma patogenia recentemente elucidada. As doenças de carência e todas as doenças infecciosas ou parasitárias fazem a teoria ontológica marcar um ponto; as perturbações endócrinas e todas as doenças marcadas pelo prefixo *dis* reafirmam a teoria dinamista ou funcional. Essas duas concepções têm, no entanto, um ponto em comum: encaram a doença, ou melhor, a experiência de estar doente, como uma situação polêmica, seja uma luta do organismo contra um ser estranho, seja uma luta interna de forças que se afrontam. A doença difere da saúde, o patológico, do normal, como uma qualidade difere de outra, quer pela presença ou ausência de um princípio definido, quer pela reestruturação da totalidade orgânica. Essa heterogeneidade dos estados normal e patológico ainda é compreensível na concepção naturista que pouco espera da intervenção humana para a restauração do normal. A natureza encontraria os meios para a cura.

Contudo, em uma concepção que admite e espera que o homem possa forçar a natureza e dobrá-la a seus desejos normativos, a alteração qualitativa que separa o normal do patológico era dificilmente sustentável. Desde Bacon, não se insiste na ideia de que só se pode dominar a natureza obedecendo-lhe? Dominar a doença é conhecer suas relações com o estado normal que o homem vivo deseja restaurar, já que ama a vida. Daí a necessidade teórica, mas com prazo técnico diferido, de fundar uma patologia científica ligando-a à fisiologia. Thomas Sydenham (1624-1689) achava que para ajudar o doente era preciso delimitar e determinar seu mal. Há espécies mórbidas assim como há espécies vegetais ou animais. Há uma ordem nas doenças, segundo Sydenham, assim com há uma regularidade nas anomalias, segundo I. Geoffroy Saint-Hilaire. Pinel justificava todas essas tentativas de classificação nosológica, levando o gênero à sua perfeição máxima em sua *Nosografia filosófica* (1797), a respeito da qual Daremberg disse que era obra de um naturalista mais do que de um clínico [29, *1201*].

Nesse meio-tempo, Morgagni (1682-1771), criando a anatomia patológica, havia permitido que se associasse a lesões de órgão definidas grupos de sintomas estáveis. De modo que a classificação nosográfica encontrou um substrato na decomposição anatômica. Porém, como desde Harvey e Haller a anatomia se tinha "animado" para tornar-se fisiologia, a patologia vinha naturalmente prolongar a fisiologia. Encontra-se em Sigerist uma explanação sumária e magistral de toda essa evolução das ideias médicas [107, *117-142*]. Essa evolução resultou na formação de uma teoria das relações entre o normal e o patológico, segundo a qual os fenômenos patológicos nos organismos vivos nada mais são do que variações quantitativas, para mais ou para menos, dos fenômenos fisiológicos correspondentes. Semanticamente, o patológico é designado a partir do normal, não tanto como *a* ou *dis*, mas como *hiper* ou *hipo*.

Essa teoria não defende absolutamente a tese de que saúde e doença sejam opostos quantitativos, forças em luta, apesar de conservar a confiança tranquilizadora que a teoria ontológica deposita na possibilidade de vencer tecnicamente o mal. A necessidade de restabelecer a continuidade, para melhor conhecer, a fim de melhor agir é tal que, levando-a às últimas consequências, o conceito de doença se desvaneceria. A convicção de poder restaurar cientificamente o normal é tal que acaba por anular o patológico. A doença deixa de ser objeto de angústia para o homem são, e torna-se objeto de estudo para o teórico da saúde. É no Patológico, com letra maiúscula, que se decifra o ensinamento da saúde, de certo modo assim como Platão procurava nas instituições do Estado o equivalente, ampliado e mais facilmente legível, das virtudes e vícios da alma individual.

* * *

A identidade real dos fenômenos vitais normais e patológicos, aparentemente tão diferentes e aos quais a experiência humana atribuiu valores opostos, tornou-se, durante o século XIX, uma espécie de dogma, cientificamente garantido, cuja extensão no campo da filosofia e da psicologia parecia determinada pela autoridade que os biólogos e os médicos lhe reconheciam.

Na França, esse dogma foi exposto, em condições e de acordo com intenções bem diferentes, por Augusto Comte e Claude Bernard. Na doutrina de Comte, é uma ideia que – explícita e respeitosamente – ele reconhece dever a Broussais. Em Claude Bernard, é a conclusão tirada de uma vida inteira de experimentação biológica e cuja prática é codificada metodicamente pela célebre *Introduction à l'étude de la médecine expérimentale*. No pensamento de Comte, o interesse se dirige do patológico para o normal, com a finalidade de determinar especulativamente as leis do normal, pois é como substituto de uma experimentação biológica muitas vezes impraticável – sobretudo no homem – que a doença aparece como digna de estudos sistemáticos. A identidade do normal e do patológico é afirmada em proveito do conhecimento do normal. No pensamento de Claude Bernard, o interesse dirige-se do normal para o patológico, com a finalidade de uma ação racional sobre o patológico, pois é como fundamento de uma terapêutica em franca ruptura com o empirismo que o conhecimento da doença é procurado por meio da fisiologia e a partir dela. Finalmente, em Comte, a afirmação de identidade permanece puramente conceptual, ao passo que Claude Bernard tenta precisar essa identidade em uma interpretação de caráter quantitativo e numérico.

Não é absolutamente para depreciá-la que se qualifica como dogma tal teoria, mas sim para fazer com que sua repercussão e seu alcance sejam bem apreendidos. Não é absolutamente por acaso que se decidiu procurar na obra de Augusto Comte e de Claude Bernard os textos que definiram o sentido dessa teoria. A influência desses dois autores sobre a filosofia, a ciência e, talvez mais ainda, sobre a literatura do século XIX foi considerável. Ora, é habitual aos médicos procurar a filosofia de sua arte muito mais na literatura do que na medicina ou na própria filosofia. A leitura de Littré, de Renan, de Taine certamente suscitou mais vocações para a medicina de que a de Richerand ou de Trousseau, pois é um fato a ser considerado que geralmente se chega à medicina na total ignorância das teorias médicas, mas não sem ideias preconcebidas sobre muitos conceitos médicos. A difusão das ideias de Comte nos meios médicos, científicos e literários foi obra de Littré e de Charles Robin, primeiro titular da cadeira de histologia na Faculdade de Medicina de Paris.[2] Foi sobretudo no campo da psicologia

---

2 Sobre as relações entre Comte e Robin, ver Genty [42] e Klein [64].

que sua influência se prolongou. Encontramos seu reflexo na obra de Renan: "O sono, a loucura, o delírio, o sonambulismo, a alucinação oferecem à psicologia individual um campo de experiência bem mais fecundo que o estado ordinário. Pois os fenômenos que, neste estado, são como que apagados por sua tenuidade, aparecem de maneira mais sensível nas crises extraordinárias, por sua exageração. O físico não estuda o galvanismo nas quantidades reduzidas em que se apresenta na natureza, mas multiplica-o pela experimentação, a fim de estudá-lo com maior facilidade, certo, aliás, de que as leis estudadas nesse estado exagerado são idênticas às do estado natural. Da mesma forma, a psicologia da humanidade deverá ser edificada sobretudo a partir do estudo das loucuras da humanidade, de seus sonhos, de suas alucinações que são encontradas a cada página da história do espírito humano" [99, *184*]. L. Dugas, no seu estudo sobre Ribot, mostrou bem o parentesco que há entre as concepções metodológicas de Ribot e as ideias de Comte e de Renan, seu amigo e protetor [37, *21* e *68*]. "A fisiologia e a patologia – tanto as do espírito quanto as do corpo – não se opõem uma à outra como dois contrários, mas sim como duas partes de um mesmo todo... O método patológico origina-se ao mesmo tempo da observação pura e da experimentação. É um meio de investigação poderoso e fecundo em resultados. A doença é, com efeito, uma experimentação de tipo mais sutil, instituída pela própria natureza, em circunstâncias bem determinadas e por processos de que a arte humana não dispõe: ela atinge o inacessível" [100].

Não menos ampla e profunda foi a influência de Claude Bernard sobre os médicos da época que vai de 1870 a 1914, quer diretamente pela fisiologia, quer indiretamente pela literatura, como demonstraram os trabalhos de Lamy e Donald-King sobre as relações entre o naturalismo literário e as doutrinas biológicas e médicas do século XIX [68 e 34]. O próprio Nietzsche se inspira em Claude Bernard, e precisamente na ideia de que o patológico e o normal são homogêneos. Antes de citar um longo trecho sobre a saúde e a doença, extraído das *Leçons sur la chaleur animale*,[3] Nietzsche fez a seguinte reflexão: "O valor de todos os estados mórbidos consiste

---

3   É o texto citado na p. 38, *in fine*.

no fato de mostrarem, com uma lente de aumento, certas condições que, apesar de normais, são dificilmente visíveis no estado normal" (*La volonté de puissance*, § 533, trad. Bianquis, N.R.F., I, 364). Essas indicações sumárias parecem ser suficientes para mostrar que a tese cujo sentido e alcance gostaríamos de definir não foi inventada gratuitamente. A história das ideias não pode ser necessariamente superposta à história das ciências. Porém, já que os cientistas, como homens, vivem sua vida em um ambiente e em um meio que não são exclusivamente científicos, a história das ciências não pode negligenciar a história das ideias. Aplicando a uma tese sua própria conclusão, seria possível dizer que as deformações por ela sofridas no meio de cultura podem revelar sua significação essencial.

Decidimos centrar nossa exposição em torno dos nomes de Comte e de Claude Bernard porque esses autores desempenharam, semivoluntariamente, o papel de porta-bandeira; esta é a razão da preferência que lhes foi dada, em detrimento de tantos outros, igualmente citados, e que poderiam ser mais bem explicados sob outras perspectivas.[4] É por uma razão precisamente inversa que decidimos acrescentar, à exposição das ideias de Comte e de Claude Bernard, a exposição das ideias de Leriche. Leriche é um autor discutido tanto em medicina quanto em fisiologia, e este não é o menor dos seus méritos. Mas é possível que, expondo suas concepções em uma perspectiva histórica, nelas se descubram profundidades e um alcance insuspeitados. Sem cair no culto da autoridade, não se pode contestar a um clínico eminente uma competência muito superior à de Comte ou de Claude Bernard em matéria de patologia. Aliás, não deixa de ter interesse, para os problemas examinados aqui, o fato de Leriche ocupar atualmente, no Collège de France, a cátedra de medicina ilustrada pelo próprio Claude Bernard. As dissonâncias entre eles só lhes conferem mais sentido e valor.

---

4 Um achado bibliográfico de última hora corrobora nossa escolha. O dogma patológico que queremos discutir está exposto, sem reservas nem reticências, em 1864, no *Journal des débats* por Charles Daremberg, sob a égide de Broussais, Comte, Littré, Charles Robin e Claude Bernard [29].

II AUGUSTO COMTE E O "PRINCÍPIO DE BROUSSAIS"

Augusto Comte afirma a identidade real dos fenômenos patológicos e dos fenômenos fisiológicos correspondentes durante os três estágios principais de sua evolução intelectual, no período preparatório ao *Cours de philosophie positive*, período esse que foi marcado, no início, pela amizade com Saint-Simon, de quem Comte se separou em 1824;[1] no período propriamente dito da filosofia positiva; no período – tão diferente, por certas características, do precedente – do *sistema de política positiva*. Comte atribui ao que ele chama de "princípio de Broussais" um alcance universal, na ordem dos fenômenos biológicos, psicológicos e sociológicos.

Foi em 1828, comentando o trabalho de Broussais *De l'irritation et de la folie*, que Comte aderiu a esse princípio e o adotou para seu próprio uso [26]. Comte atribui a Broussais o mérito que na realidade cabe a Bichat, e antes dele a Pinel, de ter proclamado que todas as doenças aceitas como tal são apenas sintomas, e que não poderiam existir perturbações das funções vitais sem lesões de órgãos, ou melhor, de tecidos. Mas, sobretudo, acrescenta Comte, "jamais se concebeu de maneira tão direta e tão satisfatória a relação fundamental entre a patologia e a fisiologia". Com efeito, Broussais explica que todas as doenças consistem, basicamente, "no excesso ou falta de excitação dos diversos tecidos abaixo ou acima do grau que constitui o estado normal". Portanto, as doenças

---

1   Sobre as leituras de Comte a respeito de biologia e medicina, no período de 1817 a 1824, em que "ele se preparava não para tornar-se um biólogo, mas sim um filósofo da biologia", ver H. Gouhier [47, *237*].

nada mais são que os efeitos de simples mudanças de intensidade na ação dos estimulantes indispensáveis à conservação da saúde. A partir de então, Comte elevou a concepção nosológica de Broussais à categoria de axioma geral, e não seria exagerado dizer que ele lhe atribui o mesmo valor dogmático que tem a lei de Newton ou o princípio de d'Alembert. Aliás, é certo que, ao procurar ligar seu princípio sociológico fundamental – "o progresso nada mais é que o desenvolvimento da ordem" – a algum outro princípio mais geral, capaz de validá-lo, Comte hesita entre a autoridade de Broussais e a de d'Alembert. Ora ele se refere à redução feita por d'Alembert das leis da comunicação dos movimentos às leis do equilíbrio [28, *I, 490-94*], ora ao aforismo de Broussais. A teoria positiva da modificabilidade dos fenômenos "se condensa inteiramente nesse princípio universal, que resulta da extensão sistemática do grande aforismo de Broussais: qualquer modificação, artificial ou natural, da ordem real diz respeito somente à intensidade dos fenômenos correspondentes..., apesar das variações de grau, os fenômenos conservam sempre a mesma disposição, já que qualquer mudança de *natureza* propriamente dita, isto é, de classe, é, aliás, considerada contraditória" [28, *III, 71*]. Pouco a pouco, Comte chega quase a reivindicar para si mesmo a paternidade intelectual desse princípio, em virtude da extensão sistemática que lhe conferiu, exatamente do mesmo modo como, no início, achava que Broussais, tendo tomado esse princípio de Brown, podia reivindicá-lo para si próprio, em virtude do uso pessoal que dele havia feito [28, *IV App.* 223]. É preciso citar, aqui, um trecho bastante longo, que perderia grande parte de sua força se fosse resumido: "A judiciosa observação das doenças institui, para com os seres vivos, uma série de experiências indiretas, muito mais próprias que a maioria das experiências diretas para esclarecer as noções dinâmicas e mesmo estáticas. Meu *Traité philosophique* fez com que fossem bastante apreciados o alcance e a natureza de tal processo, de que emanam realmente as principais aquisições da biologia. Esse tratado baseia-se no grande princípio cuja descoberta tive de atribuir a Broussais, porque sobressai do conjunto de seus trabalhos, embora somente eu tivesse elaborado sua formulação geral e direta. O estado patológico era, até então, relacionado com leis completamente diferentes das que regem o estado normal: de modo que a exploração de um deles não podia decidir nada para o outro. Broussais mostra que os fenômenos da doença coincidem essencialmente com os fenômenos da saúde, da qual só diferem pela intensidade. Esse luminoso princípio tornou-se a base sistemática da patologia, subordinada, assim, ao conjunto da biologia. Aplicado em sentido inverso, explica e aperfeiçoa a grande capacidade da análise patológica para esclarecer as especulações biológicas... As luzes que agora lhe devemos só podem dar uma fraca ideia de sua eficácia ulterior. O regime enciclopédico o estenderá sobretudo às funções intelectuais e morais, às quais o princípio de Broussais ainda não foi condignamente aplicado, de modo que suas doenças nos surpreendem ou nos emocionam sem nos esclarecer..., além de sua eficácia direta para as questões biológicas, ele constituirá, no sistema geral da educação positiva, uma vantajosa preparação lógica aos processos análogos para a ciência final. Pois o organismo coletivo, em virtude de sua complexidade superior, comporta perturbações ainda mais graves, mais variadas e mais frequentes que as do organismo individual. Não tenho medo de assegurar que o princípio de Broussais deve ser estendido até esse ponto, e já o apliquei nesse campo para confirmar ou aperfeiçoar as leis sociológicas. Contudo, a análise das revoluções não poderia esclarecer o estudo positivo da sociedade, sem que haja, a esse respeito, a iniciação lógica resultante dos casos mais simples apresentados pela biologia" [28, *I, 651-53*].

Eis, portanto, um princípio de nosologia investido de uma autoridade universal, inclusive no campo da política. É, aliás, indubitável que esta última utilização projetada lhe confere retroativamente todo o valor que, segundo Comte, já tinha no campo da biologia.

* * *

É a 40ª Lição do *Cours de philosophie positive*: considerações filosóficas sobre o conjunto da ciência biológica, que contém o texto mais completo de Comte sobre o problema que nos interessa. Trata-se de mostrar quais as dificuldades encontradas nos caracteres originais do ser vivo pela simples extensão dos métodos de experimentação cuja fecundidade foi comprovada no campo dos fenômenos físico-químicos: "Uma experimentação qualquer é sempre destinada a descobrir as leis segundo as quais cada uma das influências determinantes ou modificadoras de um fenômeno participa de sua realização, e ela consiste, em geral, em introduzir em cada condição proposta uma modificação bem definida, a fim de apreciar diretamente a variação correspondente do próprio fenômeno" [27, *169*]. Ora, em biologia, a variação imprimida a uma ou várias condições de existência do fenômeno não pode ser qualquer uma, mas deve estar compreendida entre certos limites compatíveis com a existência do fenômeno; além disso, o fato do *consensus* funcional próprio do organismo impede de acompanhar, com suficiente precisão analítica, a relação que liga uma perturbação determinada a seus efeitos exclusivos supostos. No entanto, Comte acha que, se admitirmos que o essencial, na experimentação, não é a intervenção artificial do pesquisador no curso de um fenômeno que intencionalmente ele visa a perturbar, mas sim, e sobretudo, a comparação entre um fenômeno padrão e um fenômeno alterado quanto a qualquer uma de suas condições de existência, daí decorre que as doenças devem poder representar, aos olhos do cientista, o papel de experimentações espontâneas, permitindo uma comparação entre os diversos estados anormais do organismo e seu estado normal. "Segundo o princípio eminentemente filosófico que serve doravante de base geral e direta à patologia positiva, princípio este que foi definitivamente estabelecido pelo gênio ousado e perseverante de nosso ilustre concidadão Broussais, o estado patológico em absoluto não difere radicalmente do estado fisiológico, em relação ao qual ele só poderia constituir, sob um aspecto qualquer, um simples prolongamento mais ou menos extenso dos limites de variações, quer superiores, quer inferiores, peculiares a cada fenômeno do organismo normal, sem jamais poder produzir fenômenos realmente novos que não tivessem de modo nenhum, até certo ponto, seus análogos puramente fisiológicos" [27, *175*]. Por conseguinte, qualquer concepção de patologia deve basear-se em um conhecimento prévio do estado normal correspondente, mas, inversamente, o estudo científico dos casos patológicos torna-se uma etapa indispensável de qualquer pesquisa das leis do estado normal. A observação dos casos patológicos apresenta vantagens reais e numerosas em relação à exploração experimental propriamente dita. A passagem do normal ao anormal é mais lenta e mais natural quando se trata de uma doença, e a volta do estado normal, quando esta ocorre, fornece espontaneamente uma contraprova verificadora. Além disso, quando se trata do homem, a exploração patológica é mais rica do que a exploração experimental, necessariamente limitada. Válida, no fundo, para todos os organismos, mesmo vegetais, o estudo científico dos casos mórbidos convém perfeitamente aos fenômenos mais complexos, e, portanto, mais delicados e mais frágeis, que poderiam ser alterados por uma experimentação direta, que provocasse uma perturbação excessivamente brusca. Comte referia-se, nesse trecho, aos fenômenos da vida de relação nos animais superiores e no homem, às funções nervosas e às funções psíquicas. Enfim, o estudo das anomalias e monstruosidades, encaradas como doenças ao mesmo tempo mais antigas e menos curáveis que as perturbações funcionais dos diversos aparelhos vegetais ou neuromotores, completa o estudo das doenças: o "processo teratológico" vem se juntar ao "processo patológico" para a investigação biológica [27, *179*].

Convém, antes de tudo, notar o caráter particularmente abstrato dessa tese, a ausência, durante sua exposição literal, de qualquer exemplo preciso, de natureza médica, próprio para ilustrá-la. Por não podermos relacionar essas proposições gerais com exemplos, ignoramos em que ponto de vista Comte se coloca para afirmar que o fenômeno patológico tem sempre seu análogo em um fenômeno fisiológico, não constituindo nada de radicalmente novo. Em que uma artéria esclerosada é análoga a uma artéria normal, em que um coração assistólico é idêntico a um coração de atleta, de posse de todas as suas capacidades? Sem dúvida, deve-se compreender que, na doença como na saúde, as leis dos fenômenos vitais são as mesmas. Mas, então, por que não dizê-lo expressamente e por que não apresentar exemplos disso? E, mesmo assim, será que isso levaria a admitir que efeitos análogos sejam determinados, na saúde e na doença, por mecanismos análogos? Consideremos este exemplo dado por Sigerist: "Durante a digestão, o número de glóbulos brancos aumenta. O mesmo acontece no início de uma infecção.

Consequentemente, esse fenômeno é ora fisiológico, ora patológico, segundo a causa que o provocou" [107, *109*].

Nota-se, em seguida, que, apesar da reciprocidade de esclarecimento que o normal recebe de sua comparação com o patológico, e o patológico de sua assimilação ao normal, Comte insiste várias vezes na obrigação de determinar previamente o normal e seus verdadeiros limites de variação antes de explorar metodicamente os casos patológicos. É o mesmo que dizer que, a rigor, um conhecimento dos fenômenos normais é possível e necessário, mesmo privado das lições da doença – espécie do gênero da experimentação –, baseado unicamente na observação. Mas o fato de Comte não apresentar nenhum critério que permita reconhecer a normalidade de um fenômeno constitui uma grave lacuna. Temos, portanto, boas razões para pensar que, sobre esse ponto, ele se refere ao conceito usual correspondente, já que utiliza indiferentemente as noções de estado normal, estado fisiológico e estado natural [27, *175, 176*]. Melhor ainda, tendo de definir os limites das perturbações patológicas ou experimentais, compatíveis com a existência dos organismos, Comte identifica esses limites com os de uma "harmonia de influências distintas, tanto externas quanto internas" [27, *169*]. De modo que, finalmente esclarecido por esse conceito de *harmonia*, o conceito de normal ou de fisiológico é reduzido a um conceito qualitativo e polivalente, estético e moral, mas ainda que científico.

Da mesma forma, no que se refere à afirmação de identidade do fenômeno normal e do fenômeno patológico correspondente, é claro que a intenção de Comte é negar a diferença qualitativa que os vitalistas admitiam entre um e outro. Segundo a lógica, negar uma diferença qualitativa deve levar a afirmar uma homogeneidade quantitativamente exprimível. Provavelmente é essa a tendência de Comte, ao definir o patológico como "simples prolongamento mais ou menos extenso dos limites de variação, quer superiores, quer inferiores, próprios de cada fenômeno do organismo normal". No entanto, é preciso reconhecer que os termos aqui utilizados, por serem apenas vaga e imprecisamente quantitativos, conservam ainda uma ressonância qualitativa. Comte herdou de Broussais esse vocabulário inadequado para a intenção que queria exprimir, e é em Broussais que temos de buscar a compreensão das incertezas e lacunas da exposição de Comte.

***

Resumimos a teoria de Broussais de preferência segundo o tratado *De l'irritation et de la folie*, já que, dentre suas obras, era a que Comte conhecia melhor. Pudemos constatar que nem o *Traité de physiologie appliquée à la pathologie* nem o *Catéchisme de médecine physiologique* formulam essa teoria mais claramente, nem de outra maneira.[2] Broussais considera a excitação como o fato vital primordial. O homem só existe pela excitação exercida sobre seus órgãos pelos meios nos quais é obrigado a viver. As superfícies de relação, tanto internas quanto externas, transmitem, por sua inervação, essa excitação ao cérebro que a reflete em todos os tecidos, inclusive nas superfícies de relação. Essas superfícies estão sujeitas a dois tipos de excitação: os corpos estranhos e a influência do cérebro. É sob a ação contínua dessas múltiplas fontes de excitação que a vida se mantém. Aplicar a doutrina fisiológica à patologia é pesquisar o modo como "essa excitação pode se desviar do estado normal e constituir um estado anormal ou doentio" [18, *263*]. Esses desvios podem ser de duas naturezas: por falta ou por excesso. A irritação difere da excitação apenas sob o aspecto da quantidade. Pode-se defini-la como o conjunto dos distúrbios "produzidos na economia pelos agentes que tornam os fenômenos da vida mais ou menos pronunciados do que o são no estado normal" [18, *267*]. A irritação é, portanto, "excitação normal, transformada por seu excesso" [18, *300*]. Por exemplo, a asfixia por falta de ar oxigenado priva o pulmão de seu excitante normal. Inversamente, um ar excessivamente oxigenado "superexcita o pulmão com tanto maior intensidade quanto mais excitável por essas vísceras, e a consequência é a inflamação" [18, *282*]. Os dois desvios, por falta ou excesso, não têm a mesma importância patológica, a segunda prevalecendo notadamente sobre a primeira: "Essa segunda fonte de doenças, o excesso de excitação convertido em irritação, é, portanto, muito mais fecunda que a primeira, ou a falta de excitação, e pode-se afirmar que é dela que decorre a maior parte de nossos ma-

---

2   Podem-se encontrar boas exposições de conjunto das ideias de Broussais em [14; 29; 13 *bis, III;* 83].

les" [18, *286*]. Broussais identifica os termos anormal, *patológico* ou *mórbido* [18, *263, 287, 315*], empregando-os indiferentemente. A distinção entre o normal e o fisiológico e o anormal ou patológico seria, portanto, uma simples distinção quantitativa, se nos prendermos aos termos excesso e falta. Essa distinção é válida para os fenômenos mentais, assim como para os fenômenos orgânicos, uma vez que a teoria fisiológica das faculdades intelectuais foi admitida por Broussais [18, *440*]. Assim é, sumariamente apresentada, a tese cuja fortuna se deve mais provavelmente à personalidade de seu autor que à coerência de sua composição.

É claro, em primeiro lugar, que, na definição do estado patológico, Broussais confunde a causa e o efeito. Uma causa pode variar quantitativamente e de modo contínuo e provocar, no entanto, efeitos qualitativamente diferentes. Tomemos um exemplo simples: uma excitação aumentada quantitativamente pode determinar um estado agradável logo seguido de dor, duas sensações que ninguém poderia confundir. Em uma tal teoria, misturam-se constantemente dois pontos de vista: o do doente que sente a doença e a quem a doença faz sofrer, e o do cientista que não encontra na doença nada que a fisiologia não possa explicar. Mas ocorre com os estados do organismo o mesmo que com a música: as leis da acústica não são violadas em uma cacofonia, mas não se pode concluir daí que qualquer combinação de sons seja agradável.

Em suma, tal concepção pode ser desenvolvida em dois sentidos ligeiramente diferentes, conforme se estabeleça, entre o normal e o patológico, uma relação de *homogeneidade* ou uma relação de *continuidade*. É sobretudo a relação de continuidade que Bégin, discípulo estritamente obediente, leva em consideração: "A patologia é apenas um ramo, uma consequência, um complemento da fisiologia, ou, melhor, esta engloba o estudo das ações vitais em todas as fases da existência dos corpos vivos. Passa-se insensivelmente de uma para outra dessas ciências, examinando as funções desde o instante em que os órgãos funcionam com toda a regularidade e toda a uniformidade de que são capazes até o momento em que as lesões tornam-se tão graves que todas as funções tornam-se impossíveis e todos os movimentos param. A fisiologia e a patologia explicam-se reciprocamente" [3, *XVIII*]. No entanto, é preciso dizer que a continuidade de uma transição entre um estado e outro pode muito bem ser compatível com a heterogeneidade desses estados. A continuidade dos estágios intermediários não anula a diversidade dos extremos. Na obra do próprio Broussais, o vocabulário trai, às vezes, a dificuldade de limitar-se à afirmação de uma real homogeneidade entre os fenômenos normais e patológicos, por exemplo: "As doenças aumentam, diminuem, interrompem, *deterioram*[3] a inervação do encéfalo, sob os aspectos instintivo, intelectual, sensitivo e muscular" [18, *114*], e "a irritação que se desenvolve nos tecidos vivos nem sempre os *altera*[4] da maneira que constitui a inflamação" [18, *301*]. Mais ainda do que na obra de Comte, pode-se notar a imprecisão das noções de *excesso e falta*, seu caráter implicitamente qualitativo e normativo, apenas dissimulado sob sua pretensão métrica. É em relação a uma medida considerada válida e desejável – e, portanto, em relação a uma norma – que há excesso ou falta. Definir o anormal por meio do que é de mais ou de menos é reconhecer o caráter normativo do estado dito normal. Esse estado normal ou fisiológico deixa de ser apenas uma disposição detectável e explicável como um fato para ser a manifestação do apego a algum valor. Quando Bégin define o estado normal como aquele em que "os órgãos funcionam com toda regularidade e uniformidade de que são capazes", não podemos deixar de reconhecer que, apesar do horror que qualquer ontologia inspirava a Broussais, *um ideal de perfeição paira sobre essa tentativa de definição positiva.*

A partir deste ponto podemos esboçar a objeção maior à tese segundo a qual a patologia é uma fisiologia mais extensa ou mais ampla. A ambição de tornar a patologia e, consequentemente, a terapêutica integralmente científicas, considerando-as simplesmente procedentes de uma fisiologia previamente instituída, só teria sentido se, em primeiro lugar, fosse possível dar-se uma definição puramente objetiva do normal como de um fato; e se, além disso, fosse possível traduzir qualquer diferença entre o estado normal e o estado patológico em termos de quantidade, pois apenas quantidade pode dar conta, ao mesmo tempo, da homogeneidade

---

3   Grifo nosso (G. C.).
4   Grifo nosso (G. C.).

e da variação. Não julgamos estar depreciando nem a fisiologia nem a patologia ao contestarmos essa dupla possibilidade. Mas, de qualquer forma, deve-se constatar que nem Broussais nem Comte preencheram essas duas exigências que parecem inseparáveis da tentativa à qual ligaram seus nomes. O fato não deve surpreender da parte de Broussais. A reflexão metódica não era seu forte. Para ele, as teses da medicina fisiológica não tinham tanto o valor de uma previsão especulativa que deveria ser justificada por pesquisas pacientes mas, sobretudo, o valor de uma indicação terapêutica a ser imposta, sob forma de sangrias, a tudo e a todos. No fenômeno geral da excitação, transformada em irritação por seu excesso, é à inflamação que ele visava particularmente, armado de sua lanceta. Quanto à incoerência de sua doutrina, esta deve ser atribuída, em primeiro lugar, ao fato de combinar – sem se preocupar muito com suas implicações respectivas – os ensinamentos de Xavier Bichat e de John Brown, sobre os quais convém dizer algumas palavras.

* * *

O médico escocês Brown (1735-1877), primeiramente aluno e depois rival de Cullen (1712-1780), foi por ele familiarizado com a noção de irritabilidade proposta por Glisson (1596-1677) e desenvolvida por Haller. Este último, espírito universal e genial, autor do primeiro grande tratado de fisiologia (*Elementa physiologiae*, 1755-1766), entendia por irritabilidade a propriedade que alguns órgãos, e especialmente os músculos, têm de responder por uma contração a um estímulo qualquer. A contração não é um fenômeno mecânico análogo à elasticidade; é a resposta específica do tecido muscular às diversas solicitações externas. Do mesmo modo, a sensibilidade é a propriedade específica do tecido nervoso [29, *II*; 13 *bis, II;* 107, *51*; 110].

Segundo Brown, a vida só se mantém por uma propriedade peculiar, a incitabilidade, que permite aos seres vivos serem afetados e reagirem. As doenças são apenas, sob a forma de *estenia* ou *astenia*, uma modificação quantitativa dessa propriedade, conforme a incitação seja excessivamente forte ou excessivamente fraca.

"Fiz ver que a saúde e a doença não passam de um mesmo estado e dependem da mesma causa, isto é, da incitação que varia, nos diferentes casos, apenas por graus. Demonstrei que as forças que causam a saúde e a doença são também as mesmas, agindo, às vezes, com um grau de energia adequado, e outras vezes, com força excessiva ou insuficiente. O médico só deve levar em consideração a aberração que a incitação sofreu para trazê-la de volta, por meios adequados, ao ponto onde se situa a saúde" [21, *96, nota*].

Sem dar razão nem aos solidistas nem aos humoristas, Brown afirma que a doença não depende de um defeito primitivo dos sólidos nem dos fluidos, mas unicamente das variações de intensidade da incitação. Tratar as doenças é corrigir a incitação no sentido do aumento ou da diminuição. Charles Daremberg assim resume essas ideias: "Brown encampa e adapta a seu sistema uma proposição que por várias vezes tive oportunidade de lembrar-lhes nessas lições, isto é, que a patologia é um departamento da fisiologia ou, como disse Broussais, da fisiologia patológica. Brown afirma, com efeito (§ 65), que está plenamente demonstrado que o estado de saúde e o estado de doença não são diferentes, pelo próprio fato de que as forças que produzem ou destroem um e outro têm uma mesma ação; ele procura prová-lo comparando, por exemplo, a contração muscular e o espasmo, ou o tétano (§ 57 seg.; cf 136)" [29, *1132*]. Ora, o que nos parece particularmente interessante na teoria de Brown é, sem dúvida, como notou várias vezes Daremberg, o fato de ser ela o ponto de partida das concepções de Broussais; mas é sobretudo o fato de ela ter uma vaga tendência a se realizar plenamente em uma mensuração do fenômeno patológico. Brown pretendeu avaliar numericamente a disposição variável dos órgãos a serem incitados: "Seja igual a 6 a afecção principal (por exemplo, a inflamação dos pulmões na peripneumonia, a inflamação do pé na gota, o derrame de serosidade em uma cavidade geral ou particular na hidropisia), e seja a afecção menor de cada parte igual a 3; seja 1.000 o número das partes ligeiramente afetadas. A afecção parcial estará, para com o resto do corpo, na razão de 6 para 3.000. As causas excitantes que agem sobre todo o corpo e os remédios que destroem seus efeitos em todo o organismo confirmam a exatidão de um tal cálculo, em qualquer doença geral" [21, *29*]. A terapêutica é baseada em um cálculo: "Supondo que a diátese estênica tenha subido a 60 graus na escala da incitação, deve-se procurar subtrair os 20 graus de incitação excessiva e empregar, para esse fim, meios cujo estímulo seja bastante fraco" [21, *50, nota*]. É claro que se tem o direito e o dever de sorrir diante dessa caricatura de "matematização" do fenômeno patológico, mas com a condição de reconhecer que a doutrina desenvolve até o fim a exigência de seus postulados e que a coerência de seus conceitos é bastante completa, ao passo que não o é na doutrina de Broussais.

Ainda há mais, pois um discípulo de Brown, Lynch, elaborou, no espírito desse sistema, uma escala dos graus de incitação, "verdadeiro termômetro da saúde e da doença", como disse Daremberg, sob a forma de uma tabela proporcional, anexada às diversas edições ou traduções dos *Éléments de médecine*. Essa tabela comporta duas escalas de 0 a 80 colocadas lado a lado e invertidas, de tal maneira que ao máximo de incitabilidade (80) corresponde o grau 0 de incitação, e vice-versa. Aos diversos graus dessa escala correspondem, por afastamento nos dois sentidos, a partir da saúde perfeita (incitação = 40, incitabilidade = 40), as doenças, suas causas e suas influências, seus tratamentos. Por exemplo, na zona da escala compreendida entre 60 e 70 graus de incitação encontram-se afecções da diátese estênica: peripneumonia, frenesi, varíola grave, sarampo grave, erisipela grave, reumatismo. Assim sendo, a seguinte indicação terapêutica: "Para curar, é preciso diminuir a incitação. Isso é possível afastando-se os estímulos excessivamente violentos, ao mesmo tempo que só se permite o acesso dos mais fracos, ou dos estímulos negativos. Os processos curativos são a sangria, o purgante, a dieta, a paz interior, o frio etc."

Nem é preciso dizer que essa exumação de uma nosologia obsoleta não obedece a nenhuma intenção recreativa, a nenhum desejo de satisfazer uma vã curiosidade de erudito. Ela pretende unicamente precisar o sentido profundo da tese de que tratamos. É logicamente irrepreensível que uma identificação de fenômenos cuja diversidade qualitativa é considerada ilusória tome a forma de uma quantificação. No caso citado, a forma de identificação métrica é apenas caricatural. Frequentemente, porém, uma caricatura fornece a essência de uma forma melhor do que uma cópia fiel. É verdade que Brown e Lynch só chegam, na realidade, a uma hierarquia conceptual dos fenômenos patológicos, a uma localização qualitativa de estados entre dois pontos extremos: a saúde e a doença. Localizar não é medir, um grau não é uma unidade cardinal. Mas o próprio erro é instrutivo; revela certamente a significação teórica de uma tentativa, e, sem dúvida, também os limites que a tentativa encontra no próprio objeto ao qual se aplica.[5]

* * *

Admitindo que Broussais tivesse podido aprender com Brown que afirmar a identidade dos fenômenos normais e patológicos, apenas com variações quantitativas, é logicamente impor a si mesmo a pesquisa de um método de medida, o ensinamento recebido de Bichat não deixaria de contrabalançar essa influência. Em *Recherches sur la vie et sur la mort* (1800), Bichat opõe o objeto e os métodos da fisiologia ao objeto e aos métodos da física. A instabilidade e a irregularidade são, segundo ele, caracteres essenciais dos fenômenos vitais, de modo que fazê-los encaixar, à força, no quadro rígido das relações métricas é desnaturá-los [12, *art. 7º, § I*]. Foi de Bichat que Comte e até mesmo Claude Bernard herdaram sua desconfiança sistemática em relação a qualquer tratamento matemático dado aos fatos biológicos e, especialmente, em relação a qualquer pesquisa de médias, a qualquer cálculo estatístico.

Ora, a hostilidade de Bichat em relação a qualquer intenção métrica em biologia alia-se, paradoxalmente, à afirmação de que, no nível dos tecidos que constituem o organismo, as doenças devem ser explicadas por variações de suas propriedades – variações essas que temos de admitir serem quantitativas. "Analisar com precisão as propriedades dos corpos vivos; mostrar que todo fenômeno fisiológico corresponde, em última análise, a essas propriedades consideradas em seu estado natural, que todo fenômeno patológico deriva de seu aumento, de sua diminuição e de sua alteração; que todo fenômeno terapêutico tem como princípio sua volta ao tipo

---

5 Cf. nosso recente estudo "John Brown. La théorie de l'incitabilité de l'organisme et son importance historique", a ser publicado nas *Actes du XIIIe Congrès International d'Histoire des Sciences*, Moscou, 1971.

natural do qual se tinham afastado; determinar com precisão os casos em que cada um desses fatores está em jogo... eis a doutrina geral desta obra" [13, *I, XIX*]. Encontramos aqui a origem dessa ambiguidade de noções que já criticamos em Broussais e Comte. Aumento e diminuição são conceitos de valor quantitativo, porém alteração é um conceito qualitativo. É claro que não se podem criticar fisiologistas e médicos por caírem na armadilha do Mesmo e do Outro em que tantos filósofos foram apanhados, desde Platão. Mas é bom saber reconhecer a armadilha, em vez de ignorá-la tão inconscientemente no próprio instante em que se é apanhado. Toda a doutrina de Broussais já está em germe nesta proposição de Bichat: "A finalidade de qualquer processo curativo é apenas fazer as propriedades vitais alteradas voltarem ao tipo que lhes é natural. Qualquer processo que, na inflamação local, não diminua a sensibilidade orgânica aumentada, que, nos edemas, nas infiltrações etc., não aumente essa propriedade, nesses casos, totalmente diminuída, que, nas convulsões, não restabeleça um nível mais baixo da contractilidade animal, que não eleve essa mesma contractilidade a um grau mais alto na paralisia etc., não atinge em absoluto seu objetivo; é contraindicado" [13, *I, 12*]. A única diferença é que Broussais reduzia toda a patogenia a um fenômeno de aumento e de excesso e, por conseguinte, toda a terapêutica à sangria. É realmente o caso de se dizer que em tudo o excesso é um defeito!

* * *

Pode ser surpreendente constatar que a exposição de uma teoria de A. Comte tenha servido de pretexto para uma exposição retrospectiva. Por que não ter adotado, logo de início, a ordem histórica? Primeiro porque o relato histórico sempre transtorna a verdadeira ordem de interesse e de interrogação. É no presente que os problemas solicitam uma reflexão. Se a reflexão leva a uma regressão, a regressão é necessariamente relativa à reflexão. Assim, a origem histórica importa menos, na verdade, que a origem reflexiva. É claro que Bichat, fundador da histologia, nada deve a Augusto Comte. No entanto, nem mesmo isso é certo, se é verdade que as resistências encontradas na França pela teoria celular provinham em grande parte da fidelidade de Charles Robin ao positivismo. Ora, sabe-se que, segundo Bichat, Comte não admitia que a análise pudesse ir além dos tecidos [64]. O que é certo, de qualquer modo, é que, mesmo no meio médico culto, as teorias de patologia geral próprias de Bichat, de Brown e de Broussais só exerceram influência na medida em que Comte as reconheceu como suas. Os médicos da segunda metade do século XIX ignoravam, na sua maioria, Broussais e Brown, mas poucos ignoravam Comte ou Littré; como hoje em dia a maioria dos fisiologistas não pode ignorar Claude Bernard, mas desconhece Bichat, a quem Claude Bernard está ligado por intermédio de Magendie.

Remontando às fontes longínquas das ideias de Comte, através da patologia de Broussais, de Brown e de Bichat, podemos compreender melhor o alcance e os limites dessas ideias. Sabemos que Comte herdara de Bichat, por intermédio de de Blainville, seu professor de fisiologia, uma franca hostilidade contra qualquer matematização da biologia. Ele se justifica detidamente na 40ª Lição do *Cours de philosophie positive*. Apesar de discreta, essa influência do vitalismo de Bichat sobre a concepção positivista dos fenômenos da vida contrabalança as exigências lógicas profundas da afirmação de identidade entre os mecanismos fisiológicos e os mecanismos patológicos, exigências essas, aliás, desconhecidas por Broussais, outro intermediário entre Comte e Bichat, sobre um aspecto preciso de doutrina patológica.

Deve-se, ainda, lembrar que as intenções e os objetivos de Comte são bastante diferentes dos de Broussais, ou dos ascendentes espirituais deste último, quando expõe as mesmas concepções em matéria de patologia. Por um lado, Comte pretende codificar os métodos científicos, mas, por outro, pretende instituir cientificamente uma doutrina política. Afirmando de maneira geral que as doenças não alteram os processos vitais, Comte se justifica por ter afirmado que a terapêutica das crises políticas consiste em trazer as sociedades de volta à sua estrutura essencial e permanente, em só tolerar o progresso nos limites de variação da ordem natural definitiva pela estática social. Portanto, na doutrina positivista, o princípio de Broussais limita-se apenas a uma ideia subordinada a um sistema, e foram os médicos, os psicólogos e os literatos de inspiração e de tradição positivista que a difundiram como concepção independente.

III CLAUDE BERNARD E A PATOLOGIA EXPERIMENTAL

É verdade que Claude Bernard jamais se refere a Comte, quando trata do problema das relações entre o normal e o patológico, dando-lhe uma solução aparentemente semelhante; mas também é indubitável que ele não podia ignorar a opinião de Comte. Sabe-se que Claude Bernard leu Comte, com atenção e fazendo anotações, como o provam as notas datadas provavelmente de 1865-1866 e que foram publicadas por Jacques Chevalier em 1938 [11]. Para os médicos e os biólogos do Segundo Império, Magendie, Comte e Claude Bernard são três deuses – ou três demônios – do mesmo culto. Littré, tratando da obra experimental de Magendie, mestre de Claude Bernard, destaca seus postulados, que coincidem com as ideias de Comte sobre a experimentação em biologia e suas relações com a observação dos fenômenos patológicos [78, *162*]. E. Gley foi o primeiro a mostrar que Claude Bernard adotou a lei dos três estados no seu artigo *Progrès des sciences physiologiques* (*Revue des Deux Mondes*, 1º de agosto de 1865) e que tomou parte em publicações e associações que receberam a influência positivista de Charles Robin [44, *164-170*]. Em 1864, Charles Robin publicava, com Brown-Séquard, o *Journal de l'anatomie et de la physiologie normales et pathologiques de l'homme et des animaux*, em cujos primeiros fascículos foram publicadas memórias de Claude Bernard, Chevreul etc. Claude Bernard foi o segundo presidente da Sociedade de Biologia fundada por Charles Robin em 1848 e cujos princípios diretores ele formulou em um estudo que foi lido aos membros fundadores: "Nosso objetivo, ao estudar a anatomia e a classificação dos seres, é elucidar o mecanismo das funções; ao estudar a fisiologia, é chegar a compreender de que modo os órgãos podem se alterar, e dentro de que limites as funções podem se desviar do estado normal" [44, *166*]. Lamy, por outro lado, mostrou que os artistas e escritores que, no século XIX, procuraram na fisiologia e na medicina fontes de inspiração ou temas de reflexão não fizeram praticamente distinção entre as ideias de Comte e as de Claude Bernard [68].

Dito isso, é preciso acrescentar que é realmente bastante difícil e delicado expor as ideias de Claude Bernard sobre o problema preciso do significado e da natureza dos fenômenos patológicos. Trata-se de um cientista de importância considerável, cujos métodos e descobertas até hoje ainda não foram esgotados em toda a sua riqueza, a quem médicos e biólogos se referem constantemente, e de cujas obras não há nenhuma edição completa e crítica! A maioria das aulas proferidas no Collège de France foram redigidas e publicadas por seus alunos. Porém, o que o próprio Claude Bernard escreveu, sua correspondência, não foi objeto de nenhuma investigação respeitosa e metódica. Ocasionalmente são publicados notas e cadernos seus dos quais a polêmica logo se apodera, para fins tão expressamente tendenciosos, que se chega a pensar se não seriam essas mesmas tendências, aliás muito diversas, que suscitaram a própria publicação de todos esses fragmentos. O pensamento de Claude Bernard continua sendo um problema. A única resposta honesta que lhe será dada será a publicação metódica de seus papéis e a guarda de seus manuscritos nos arquivos, no dia em que decidirem fazê-lo.[1]

* * *

A identidade – seria necessário precisar se nos mecanismos, ou nos sintomas, ou em ambos? – e a continuidade reais dos fenômenos patológicos e dos fenômenos fisiológicos correspondentes são, na obra de Claude Bernard, uma repetição monótona, mais do

---

1 Foi a d'Arsonval que Claude Bernard legou seus papéis inéditos. Cf. *Claude Bernard, Pensées, notes détachées*, com prefácio de d'Arsonval (J.-B. Ballière, 1937). Esses papéis foram minuciosamente analisados pelo Dr. Delhoume, que, no entanto, deles ainda só publicou fragmentos.
Dispomos atualmente de um *Catalogue des Manuscrits de Claude Bernard*, elaborado pelo Dr. M.-D. Grmek, Paris, Masson, 1967.

que um tema. Encontra-se essa afirmação nas *Leçons de pysiologie expérimentale apliquée à la médecine* (1855), sobretudo nas lições 2 e 22 do tomo II; nas *Leçons sur la chaleur animale* (1876). Escolhemos, porém, de preferência, como texto fundamental, as *Leçons sur le diabète et la glycogenèse animale* (1877), que, dentre todos os trabalhos de Claude Bernard, pode ser considerado como aquele que é especialmente consagrado à ilustração de sua teoria, aquele em que os fatos clínicos e experimentais são apresentados tanto ou mais pela "moral" de ordem metodológica e filosófica que deles se deve tirar que por sua significação fisiológica intrínseca.

Claude Bernard considera a medicina como a ciência das doenças, e a fisiologia como a ciência da vida. Nas ciências, é a teoria que ilumina e domina a prática. A terapêutica racional só poderia ser sustentada por uma patologia científica e uma patologia científica deve se basear na ciência fisiológica. Ora, o diabetes é uma doença que levanta problemas cuja solução proporciona a demonstração da tese precedente. O bom-senso indica que, conhecendo-se completamente um fenômeno fisiológico, estamos em condições de avaliar todas as perturbações que ele pode sofrer no estado patológico: "Fisiologia e patologia se confundem e são, no fundo, uma só e mesma coisa" [9, *56*]. O diabetes é uma doença que consiste única e inteiramente no distúrbio de uma função normal. "Toda doença tem uma função normal correspondente da qual ela é apenas a expressão perturbada, exagerada, diminuída ou anulada. Se não podemos, hoje em dia, explicar todos os fenômenos das doenças, é porque a fisiologia ainda não está bastante adiantada e porque ainda há uma quantidade de funções normais que desconhecemos" [9, *56*]. Por essa afirmação, Claude Bernard se opõe a muitos fisiologistas de sua época, segundo os quais a doença seria uma entidade extrafisiológica, que viria reacrescentar-se ao organismo. O estudo do diabetes não permite mais sustentar tal opinião. "Com efeito, o diabetes é caracterizado pelos seguintes sintomas: poliúria, polidipsia, polifagia, autofagia e glicosúria. Nenhum desses sintomas é propriamente um fenômeno novo, estranho ao estado normal, nenhum é uma produção espontânea da natureza. Pelo contrário, todos preexistem, exceto por sua intensidade, que varia no estado normal e no estado de doença" [9, *65-66*]. É fácil demonstrá-lo no que se refere à poliúria, à polidipsia, à polifagia e à autofagia, mas é menos fácil no que se refere à glicosúria. Claude Bernard sustenta, porém, que a glicosúria é um estado "larvado e despercebido" no estado normal e que só se torna aparente por sua exacerbação [9, 67]. Na realidade, ele não demonstra efetivamente o que afirma. Na décima sexta lição, depois de ter confrontado as opiniões de fisiologistas que afirmam e de outros que negam a presença constante de açúcar na urina normal, depois de ter mostrado a dificuldade das experiências e de seu controle, Claude Bernard acrescenta que, na urina normal de um animal alimentado com substâncias azotadas e privado de açúcares e feculentos, ele jamais conseguiu identificar a presença da mais fraca quantidade de açúcar, mas que o mesmo não acontece com um animal alimentado com açúcares ou feculentos em excesso. Segundo ele, é também natural achar que a glicemia, no curso de suas oscilações, pode determinar a passagem do açúcar para a urina. "Em suma, não creio que se possa formular essa proposição como verdade absoluta: existe açúcar na urina normal. Porém admito muito bem que em um grande número de casos podem existir vestígios de açúcar; há uma espécie de glicosúria fugaz que estabelece – neste caso assim como em outros – uma passagem insensível e imperceptível entre o estudo fisiológico e o estado patológico. Concordo, aliás, com os clínicos, no sentido de reconhecer que o fenômeno glicosúrico só tem realmente um caráter patológico bem comprovado quando se torna permanente" [9, *390*].

É interessante constatar que, procurando encontrar um fato particularmente demonstrativo a favor de sua interpretação, em um caso em que a sentia especialmente contestada, Claude Bernard teve de admitir, sem provas experimentais, esse mesmo fato – por motivos teóricos – supondo sua realidade como situada além dos limites de sensibilidade de todos os métodos então usados para sua detecção. Precisamente a respeito dessa questão, H. Frédéricq admite, hoje em dia, que não há glicosúria normal, que em certos casos de ingestão considerável de líquido e de diurese abundante a glicose não é reabsorvida pelo rim no nível do tubo contornado e é, por assim dizer, eliminada por lavagem [40, *353*]. Isso explica que certos autores como Nolf possam admitir uma glicosúria normal infinitesimal [90, *251*]. Se não há normalmente glicosúria, qual o fenômeno fisiológico de que a glicosúria diabética seria a exageração quantitativa?

Para abreviar o assunto, sabe-se que a genialidade de Claude Bernard consistiu em mostrar que o açúcar no organismo animal é um produto desse próprio organismo, e não apenas um produto importado do reino vegetal por meio da alimentação; que o sangue contém normalmente glicose, e que o açúcar encontrado na urina é um produto geralmente eliminado pelo rim quando a taxa de glicemia atinge certo limiar. Em outras palavras, a glicemia é um fenômeno constante, independente do tipo de alimentos ingeridos, de tal modo que é a ausência de glicose sanguínea que é anormal, e que a glicosúria é a consequência de uma glicemia aumentada, e que ultrapassou um certo teor considerado como limiar. No diabético, a glicemia em si não é um fenômeno patológico, mas sim pela sua quantidade; em si mesma, a glicemia é "um fenômeno normal e constante do organismo no estado de saúde" [9, *181*]. "Há apenas uma glicemia, que é constante, permanente, quer no diabetes, quer fora desse estado mórbido. Apenas ela apresenta várias gradações: a glicemia abaixo de 3 a 4% não causa glicosúria; mas, acima desse ponto, a glicosúria ocorre... É impossível perceber a passagem do estado normal ao estado patológico, e nenhuma questão poderia mostrar melhor a íntima fusão da fisiologia e da patologia do que a questão do diabetes" [9, *132*].

A energia despendida por Claude Bernard para expor sua tese não parece supérflua se situarmos essa tese na perspectiva histórica. Em 1866, Jaccoud, professor adjunto[2] da Faculdade de Medicina de Paris, falava do diabetes, em uma lição clínica, professando que a glicemia é um fenômeno inconstante e patológico e que a produção de açúcar no fígado é, segundo os trabalhos de Pavy, um fenômeno patológico. "Não se pode atribuir o estado diabético à exageração de um fenômeno fisiológico que não existe... É impossível ver o diabetes como a exageração de uma processão regular: é a expressão de um processo totalmente estranho à vida

---

2 Em francês, *professeur agrégé*, professor que, depois de ter passado o concurso de *Agrégation*, ocupa um cargo que, na hierarquia universitária, se situa imediatamente abaixo do cargo de professor-titular. É, portanto, mais ou menos o equivalente a professor adjunto. (N.T.)

normal. Esse processo é, ele próprio, a essência da doença" [57, *826*]. Em 1883, o mesmo Jaccoud, que tinha se tornado professor de patologia interna, mantinha em seu *Traité de pathologie interne* todas as suas objeções à teoria de Claude Bernard, teoria essa que, no entanto, já estava mais solidamente assentada que em 1866: "A transformação do glicogênio em açúcar é um fenômeno ou patológico ou cadavérico" [58, *945*].

Se quisermos compreender bem o sentido e o alcance da afirmação de continuidade entre os fenômenos normais e os fenômenos patológicos, é preciso não esquecer que as demonstrações críticas de Claude Bernard visavam à tese que admite uma diferença qualitativa nos mecanismos e nos produtos das funções vitais no estado patológico e no estado normal. Essa oposição de teses talvez apareça melhor em *Leçons sur la chaleur animale*: "A saúde e a doença não são dois modos que diferem essencialmente, como talvez tenham pensado os antigos médicos e como ainda pensam alguns. É preciso não fazer da saúde e da doença princípios distintos, entidades que disputam uma à outra o organismo vivo e que dele fazem o teatro de suas lutas. Isso são velharias médicas. Na realidade, entre essas duas maneiras de ser há apenas diferenças de grau: a exageração, a desproporção, a desarmonia dos fenômenos normais constituem o estado doentio. Não há um único caso em que a doença tenha feito surgir condições novas, uma mudança completa de cena, produtos novos e especiais" [8, *391*]. Para sustentar essa afirmação, Claude Bernard dá um exemplo que ele considera particularmente apropriado para ridicularizar a opinião por ele combatida. Dois fisiologistas italianos, Lussana e Ambrossoli, tendo repetido as experiências de Claude Bernard sobre a secção do simpático e seus efeitos, negavam o caráter fisiológico do calor gerado pela vasodilatação nos órgãos interessados. Segundo eles, esse calor era mórbido, diferente, sob todos os pontos de vista, do calor fisiológico, este originando-se da combustão de alimentos, e aquele da combustão dos tecidos. Como se não fosse sempre no nível dos tecidos dos quais se tornou parte integrante que o alimento é queimado, replica Claude Bernard. E, pensando ter refutado com facilidade os autores italianos, acrescenta: "Na realidade, as manifestações físico-químicas não mudam de natureza, conforme ocorram dentro ou fora do organismo, e ainda segundo o estado de saúde ou de doença. Há apenas uma espécie de agente calorífico; o fato de ser gerado em uma lareira ou em um organismo não faz com que seja menos idêntico a si mesmo. Não poderia haver distinção entre um calor físico e um calor animal e menos ainda entre um calor mórbido e um calor fisiológico. O calor animal mórbido e o calor fisiológico só diferem por seu grau, e não por sua natureza" [8, *394*]. Decorre daí a conclusão: "Essas ideias de luta entre dois agentes opostos, de antagonismo entre a vida e a morte, entre a saúde e a doença, entre a natureza bruta e a natureza animada já estão ultrapassadas. É preciso reconhecer em tudo a continuidade dos fenômenos, sua gradação insensível e sua harmonia" [*ibid.*].

Estes dois últimos textos nos parecem particularmente esclarecedores, porque revelam uma relação de ideias que não aparece absolutamente em *Leçons sur le diabète*. A ideia da continuidade entre o normal e o patológico está, ela própria, em continuidade com a ideia da continuidade entre a vida e a morte, entre a matéria orgânica e a matéria inerte. Claude Bernard tem, incontestavelmente, o mérito de ter negado oposições até então aceitas entre o mineral e o orgânico, entre o vegetal e o animal, de ter afirmado a onivalência do postulado determinista e a identidade material de todos os fenômenos físico-químicos qualquer que seja sua sede e qualquer que seja seu comportamento. Claude Bernard não foi o primeiro a afirmar a identidade das produções da química de laboratório e da química viva – a ideia já estava formada desde que Woehler realizara a síntese da ureia em 1828 –, ele simplesmente "reforçou o impulso fisiológico que os trabalhos de Dumas e de Liebig haviam dado à química orgânica".[3] Mas foi o primeiro a afirmar a identidade fisiológica das funções do vegetal e das funções correspondentes do animal. Pensava-se antes dele que a respiração dos vegetais fosse inversa à dos animais, que os vegetais fixavam o carbono e que os animais o queimavam, que os vegetais realizavam reduções e os animais combustões, que os vegetais realizavam sínteses que os animais destruíam utilizando-as, já que eram incapazes de realizá-las.

---

3 Pasteur, no artigo sobre *Cl. Bernard, ses travaux, son enseignement, sa méthode*.

Todas essas oposições foram negadas por Claude Bernard, e a descoberta da função glicogênica do fígado foi um dos mais belos êxitos da vontade de "reconhecer em tudo a continuidade dos fenômenos". Não interessa saber agora se Claude Bernard tem uma ideia exata sobre o que seja uma oposição ou um contraste, e se tem boas razões para considerar o binômio de noções saúde-doença como simétrico do binômio vida-morte, para daí tirar a conclusão de que, tendo reduzido à identidade os termos do segundo, está autorizado a procurar a identificação dos termos do primeiro. Interessa saber o que Claude Bernard pretendia dizer ao afirmar a unidade da vida e da morte. Saber se Claude Bernard era ou não materialista ou vitalista é um problema que foi muitas vezes levantado, para fins de polêmica leiga ou religiosa.[4] Parece que uma leitura atenta das *Leçons sur les phénomènes de la vie* (1878) sugere uma resposta menos categórica. Claude Bernard não admite que se distinga, do ponto de vista físico-químico, os fenômenos do reino orgânico e os fenômenos do reino mineral: "O quimismo do laboratório e o quimismo da vida estão sujeitos às mesmas leis: *não há duas químicas*" [10, *I, 224*]. É o mesmo que dizer que a análise científica e a técnica experimental podem identificar e reproduzir os produtos das sínteses vitais da mesma forma que as espécies minerais. Mas é apenas a afirmação da homogeneidade da matéria na forma viva e fora desta forma, pois, rejeitando o materialismo mecanicista, Claude Bernard afirma a originalidade da forma viva e de suas atividades funcionais: "Apesar de as manifestações vitais estarem sob a influência direta das condições físico-químicas, essas condições não poderiam agrupar, harmonizar os fenômenos na ordem e na sucessão em que se apresentam de modo especial nos seres vivos" [10, *II, 218*]. E mais claramente ainda: "Acreditamos, assim como Lavoisier, que os seres vivos estão sujeitos às leis gerais da natureza e que suas manifestações são expressões físicas e químicas. Mas, em vez de considerarmos, como os físicos e os químicos, o tipo das ações vitais nos fenômenos do mundo inanimado, profes-

---

4 Ver o *Claude Bernard* de Pierre Mauriac [81] e *Claude Bernard et le matérialisme* de Pierre Lamy [68].

samos, ao contrário, que a expressão é peculiar, que o mecanismo é especial, que o agente é específico, apesar de o resultado ser idêntico. Não há um único fenômeno químico que se realize, no corpo, da mesma forma como fora dele" [*ibid.*]. Estas últimas palavras poderiam servir de epígrafe à obra de Jacques Duclaux sobre a *Analyse physico-chimique des fonctions vitales*. Segundo Duclaux, cujo afastamento de qualquer espiritualismo é evidente nessa obra, nenhuma reação química intracelular pode ser representada por uma fórmula de equação obtida graças à experimentação *in vitro*: "Logo que um corpo se torna representável por nossos símbolos, a matéria viva o considera como inimigo e o elimina, ou neutraliza... O homem criou uma química que se desenvolveu a partir da química natural sem com ela se confundir" [36].

De qualquer modo, parece claro que, para Claude Bernard reconhecer a continuidade dos fenômenos, não significa desconhecer sua originalidade. Consequentemente, poder-se-ia afirmar, simetricamente ao que ele disse sobre as relações entre a matéria bruta e a matéria viva: há apenas uma fisiologia, mas, em vez de considerar que os fenômenos fisiológicos constituem o modelo dos fenômenos patológicos, deve-se considerar que sua expressão é peculiar, seu mecanismo é especial, apesar dc o resultado ser idêntico; não há um fenômeno que se realize no organismo doente da mesma forma como no organismo são? Por que afirmar sem restrições a identidade da doença e da saúde, ao passo que não se afirma o mesmo sobre a morte e a vida, sobre cuja relação pretende-se moldar a relação entre a doença e a saúde?

* * *

Ao contrário de Broussais e Comte, Claude Bernard traz, para sustentar seu princípio geral de patologia, argumentos controláveis, protocolos de experiências, e sobretudo métodos de quantificação dos conceitos fisiológicos. Glicogênese, glicemia, glicosúria, combustão dos alimentos, calor de vasodilatação não são mais conceitos qualitativos; são os resumos de resultados obtidos ao cabo de mensurações. Desde então, quando se acha que a doença é a expressão exagerada ou a expressão diminuída de uma função normal, sabe-se exatamente o que se quer dizer. Ou pelo menos têm-se os meios de sabê-lo, pois, apesar desse progresso incontestável da precisão lógica, o pensamento de Claude Bernard não está isento de qualquer ambiguidade.

Em primeiro lugar é preciso notar em Claude Bernard, assim como em Bichat, Broussais e Comte, uma convergência de conceitos quantitativos e qualitativos na definição dada aos fenômenos patológicos. Ora o estado patológico é "o distúrbio de um mecanismo normal, que consiste em uma variação quantitativa, uma exageração ou atenuação dos fenômenos normais" [9, *360*], ora o estado doentio é constituído pelo "exagero, pela desproporção, pela desarmonia dos fenômenos normais" [8, *391*]. Impossível deixar de ver, nesse trecho, que o termo "exageração" tem um sentido nitidamente quantitativo na primeira definição e um sentido mais qualitativo na segunda. Será que Claude Bernard julgava anular o valor qualitativo do termo "patológico" substituindo-o pelos termos dis-túrbio, des-proporção, des-armonia?

Essa ambiguidade é certamente instrutiva, pois revela a persistência do próprio problema no seio de uma solução que se acreditava ter sido dada a esse problema. E o problema é o seguinte: o conceito de doença será o conceito de uma realidade objetiva acessível ao conhecimento científico quantitativo? A diferença de valor que o ser vivo estabelece entre sua vida normal e sua vida patológica seria uma aparência ilusória que o cientista deveria negar? Se essa anulação de um contraste qualitativo é teoricamente possível, é claro então que é também legítima; e, se não é possível, o problema de sua legitimidade é supérfluo.

Pudemos observar que Claude Bernard utiliza indiferentemente duas expressões que são *variações quantitativas* e *diferenças de grau*, isto é, utiliza, de fato, dois conceitos, *homogeneidade* e *continuidade*, o primeiro, implicitamente, e o segundo, expressamente. Ora, a utilização de um ou outro desses conceitos não leva necessariamente às mesmas exigências lógicas. Se afirmo a homogeneidade de dois objetos sou obrigado a definir ao menos a natureza de um dos dois, ou então alguma natureza comum a um e a outro. Mas, se afirmo a continuidade, posso apenas intercalar entre extremos, sem reduzi-los um ao outro, todos os intermediários cuja disposição obtenho pela dicotomia de intervalos progressivamente reduzidos. Isso é tão verdadeiro que certos autores tomam como pretexto a continuidade entre a saúde e a doença para se recusarem a definir tanto uma como a outra.[5] Segundo eles, não existe estado normal completo, nem saúde perfeita. Isso pode significar que existem apenas doentes. Molière e Jules Romains mostraram com muito humor que tipo de iatrocracia pode ser justificada por essa afirmação. Mas isso também poderia significar que não existem doentes, o que não é menos absurdo. Será que, afirmando seriamente que a saúde perfeita não existe e que por conseguinte a doença não poderia ser definida, os médicos perceberam que estavam ressuscitando pura e simplesmente o problema da existência da perfeição e o argumento ontológico?

Durante muito tempo procurou-se descobrir se seria possível provar a existência do ser perfeito a partir de sua qualidade de perfeito, já que, tendo todas as perfeições, ele também teria a capacidade de criar sua própria existência. O problema da existência efetiva de uma saúde perfeita é análogo. Como se a saúde perfeita fosse apenas um conceito normativo, um tipo ideal? Raciocinando com todo o rigor, uma norma não existe, apenas desempenha seu papel que é de desvalorizar a existência para permitir a correção dessa mesma existência. Dizer que a saúde perfeita não existe é apenas dizer que o conceito de saúde não é o de uma existência, mas sim o de uma norma cuja função e cujo valor é relacionar essa norma com a existência a fim de provocar a modificação desta. Isso não significa que saúde seja um conceito vazio.

Mas Claude Bernard está bem longe de um relativismo tão fácil, em primeiro lugar, porque a afirmação de continuidade subentende sempre, no seu pensamento, a afirmação de homogeneidade, em seguida porque ele julga poder atribuir sempre um conteúdo experimental ao conceito de normal. Por exemplo, o que chama de urina normal de um animal é a urina de um animal em jejum, sempre comparável a ela própria – já que o animal se nutre de suas próprias reservas – e de tal modo que sirva de termo constante de

---
5 É o caso de H. Roger, por exemplo, em *Introduction à la médecine*. O mesmo ocorre com Claude e Camus na sua *Pathologie générale*.

referência para qualquer urina obtida nas condições de alimentação que se quiser estabelecer [5, *II*, *13*]. Trataremos, mais adiante, das relações entre o normal e o experimental. Por enquanto, queremos apenas examinar em que ponto de vista Claude Bernard se coloca quando considera o fenômeno patológico como variação quantitativa do fenômeno normal. Naturalmente, está bem claro que se utilizamos, enquanto apreciamos a questão, dados fisiológicos ou clínicos recentes, não é para criticar Claude Bernard por ter ignorado o que não podia saber.

* * *

Se considerarmos a glicosúria como o sintoma principal do diabetes, a presença de açúcar na urina diabética a torna qualitativamente diferente de uma urina normal. O estado patológico identificado com seu principal sintoma é uma qualidade nova, em relação ao estado fisiológico. Mas se, considerando a urina como um produto de secreção renal, o médico volta seu pensamento para o rim e as relações entre filtro renal e a composição do sangue, vai considerar a glicosúria como o transbordamento da glicemia que ultrapassa um limiar. A glicose que ultrapassa o limiar e transborda é qualitativamente a mesma que a glicose retida normalmente pelo limiar. Com efeito, a única diferença é uma diferença de quantidade. Se considerarmos, portanto, o mecanismo renal da secreção urinária através dos seus resultados – efeitos fisiológicos ou sintomas mórbidos –, a doença consiste no aparecimento de uma nova qualidade; se considerarmos o mecanismo em si mesmo, a doença é somente variação quantitativa. Da mesma forma, poderíamos citar a alcaptonúria como exemplo do mecanismo químico normal que pode produzir um sintoma normal. Essa afecção rara, descoberta por Boedeker em 1857, consiste essencialmente em um distúrbio do metabolismo de um ácido aminado, a tirosina. A alcaptona ou ácido homogentísico é um produto normal do metabolismo intermediário da tirosina, mas os doentes alcaptonúricos se distinguem pela incapacidade de ultrapassar esse estágio e queimar o ácido homogentísico [41, *10.534*]. O ácido homogentísico passa então para a urina e se transforma em presença dos álcalis, produzindo por oxidação um pigmento negro que colore a urina, conferindo-lhe, assim, uma qualidade nova que não é de modo algum a exageração de alguma qualidade apresentada pela urina normal. Pode-se, aliás, provocar experimentalmente a alcaptonúria pela absorção maciça (50 g em 24 h) de tirosina. Estamos, portanto, diante de um fenômeno patológico que poderemos definir pela qualidade ou pela quantidade, conforme o ponto de vista em que nos colocarmos, conforme considerarmos o fenômeno vital em sua expressão ou em seu mecanismo.

No entanto, será que se pode escolher o ponto de vista? Não será evidente que, se quisermos elaborar uma patologia científica, devemos considerar as causas reais e não os efeitos aparentes, os mecanismos funcionais e não suas expressões sintomáticas? Não é evidente que Claude Bernard, relacionando a glicosúria com a glicemia e a glicemia com a glicogênese hepática, considera mecanismos cuja explicação científica cabe em um feixe de relações quantitativas; por exemplo: leis físicas dos equilíbrios de membrana, leis de concentração das soluções, reações de química orgânica etc.?

Tudo isto seria incontestável se fosse possível considerar as funções fisiológicas como mecanismos, os limiares como barragens, as regulações como válvulas de segurança, servofreios ou termostatos. Mas não nos arriscaríamos então a cair de novo em todas as armadilhas e ciladas das concepções iatromecanicistas? Tomando o exemplo preciso do diabetes, estamos longe de considerar, hoje em dia, que a glicosúria seja apenas função da glicemia e que o rim oponha à filtração da glicose apenas um limiar constante (de 1,70% e não de 3%, como a princípio pensava Claude Bernard). Segundo Chabanier e Lobo-Onell: "O limiar renal é essencialmente *móvel*, e seu *comportamento é variável* de acordo com os pacientes" [25, *16*]. Por um lado, em pacientes sem hiperglicemia, pode-se às vezes constatar uma glicosúria até mesmo tão elevada quanto a dos verdadeiros diabéticos. Chama-se isso de glicosúria renal. Por outro, em pacientes cuja glicemia atinge às vezes 3 g ou mais, a glicosúria pode ser praticamente nula. Chama-se isso de hiperglicemia pura. Melhor ainda, dois diabéticos colocados nas mesmas condições de observação e que apresentem de manhã, em jejum, uma mesma glicemia de 2,50 g podem apresentar uma glicosúria variável, um perdendo 20 g e o outro 200 g de glicose na urina [25, *18*].

Somos, portanto, levados a introduzir uma modificação no esquema clássico que ligava a glicosúria ao distúrbio basal apenas por intermédio da hiperglicemia; essa modificação consiste em introduzir, entre a hiperglicemia e a glicosúria, um nova articulação: "*o comportamento renal*" [25, *19*]. Falando em variabilidade do limiar e em comportamento renal, já se introduz, na explicação do mecanismo da secreção urinária, uma noção que não pode ser inteiramente transposta em termos analíticos e quantitativos. Seria o mesmo que dizer que ficar diabético é mudar de rim, proposição que só parecerá absurda àqueles que identificam uma função com sua sede anatômica. Parece, portanto, possível concluir que, substituindo os sintomas pelos mecanismos, na comparação entre o estado fisiológico e o estado patológico, nem por isso se elimina uma diferença de qualidade entre esses estados.

Essa conclusão impõe-se muito mais quando, deixando de dividir a doença em uma multiplicidade de mecanismos funcionais alterados, passamos a considerá-la como um acontecimento que diz respeito ao organismo vivo encarado na sua totalidade. Ora, é exatamente o caso do diabetes. Admite-se, hoje em dia, que é "uma diminuição do poder de utilização da glicose em função da glicemia" [25, *12*]. A descoberta do *diabetes pancreático experimental* por von Mering e Minkowski, em 1889, a descoberta do pâncreas endócrino por Laguesse e o isolamento da insulina segregada pelas ilhotas de Langerhans por Banting e Best em 1920 tornaram possível afirmar que o distúrbio fundamental no diabetes é uma hipoinsulinemia. Seria possível dizer, então, que essas pesquisas, desconhecidas por Claude Bernard, confirmariam, em última análise, seus princípios de patologia geral? Certamente que não, pois Houssay e Biasotti mostraram em 1930-1931, pela extirpação conjunta do pâncreas e da hipófise no sapo e no cão, o papel antagonista da hipófise e do pâncreas no metabolismo dos glicídios. Em consequência de uma ablação total do pâncreas, um cão sadio não sobrevive além de quatro a cinco semanas. Combinando-se, porém, a hipofisectomia e a pancreatectomia, o diabetes melhora consideravelmente: a glicosúria fica muito reduzida e até mesmo suprimida em jejum, a poliúria é suprimida, a glicemia chega quase ao normal, o emagrecimento torna-se muito mais lento. Pensou-se, portanto, poder concluir que a ação da insulina no metabolismo dos glicídios não era direta, já que sem administração de insulina o diabetes podia ser atenuado. Em 1937, Young constatava que se podia, às vezes, tornar definitivamente diabético um cão normal por meio de injeção de um extrato do lobo anterior da hipófise, repetida diariamente, durante cerca de três semanas. L. Hédon e A. Loubatières, que retomaram, na França, o estudo do diabetes experimental de Young, concluem: "Uma superatividade *temporária* do lobo anterior da hipófise pode causar não apenas um distúrbio transitório da glicorregulação, mas também um *diabetes permanente*, e que persiste durante um tempo indefinido depois do desaparecimento da causa que o provocou" [54, *105*].

A transformação do conceito de diminuição, expresso anteriormente, em conceito de aumento revelaria toda a perspicácia de Claude Bernard, justamente no momento em que a julgávamos um erro? Não é o que parece, pois, em última análise, essa hipersecreção hipofisária não passa de um sintoma, no nível da glândula, de um tumor na hipófise ou de uma modificação endócrina geral (puberdade, menopausa, gravidez). Em matéria de secreções internas, assim como em matéria de sistema nervoso, as localizações são mais "privilegiadas" do que absolutas, e o que parece aumento ou diminuição em algum local é, na realidade, uma alteração no todo. "Nada é mais ilusório, escreve Rathery, do que considerar o metabolismo dos glicídios como sendo realizado apenas pelo pâncreas e sua secreção. O metabolismo dos glicídios está na dependência de múltiplos fatores: "a) as glândulas vasculares sanguíneas; b) o fígado; c) o sistema nervoso; d) as vitaminas; e) os elementos minerais etc. Ora, qualquer um desses fatores pode entrar em jogo para provocar o diabetes" [98, *22*]. Considerando o diabetes como uma doença da nutrição, considerando a constante glicemia como um tônus indispensável à existência do organismo tomado como um todo (Soula),[6] não podemos tirar do estudo do diabetes as conclusões de patologia geral que Claude Bernard tirava em 1877.

---

6 Curso de Fisiologia sobre *A constância do meio interno* (*La constance du milieu intérieur*), Faculté de Médecine de Toulouse, 1938-1939.

O que se critica nessas conclusões não é tanto serem errôneas, mas sobretudo serem insuficientes e parciais. Elas procedem da extrapolação ilegítima de um caso particular e, mais ainda, de um engano na definição do ponto de vista adotado. É certo que alguns sintomas são o produto – quantitativamente variado – de mecanismos constantes no estado fisiológico. Seria o caso, por exemplo, da hipercloridria na úlcera do estômago. É possível que alguns mecanismos sejam os mesmos no estado de saúde e no estado de doença. No caso da úlcera de estômago, o reflexo que determina a secreção do suco gástrico parece sempre partir do antro pilórico, se é verdade que são úlceras estenosantes, na vizinhança do piloro, que são acompanhadas de hipersecreção mais considerável, e que a ablação dessa região, na gastrectomia, é seguida por uma redução da secreção.

Antes de tudo, porém, no que se refere ao caso concreto da úlcera, deve-se dizer que o essencial da doença não consiste na hipercloridria, mas sim no fato de que, nesse caso, o estômago digere-se a si mesmo, estado que, devemos admitir, difere profundamente do estado normal. Diga-se de passagem que esse exemplo talvez sirva para fazer entender o que é uma função normal. Uma função poderia ser chamada de normal enquanto fosse independente dos efeitos que produz. O estômago é normal enquanto digere sem se digerir. Aplica-se às funções a mesma regra que às balanças: primeiro fidelidade, depois sensibilidade.

Além disso, deve-se dizer que nem todos os casos patológicos podem ser reduzidos ao esquema explicativo proposto por Claude Bernard. E, em primeiro lugar, o exemplo que ele invoca em *Leçons sur la chaleur animale*. É certo que não há distinção entre calor normal e calor patológico, no sentido de que um e outro calor se traduzem por efeitos físicos idênticos, a dilatação de uma coluna de mercúrio, durante uma tomada de temperatura retal ou axilar. A identidade do calor, porém, não implica a identidade da fonte de calor, nem mesmo a identidade do mecanismo de liberação das calorias. Claude Bernard replicava a seus opositores italianos que é sempre o alimento queimado no nível dos tecidos que dá origem ao calor animal. No entanto, um mesmo alimento pode ser queimado de muitas maneiras, e sua degradação pode cessar em estágios diferentes. Postular, e com razão, a identidade das leis da química e da

Claude Bernard e a Patologia Experimental

física consigo próprias não obriga a levar em conta a especificidade dos fenômenos que as manifestam. Quando uma mulher portadora da doença de Basedow respira no recinto fechado cuja variação de volume, durante uma medida do metabolismo basal, vai traduzir a taxa de consumo de oxigênio, é sempre segundo as leis químicas da oxidação que o oxigênio é queimado (5 calorias para 1 litro de O_2), e é justamente estabelecendo a constância dessas leis nesse caso que será possível calcular a variação do metabolismo e qualificá-lo de anormal. É nesse sentido preciso que há identidade entre o fisiológico e o patológico. Mas também se poderia dizer que há identidade entre o químico e o patológico. Convenhamos que essa é uma maneira de esvaziar o sentido da palavra patológico, e não de explicá-la. Por acaso não é o mesmo que ocorre quando se declara a homogeneidade do patológico e do fisiológico?

Em resumo, a teoria de Claude Bernard é válida em certos casos limitados:

1º) Quando se restringe o fenômeno patológico a algum sintoma, *não levando em conta seu contexto clínico* (hipercloridria; hipertermia ou hipotermia; hiperexcitabilidade reflexa).

2º) Quando se vai buscar a causa dos efeitos sintomáticos nos mecanismos funcionais *parciais* (glicosúria por hiperglicemia; alcaptonúria por metabolismo incompleto da tirosina).

Mesmo limitada a esses casos precisos, a teoria esbarra em muitas dificuldades. Quem consideraria a hipertensão como simples aumento da pressão arterial fisiológica, esquecendo a modificação profunda da estrutura e das funções dos órgãos essenciais (coração e vasos, rim, pulmão), modificação de tal ordem que constitui um novo modo de vida para o organismo, um novo comportamento que uma terapêutica judiciosa deve respeitar, não agindo intempestivamente sobre a pressão para trazê-la de volta ao normal? Quem consideraria a hipersensibilidade a certas substâncias tóxicas como simples modificação quantitativa de uma reatividade normal, sem indagar primeiro se não é apenas uma hipersensibilidade aparente (em consequência de uma má alimentação renal ou de uma reabsorção excessivamente rápida em reação com um estado geral definido), sem distinguir, em seguida, a intolerância isotóxica, em que os fenômenos estão mudados apenas quantitativamente, da intolerância heterotóxica, em que surgem sintomas novos, em relação com uma mudança da reação celular ao veneno (A. Schwartz)?[7] O mesmo se pode dizer a respeito dos mecanismos funcionais. É claro que se podem fazer experiências com cada um deles separadamente. No entanto, no organismo vivo todas as funções são interdependentes e seus ritmos, harmonizados: o comportamento renal só teoricamente pode ser abstraído do comportamento do organismo funcionando como um todo.

Tomando exemplos na ordem dos fenômenos de metabolismo (diabetes, calor animal), Claude Bernard encontrou casos excessivamente unilaterais para poderem ser generalizados sem qualquer arbitrariedade. Como explicar, no quadro de suas ideias, as doenças infecciosas cuja etiologia e cuja patogenia apenas começavam, na sua época, a sair do limbo pré-científico? É verdade que a teoria das infecções inaparentes (Charles Nicolle)[8] e a teoria do terreno permitem afirmar que a doença infecciosa já tem raízes no estado dito normal. Essa opinião, porém, apesar de muito difundida, nem por isso é inatacável. Não é normal, para um indivíduo são, abrigar na sua faringe o bacilo diftérico, da mesma forma que lhe é normal eliminar fosfatos na urina ou contrair a pupila ao passar bruscamente da obscuridade para a claridade. Uma doença com prazo diferido ou adiado não é um estado normal da mesma forma que o exercício de uma função cuja interrupção seria fatal. Assim, também, convém não esquecer o terreno, como o próprio Pasteur aconselhava, mas sem chegar ao ponto de considerar o micróbio como um epifenômeno. É preciso um último fragmento de cristal para obter a solidificação de uma solução supersaturada. A rigor, para uma infecção é preciso um micróbio. É verdade que se conseguiu produzir lesões típicas da pneumonia ou da febre tifoide por meio da irritação física ou química do esplâncnico [80]. Para nos limitarmos, porém, à explicação clássica da infecção, pode-se tentar, uma vez que sobreveio a infecção, reconstituir uma certa

---

7 Curso de Farmacologia, Faculdade de Medicina de Estrasburgo, 1941-1942.
8 Essa expressão "infecção inaparente" parece-nos incorreta. A infecção é inaparente apenas do ponto de vista clínico e no plano macroscópico. No entanto, do ponto de vista biológico e no plano humoral, ela é aparente, já que se traduz pela presença de anticorpos no soro. A infecção, porém, é apenas um fato biológico, é uma modificação dos humores. Uma infecção inaparente não é uma doença inaparente.

continuidade entre o antes e o depois, por meio de antecedentes etiológicos. Parece difícil afirmar que o estado infeccioso não traz nenhuma descontinuidade real na história do ser vivo.

As doenças nervosas constituem um outro fato que resiste a uma explicação baseada nos princípios de Claude Bernard. Durante muito tempo foram empregados os termos exageração e *deficit* para descrevê-las. Quando as funções superiores da vida de relação eram consideradas como somas de reflexos elementares e os centros cerebrais como um arquivo de imagens ou de impressões, impunha-se uma explicação de tipo quantitativo para os fenômenos patológicos. No entanto, as concepções de Hughlings Jackson, Head, Sherrington, preparando terreno para teorias mais recentes, como as de Goldstein, orientaram a pesquisa em direções em que os fatos adquiriram um valor sintético, qualitativo, antes desconhecido. Voltaremos mais tarde ao assunto. No momento basta dizer brevemente que, segundo Goldstein, em matéria de distúrbios da fala, só podemos explicar o comportamento normal a partir do patológico, se tivermos sempre presente a ideia da modificação da personalidade pela doença. Em geral, não se deve relacionar determinado ato de uma pessoa normal a um ato análogo de um doente sem compreender o sentido e o valor do ato patológico para as possibilidades de existência do organismo modificado: "Não se deve absolutamente crer que as diversas atitudes possíveis de um doente representam apenas uma espécie de resíduo do comportamento normal, aquilo que sobreviveu à destruição. As atitudes que sobreviveram no doente jamais se apresentam sob essa mesma forma no homem normal, nem mesmo nos estágios inferiores de sua autogênese ou de sua filogênese, como frequentemente se admite. A doença lhes deu formas peculiares que só se pode compreender bem levando em conta o estado mórbido" [45, *437*].

Enfim, a continuidade do estado normal e do estado patológico não parece real no caso das doenças infecciosas, como também não o parece a homogeneidade, no caso das doenças nervosas.

* * *

Em suma, Claude Bernard formulou, no campo médico, com a autoridade de todo inovador que prova o movimento andando, a exigência profunda de uma época que acreditava na onipotência de uma técnica baseada na ciência, e que se sentia à vontade na vida, apesar, ou talvez por causa, das lamentações românticas. Uma arte de viver – e a medicina o é no pleno sentido da palavra – implica uma ciência da vida. Uma terapêutica eficaz supõe uma patologia experimental; uma patologia experimental não se separa de uma fisiologia. "Fisiologia e patologia se confundem e são uma única e mesma coisa." No entanto, seria temerário deduzir daí, com uma exagerada simplicidade, que a vida é sempre idêntica a si mesma na saúde e na doença, e que nada aprende na doença e por meio da doença. A ciência dos contrários é una, dizia Aristóteles. Deve-se concluir daí que os contrários não são contrários? É urgente, mais ainda que legítimo, que a ciência da vida tome como objetos de mesma importância teórica, e capazes de se explicar mutuamente, os fenômenos ditos normais e os fenômenos ditos patológicos, a fim de se tornar adequada à totalidade das vicissitudes da vida e à variedade de suas manifestações. Isso não leva necessariamente à conclusão de que a patologia não seja mais que a fisiologia, e ainda menos que a doença não passe de aumento ou redução do estado normal. É compreensível que a medicina necessite de uma patologia objetiva, mas uma pesquisa que faz desaparecer seu objeto não é objetiva. Pode-se negar que a doença seja uma espécie de violação do organismo, considerá-la como um evento resultante da ação das funções permanentes do organismo, sem negar que essa ação seja nova. Um comportamento do organismo pode estar em continuidade com os comportamentos anteriores, e ser, ao mesmo tempo, um comportamento diferente. A progressividade de um advento não exclui a originalidade de um evento. Um sintoma patológico pode traduzir isoladamente a hiperatividade de uma função cujo produto é rigorosamente idêntico ao produto das mesmas funções nas condições ditas normais, mas isso não quer dizer que o mal orgânico, considerado como outro modo de ser da totalidade funcional, e não como uma soma de sintomas, não seja para o organismo uma nova forma de se comportar em relação ao meio.

Finalmente, seria conveniente dizer que o fato patológico só pode ser apreendido como tal – isto é, como alteração do estado normal – no nível da totalidade orgânica; e, em se tratando do homem, no nível da totalidade individual consciente, em que a doença torna-se uma espécie de mal. Ser doente é, realmente, para o homem, viver uma vida diferente, mesmo no sentido biológico da palavra. Voltando ainda uma vez ao mesmo exemplo, o diabetes não é uma doença do rim, pela glicosúria, nem do pâncreas, pela hipoinsulinemia, nem da hipófise; a doença é do organismo cujas funções todas estão mudadas, que está ameaçado pela tuberculose, cujas infecções supuradas se prolongam indefinidamente, cujos membros se tornam inutilizáveis pela arterite e pela gangrena; mais ainda, a doença é do homem ou da mulher ameaçados de coma, frequentemente vítimas de impotência ou de esterilidade, para quem uma gravidez, se ocorrer, é uma catástrofe, e cujas lágrimas – ironia das secreções! – são doces.[9] É de um modo bastante artificial, parece, que dispersamos a doença em sintomas ou a abstraímos de suas complicações. O que é um sintoma, sem contexto, ou um pano de fundo? O que é uma complicação, separada daquilo que ela complica? Quando classificamos como patológico um sintoma ou um mecanismo funcional isolados, esquecemos que aquilo que os torna patológicos é sua relação de inserção na totalidade indivisível de um comportamento individual. De tal modo que a análise fisiológica de funções separadas só sabe que está diante de fatos patológicos devido a uma informação clínica prévia; pois a clínica coloca o médico em contato com indivíduos completos e concretos, e não com seus órgãos ou funções. A patologia, quer seja anatômica ou fisiológica, analisa para melhor conhecer, mas ela só pode saber que é uma patologia – isto é, estudo dos mecanismos da doença – porque recebe da clínica essa noção de doença, cuja origem deve ser buscada na experiência que os homens têm de suas relações de conjunto com o meio.

Se as proposições precedentes têm algum sentido, como explicar o fato de o clínico moderno adotar mais frequentemente o ponto de vista do fisiologista do que o ponto de vista do doente? É, sem dúvida, por causa de um fato que ocorre maciçamente na

---

9 Claude Bernard diz que jamais conseguiu encontrar açúcar nas lágrimas dos diabéticos, mas, hoje em dia, é um fato aceito. Cf. Fromageot e Chaix em "Glucides". *Physiologie*, fasc. 3, ano II, Paris, Hermann, 1939, p. 40.

experiência médica: os sintomas mórbidos subjetivos e os sintomas objetivos raramente coincidem um com o outro. A história do urologista para quem um homem que se queixa dos rins é um homem que não tem nada nos rins não é apenas uma piada. É que, para o doente, os rins são um território musculocutâneo da região lombar, ao passo que, para o médico, são vísceras em relação com outras vísceras. Ora, o conhecido fato das dores reflexas, cujas múltiplas explicações são, até hoje, bastante obscuras, nos impede de achar que as dores – acusadas pelos doentes como sintomas subjetivos primordiais – mantenham uma relação constante com as vísceras subjacentes para as quais parecem chamar a atenção. Mas sobretudo a latência – frequentemente prolongada – de certas degenerescências, a inaparência de certas infestações ou infecções levam o médico a considerar a experiência patológica direta do paciente como irrelevante, até mesmo como sistematicamente falsificadora do fato patológico objetivo. Qualquer médico sabe, às vezes, por tê-lo aprendido às suas próprias custas, que a consciência sensível imediata da vida orgânica não é, por si mesma, ciência desse mesmo organismo, não é conhecimento infalível da localização ou da data das lesões patológicas relativas ao corpo humano.

Talvez seja por isso que até hoje a patologia levou tão pouco em consideração essa característica da doença: de ser realmente para o doente *uma forma diferente da vida*. É claro que a patologia tem o direito de suspeitar e de retificar a opinião do doente que pensa saber também – pelo fato de se sentir diferente – em que e como ele está diferente. E só porque o doente se engana manifestamente a respeito do segundo ponto não se pode concluir que se engane também a respeito do primeiro. Talvez seu sentimento seja o pressentimento do que a patologia contemporânea está começando a entrever: que o estado patológico não é um simples prolongamento, quantitativamente variado, do estado fisiológico, mas é totalmente diferente.[10]

---

10 Depois da primeira publicação deste trabalho (1943), o estudo das ideias de Claude Bernard foi retomado pelo Dr. M.-D. Grmek, *La conception de la maladie et de la santé chez Claude Bernard*. Para a referência, ver adiante.

IV AS CONCEPÇÕES DE R. LERICHE

A invalidade da opinião do doente em relação à realidade de sua própria doença é um argumento de peso em uma recente teoria da doença; teoria, às vezes, um pouco imprecisa, porém cheia de sutilezas, concreta e profunda, a teoria de R. Leriche, que nos parece necessário expor e examinar, depois da teoria precedente, da qual, em certo sentido, ela é um prolongamento, mas da qual se afasta nitidamente em outros pontos. "A saúde, diz Leriche, é a vida no silêncio dos órgãos" [73, 6.16-1]. Inversamente, a "doença é aquilo que perturba os homens no exercício normal de sua vida e em suas ocupações e, sobretudo, aquilo que os faz sofrer" [73, 6.22-3]. O estado de saúde, para o indivíduo, é a inconsciência de seu próprio corpo. Inversamente, tem-se a consciência do corpo pela sensação dos limites, das ameaças, dos obstáculos à saúde. Tomando essas afirmações em seu sentido pleno, elas significam que a noção de normal que se tem depende da possibilidade de infrações à norma. Estamos, enfim, diante de definições que não são absolutamente verbais, em que a relatividade dos termos opostos é correta. O termo primitivo nem por isso é positivo, e o termo negativo nem por isso é nulo. A saúde é positiva, mas não é primitiva; a doença é negativa, mas sob a forma de oposição (perturbação), e não de privação.

No entanto, apesar de ulteriormente não terem sido feitas reservas nem correções à definição de saúde, a definição de doença foi imediatamente retificada. Pois essa definição da doença é a definição do doente, e não a do médico. Apesar de válida do ponto de vista da consciência, ela não o é do ponto de vista da ciência. Com efeito, Leriche demonstra que o silêncio dos órgãos não equivale necessariamente à ausência de doença; que existem no organismo lesões ou perturbações funcionais que, durante muito tempo, são imperceptíveis para aqueles cuja vida tais perturbações estão colocando em perigo. O atraso com que muitas vezes sentimos nossos distúrbios internos é o preço que pagamos pela prodigalidade com a qual nosso organismo foi construído, tendo em excesso todos os tecidos: mais pulmão do que, em última análise, é necessário para respirar, mais rim do que é necessário para segregar a urina sem chegar à intoxicação etc. A conclusão é que "se quisermos definir a doença será preciso desumanizá-la" [73, *6.22-3*]; e, exprimindo-se mais brutalmente ainda, que, "na doença, o que há de menos importante, no fundo, é o homem" [73, *6.22-4*]. Portanto, não são mais a dor ou a incapacidade funcional e a enfermidade social que fazem a doença, e sim a alteração anatômica ou o distúrbio fisiológico. A doença ocorre no nível do tecido e, nesse sentido, não pode haver doença sem doente. Tomemos como exemplo um homem cuja vida – sem incidente patológico por ele conhecido – tenha sido interrompida por um assassinato ou um acidente. Segundo a teoria de Leriche, se uma autópsia para fins médico-legais revelasse um câncer do rim ignorado por seu portador já falecido, deveríamos concluir que havia uma doença, apesar de não ser possível atribuí-la a pessoa alguma: nem ao cadáver – já que um morto não é mais capaz de ter doenças – nem, retroativamente, ao vivo de outrora, que a ignorava, tendo terminado sua vida antes do estágio evolutivo do câncer em que, segundo as probabilidades clínicas, as dores teriam enfim criado o mal.

A doença, que jamais tinha existido na consciência do homem, passa a existir na ciência do médico. Ora, achamos *que não há nada na ciência que antes não tenha aparecido na consciência* e que, especialmente no caso que nos interessa, é o ponto de vista do doente que, no fundo, é verdadeiro. E eis o motivo: médicos e cirurgiões dispõem de informações clínicas e utilizam também, às vezes, técnicas de laboratório que lhes permitem saber que estão doentes pessoas que não se sentem doentes. É um fato. Mas um fato a ser interpretado. Ora, é unicamente por serem os herdeiros de uma cultura médica transmitida pelos clínicos do passado que os médicos de hoje em dia podem se adiantar e ultrapassar em perspicácia clínica seus clientes habituais ou ocasionais. Pensando bem, sempre houve um momento em que a atenção dos médicos foi atraída para certos sintomas, mesmo que unicamente objetivos, por homens que se queixavam de sofrer ou de não serem normais, isto é, idênticos a seu passado. E se, hoje em dia, o conhecimento que o médico tem a respeito da doença pode impedir que o doente passe pela experiência da doença, é porque outrora essa mesma experiência chamou a atenção do médico, suscitando o conhecimento que hoje tem. Sempre se admitiu, e atualmente é uma realidade incontestável, que a medicina existe porque há homens que se sentem doentes, e não porque existem médicos que os informam de suas doenças. A evolução histórica das relações entre o médico e o doente na consulta clínica não muda em nada a relação normal permanente entre o doente e a doença.

Essa crítica pode ser proposta com tanta audácia porque Leriche, reconsiderando o que suas primeiras afirmações tinham de um pouco extremado, a confirma em parte. Distinguindo cuidadosamente o ponto de vista estático do ponto de vista dinâmico, em patologia, Leriche reivindica para o segundo uma completa primazia. Aos que identificam doença com lesão, Leriche objeta que o fato anatômico deve ser considerado, na realidade, como "segundo e secundário: segundo, por ser produzido por um desvio originariamente funcional da vida dos tecidos; secundário, por ser apenas um elemento da doença, e não o elemento dominante" [73, 6.76-6]. Em consequência disso, é a doença do ponto de vista do doente que, de modo bastante inesperado, volta a ser o conceito adequado de doença, mais adequado, em todo caso, que o conceito dos anatomopatologistas. "Impõe-se a noção de que a doença do doente não é a mesma que a doença anatômica do médico. Uma pedra em uma vesícula biliar atrófica pode não provocar sintomas durante anos e, por conseguinte, não criar uma doença, quando, no entanto, há um estado anatomopatológico... Sob as mesmas aparências anatômicas, pode-se ser ou não ser doente... Não se deve encobrir a dificuldade dizendo simplesmente que há formas silenciosas e larvadas de doenças: isto não passa de verbalismo. A lesão talvez não baste para constituir a doença clínica, a doença do doente. Esta é algo diverso da doença do anatomopatologista" [73, 6.76-6]. No entanto, convém não atribuir a Leriche mais do que ele está disposto a aceitar. Com efeito, o que ele entende por doente é muito mais o organismo em ação, em funções, do que o indivíduo consciente de suas funções orgânicas. O doente, nessa nova definição, não é exatamente o doente da primeira, o homem concreto, consciente de uma situação favorável ou desfavorável na existência. O doente deixou de ser uma entidade de anatomista, mas continua sendo uma entidade de fisiologista, pois Leriche esclarece: "Essa nova representação da doença leva o médico a entrar em contato mais estreito com a fisiologia, isto é, com a ciência das funções, a tratar de fisiologia patológica tanto ou mais que de anatomia patológica" [73, 6.76-6].

Assim, a coincidência da doença com o doente ocorre na ciência do fisiologista, mas não ainda na consciência do homem concreto. E, no entanto, essa primeira coincidência nos basta, pois o próprio Leriche nos fornece os meios de, por meio dela, obter a segunda.

Retomando as ideias de Claude Bernard, e, provavelmente, sem ter consciência disso, Leriche afirma também a continuidade e a indiscernibilidade do estado fisiológico e do estado patológico. Por exemplo, estabelecendo a teoria dos fenômenos de vasoconstrição, mostrando sua complexidade, desconhecida durante muito tempo, e falando sobre sua transformação em fenômenos de espasmo, Leriche escreve: *"Do tônus à vasoconstrição, isto é, à hipertonia fisiológica, da vasoconstrição ao espasmo, não há margem de separação.* Passa-se de um estado a outro sem transição, e são os efeitos, mais do que o fato em si, que permitem diferenciações. Da fisiologia à patologia não há limiar" [74, *234*]. É preciso compreender bem esta última afirmação. Não há limiar quantitativo identificável por métodos objetivos de medida. No entanto, há certamente distinção e oposição qualitativas, pelos efeitos diferentes da mesma causa quantitativamente variável. "Mesmo havendo uma perfeita conservação da estrutura arterial, o espasmo, a longo prazo, tem efeitos patológicos graves: gera a dor, produz necroses localizadas ou difusas; enfim, e sobretudo, determina obstruções capilares e arteriolares na periferia do sistema" [74, *234*]. Obstrução, necrose, dor, eis alguns fatos patológicos para os quais procuraríamos em vão equivalentes fisiológicos: uma artéria obstruída deixa de ser fisiologicamente uma artéria, já que se tornou

As Concepções de R. Leriche 57

um obstáculo, e não mais uma via para a circulação; uma célula necrosada não é mais fisiologicamente uma célula porque há uma anatomia do cadáver, mas seria impossível haver uma fisiologia do cadáver, por definição etimológica; enfim, a dor deixa de ser uma sensação fisiológica, já que, segundo Leriche, "a dor não está no plano da natureza".

Em relação ao problema da dor, conhecemos a tese original e profunda de Leriche. É impossível considerar a dor como a expressão de uma atividade normal, de um sentido capaz de exercício permanente, sentido esse que seria exercido pelo órgão de receptores periféricos especializados, de vias próprias de condução nervosa e de analisadores centrais delimitados; impossível também considerá-la como um detector e um sinal de alarme imediato das ameaças externas ou internas à integridade orgânica, nem como uma reação de defesa salutar que o médico deveria respeitar e até mesmo reforçar. A dor é "um fenômeno individual monstruoso, e não uma lei da espécie. Um fato da doença" [74, *490*]. Podemos perceber toda a importância destas últimas palavras. Não é mais pela dor que a doença é definida, é como doença que a dor é apresentada. E o que Leriche entende por doença, aqui, não é a modificação quantitativa de um fenômeno fisiológico ou normal, é um estado autenticamente anormal. "A dor-doença está em nós como um acidente que evolui ao contrário das leis da sensação normal... Tudo nela é anormal, rebelde à lei" [74, *490*]. Nesse texto Leriche tem tal certeza de estar rompendo com um dogma clássico que sente a necessidade de invocar a majestade desse mesmo dogma no exato momento em que se vê forçado a minar suas bases. "É claro que a patologia não passa nunca de uma fisiologia desviada. Foi no Collège de France, nesta cátedra, que nasceu esta ideia, e a cada dia ela nos parece mais verdadeira" [74, *482*]. Portanto, o fenômeno da dor verifica eletivamente a teoria, constante na obra de Leriche, do estado de doença como "novidade fisiológica". Essa concepção surge timidamente nas últimas páginas do tomo VI da *Encyclopédie française* (1936): "A doença não se apresenta como um parasita vivendo no homem e vivendo do homem que ela esgota. Vemos na doença a consequência de um desvio, inicialmente mínimo, da ordem fisiológica. Em suma, a doença é uma nova ordem fisiológica, e a terapêutica deve ter como objetivo adaptar o homem doente a essa nova ordem" [73, *6.76-6*]. Mas essa concepção se afirma claramente em seguida: "A produção de um sintoma, no cão, mesmo sendo um sintoma maior, não significa que tenhamos realizado a doença humana. Esta é sempre um conjunto. Aquilo que a produz atinge, em nós, de maneira tão sutil, os mecanismos normais da vida, que suas respostas não são propriamente as respostas de uma fisiologia desviada, e sim de uma nova fisiologia, na qual muitas coisas, harmonizadas com um novo tom, têm ressonâncias inusitadas" [76, *11*].

Não nos é possível examinar isoladamente essa teoria da dor com toda a atenção que merece; no entanto, devemos assinalar o interesse que apresenta para o problema de que tratamos. Parece-nos de importância capital que um médico reconheça na dor um fenômeno de reação total que só tem sentido, e que só é um sentido, no nível da individualidade humana concreta. "A dor física não consiste simplesmente em influxos nervosos percorrendo, a uma velocidade determinada, o trajeto de um nervo. *É a resultante do conflito entre um excitante e o indivíduo todo*" [74, *488*]. Parece-nos de importância capital que o médico proclame que o homem produz sua dor – como faz uma doença ou seu luto –, em vez de dizer que ele recebe ou sofre essa dor. Inversamente, considerar a dor como uma impressão recolhida em um ponto do corpo e transmitida ao cérebro é supor que ela seja toda constituída como tal, sem qualquer relação com a atividade do paciente que a sente. É possível que a insuficiência dos dados anatômicos e fisiológicos relativos a esse problema deixe a Leriche toda a liberdade para negar a especificidade da dor, a partir de outros argumentos positivos. No entanto, o fato de negar a especificidade anatomofisiológica de um aparelho nervoso próprio da dor não leva necessariamente, na nossa opinião, a negar o caráter funcional da dor. Com efeito, é mais do que evidente que a dor não é um sinal de alarme sempre fiel e sempre infalível, e que os finalistas não estão falando a sério ao lhe delegar uma capacidade e responsabilidades de premonição que nenhuma ciência do corpo humano poderia assumir. Também é evidente, porém, que é profundamente anormal a indiferença de um ser vivo em relação às suas condições de vida e à qualidade de suas trocas com o meio. Pode-se admitir que a dor seja um sentido vital, sem admitir que tenha um órgão específico nem que tenha um valor enciclopédico de informação de tipo topográfico ou funcional. O fisiologista pode muito bem apontar as ilusões da dor, assim como o físico o faz em relação às ilusões de ótica; isso significa que um sentido não é um conhecimento, e que seu valor normal não é um valor teórico, mas não leva necessariamente à conclusão de que o sentido não tem, normalmente, valor. Parece, sobretudo, que se deve distinguir cuidadosamente a dor de origem tegumentária da dor de origem visceral. Esta última se apresenta como anormal, mas parece difícil contestar um caráter normal à dor que nasce à superfície de separação – e também de encontro – entre o organismo e o meio ambiente. A supressão da dor tegumentária, na esclerodermia ou na siringomielia, pode ter como consequência a indiferença do organismo em relação a agressões contra sua integridade.

Porém o que não podemos esquecer é que Leriche, tendo de definir a doença, não achou outro meio de defini-la a não ser por seus efeitos. Ora, ao menos um desses efeitos, a dor, nos faz deixar claramente o plano da ciência abstrata pela esfera da consciência concreta. Obtemos, então, a coincidência total da doença e do doente, pois a dor-doença – para falar como Leriche – é um fato que ocorre no nível do todo individual consciente; e é um fato que as finas análises de Leriche, descrevendo a participação e a colaboração de todo o indivíduo na sua dor, nos permitem qualificar como "comportamento".

* * *

Desde já se pode muito bem ver em que pontos as ideias de Leriche prolongam as de Augusto Comte e de Claude Bernard, e em que pontos se afastam dessas mesmas ideias, sendo mais matizadas e sobretudo mais ricas em experiência médica autêntica. É que, a respeito das relações entre a fisiologia e a patologia, Leriche faz um julgamento de técnico, e não de filósofo, como Comte, ou de cientista, como Claude Bernard. Apesar das diferenças mencionadas no início, a ideia comum a Comte e a Claude Bernard é de que uma técnica deve ser normalmente a aplicação de uma ciência. Esta é a ideia positivista fundamental: saber para agir. A fisiologia deve explicar a patologia para estabelecer as bases da terapêutica. Comte acha que a doença substitui as experiências, e Claude Bernard acha que as experiências, mesmo praticadas em animais, nos iniciam no conhecimento das doenças do homem. Em última análise, porém, tanto para um quanto para outro, só se pode proceder logicamente partindo do conhecimento fisiológico experimental para a técnica médica. Leriche, por sua vez, acha que geralmente se procede, de fato, partindo da técnica médica e cirúrgica, suscitada pelo estado patológico, para o conhecimento fisiológico; e que, de direito, quase sempre se deveria assim proceder. O conhecimento do estado fisiológico é obtido por abstração retrospectiva da experiência clínica e terapêutica. "Não sabemos se o estudo do homem normal, mesmo que esse estudo seja baseado no dos animais, será suficiente para nos dar informações completas sobre a vida normal do homem. A prodigalidade do plano segundo o qual fomos construídos constitui uma grande dificuldade de análise. Essa análise é feita sobretudo estudando os *deficits* produzidos pelas supressões de órgãos, isto é, introduzindo variáveis na ordem vital e pesquisando as incidências. Infelizmente, a experiência, em um ser sadio, é sempre um pouco brutal em seu determinismo, e o homem sadio corrige rapidamente a menor insuficiência espontânea. É talvez mais fácil observar os efeitos dessas insuficiências quando as variáveis são introduzidas insensivelmente no homem pela doença, ou terapeuticamente, por ocasião da doença. Assim, o homem doente pode servir para o conhecimento do homem normal. Analisando-o, descobrem-se nele *deficits* que nem a mais sutil experiência conseguiria realizar em animais, e graças aos quais se pode chegar às características da vida normal. Desse modo, o estudo completo da doença tende cada vez mais a se tornar um elemento essencial da fisiologia normal" [73, *6.76*-6].

Aparentemente, essas ideias estão mais próximas das ideias de Augusto Comte que das de Claude Bernard. E, no entanto, há uma profunda diferença. Como vimos, Comte acha que o conhecimento do estado normal deve preceder, normalmente, a apreciação do estado patológico e que, em última análise, poderia se constituir sem a mínima referência à patologia, embora nesse caso talvez não pudesse se estender muito; paralelamente, Comte defende a independência da biologia teórica em relação à medicina e à terapêutica [27, *247*]. Leriche, ao contrário, acha que a fisiologia é a coletânea das soluções dos problemas levantados pelas doenças dos doentes. Um dos pensamentos mais profundos sobre o problema do patológico é o seguinte: "Há em nós, a cada instante, muito mais possibilidades fisiológicas do que a fisiologia nos faz crer. Mas é preciso haver a doença para que elas nos sejam reveladas" [76, *11*]. A fisiologia é a ciência das funções, e dos modos da vida, mas é a vida que oferece à exploração do fisiologista esses mesmos modos, cujas leis ele codifica. A fisiologia não pode impor à vida apenas os modos cujo mecanismo lhe seja inteligível. As doenças são novos modos da vida. Se não fossem as doenças, que renovam incessantemente o terreno a ser explorado, a fisiologia marcaria passo em um terreno já repisado. No entanto, a ideia precedente pode também se estender em um outro sentido, ligeiramente diferente. A doença nos revela funções normais no momento preciso em que nos impede o exercício dessas mesmas funções. A doença está na origem da atenção especulativa que a vida dedica à vida, por intermédio do homem. Se a saúde é a vida no silêncio dos órgãos, não há propriamente ciência da saúde. A saúde é a inocência orgânica. E deve ser perdida, como toda inocência, para que o conhecimento seja possível. Segundo Aristóteles, qualquer ciência procede do espanto. Essa afirmação se aplica também à fisiologia. Porém o espanto verdadeiramente vital é a angústia suscitada pela doença.

Não parece ter sido exagerado anunciar, na introdução a este capítulo, que as concepções de Leriche, recolocadas na perspectiva histórica, seriam capazes de adquirir um destaque inesperado. Não parece possível que uma exploração filosófica ou médica dos problemas teóricos colocados pela doença possa doravante ignorar tais concepções. Mesmo correndo o risco de melindrar certas pessoas que acham que o intelecto só se realiza no intelectualismo, queremos repetir mais uma vez que o que constitui o valor da teoria de Leriche, em si, independente de qualquer crítica dirigida a algum detalhe de conteúdo, é o fato de ser a teoria de uma técnica uma teoria para a qual a técnica existe, não como uma serva dócil aplicando ordens intangíveis, mas como conselheira e incentivadora, chamando a atenção para os problemas concretos e orientando a pesquisa na direção dos obstáculos sem presumir, antecipadamente, nada acerca das soluções teóricas que lhes serão dadas.

V   AS IMPLICAÇÕES DE UMA TEORIA

"A medicina, disse Sigerist, é uma das ciências mais intimamente ligadas ao conjunto da cultura, já que qualquer transformação nas concepções médicas está condicionada pelas transformações ocorridas nas ideias da época" [107, *42*]. A teoria que acabamos de expor, teoria que é ao mesmo tempo médica, científica e filosófica, comprova perfeitamente essa afirmação. Parece-nos que ela satisfaz simultaneamente várias exigências e postulados intelectuais do momento histórico-cultural no qual foi formulada.

Nessa teoria surge, em primeiro lugar, a convicção de otimismo racionalista de que não há realidade no mal. O que distingue a medicina do século XIX – sobretudo antes da era de Pasteur – da medicina dos séculos anteriores é seu caráter decididamente monista. Apesar dos esforços dos iatromecanicistas e dos iatroquimistas, a medicina do século XVIII tinha permanecido, por influência dos animistas e dos vitalistas, uma medicina dualista, um maniqueísmo médico. A Saúde e a Doença disputavam o Homem, assim como o Bem e o Mal disputavam o Mundo. É com grande satisfação intelectual que destacamos o seguinte trecho, em uma história da medicina: "Paracelso é um iluminado, Van Helmont, um místico, Stahl, um pietista. Todos três inovam com genialidade, mas sofrem a influência de seu meio e das tradições hereditárias. O que torna extremamente difícil a apreciação das doutrinas reformadoras desses três grandes homens é a grande dificuldade que se tem quando se quer separar suas opiniões científicas de suas crenças religiosas... Não é absolutamente certo que Paracelso não pensasse ter encontrado o elixir da vida; é certo que Van Helmont confundiu a saúde com a salvação e a doença com o pecado; e o próprio Stahl, apesar de sua clarividência, utilizou, mais do que deveria, a crença no pecado original e na queda do homem, ao expor suas teorias em *La vraie théorie médicale*" [48, *311*]. Mais do que deveria!, diz o autor, que é justamente um grande admirador de Broussais, inimigo declarado, no início do século XIX, de qualquer ontologia médica. A recusa de uma concepção ontológica da doença, corolário negativo da afirmação de identidade quantitativa entre o normal e o patológico, é, em primeiro lugar, talvez a recusa mais profunda em admitir a existência do mal. É claro que não se nega que uma terapêutica científica seja superior a uma terapêutica mágica ou mística. É indiscutível que conhecer é melhor do que ignorar quando é preciso agir, e, nesse sentido, o valor da filosofia das Luzes e do positivismo, mesmo com tendências ao cientismo, não se discute. Não se trata absolutamente de dispensar os médicos de estudar a fisiologia e a farmacodinâmica. É muito importante não confundir a doença com o pecado nem com o demônio. Mas só porque o mal não é um ser não se deve concluir que seja um conceito desprovido de sentido, ou que não existam valores negativos, mesmo entre os valores vitais; não se pode concluir que, no fundo, o estado patológico não seja nada mais que o estado normal.

Reciprocamente, a teoria em questão traduz a convicção humanista de que a ação do homem sobre o meio e sobre ele mesmo pode e deve tornar-se inteiramente transparente à compreensão do meio e do homem, e normalmente deve ser apenas a aplicação da ciência previamente instituída. É evidente, segundo as *Leçons sur le diabète*, que, se afirmamos a homogeneidade e a continuidade reais do normal e do patológico, é para que a ciência fisiológica tenha bases para reger a atividade terapêutica por intermédio da patologia. Há, aqui, o desconhecimento do fato de que as ocasiões de renovação e de progresso teórico são encontradas pela consciência humana no seu campo de atividade não teórica, pragmática e técnica. Recusar à técnica qualquer valor próprio fora do conhecimento que ela consegue incorporar é tornar ininteligível o ritmo irregular dos progressos do saber e o fato de a ciência ser ultrapassada pelo poder, fato este que os positivistas constataram tantas vezes, apesar de deplorá-lo. Se a temeridade de uma técnica que ignora os obstáculos que vai encontrar não se adiantasse à prudência do conhecimento codificado, os problemas científicos – que são surpresas antes de serem fracassos – seriam pouco numerosos. Eis o que há de verdade no empirismo, filosofia da aventura intelectual menosprezada por um método experimental que, por reação, se sente um pouco tentado demais a se racionalizar.

No entanto, seria impossível – sem faltar à verdade – acusar Claude Bernard de ter ignorado o estímulo intelectual que a prática clínica constitui para a fisiologia. Ele próprio reconhece que suas experiências sobre a glicemia e a produção de glicose no organismo animal tiveram como ponto de partida observações relativas ao diabetes e à desproporção que se nota, às vezes, entre a quantidade de hidratos de carbono ingeridos e a quantidade de glicose eliminada pela urina. Ele próprio formula este princípio geral: "É preciso, em primeiro lugar, colocar o problema médico, tal como ele é apresentado pela observação da doença, e, em seguida, analisar experimentalmente os fenômenos patológicos procurando dar-lhes uma explicação fisiológica" [6, *349*]. Apesar de tudo, a verdade é que o fato patológico e sua explicação fisiológica não têm, para Claude Bernard, a mesma dignidade teórica. O fato patológico acolhe a explicação muito mais do que a provoca. Isso é mais evidente ainda no texto seguinte: "No fundo, as doenças nada mais são que fenômenos fisiológicos em novas condições que é preciso determinar" [6, *346*]. Para quem conhece fisiologia, as doenças confirmam a fisiologia que ele já conhece, mas, no fundo, não lhe ensinam nada; os fenômenos são os mesmos no estado patológico e no estado de saúde, diferindo apenas nas condições. Como se fosse possível determinar uma essência do fenômeno, não levando em conta as condições! Como se as condições fossem uma máscara ou uma moldura que não mudassem nem o rosto nem o quadro! Comparando esta afirmação à de Leriche, já citada, sentiremos toda a importância significativa de uma nuança verbal: "Há em nós, a cada instante, muito mais possibilidades fisiológicas do que a fisiologia nos faz crer. Mas é preciso a doença para que elas nos sejam reveladas."

Também neste ponto, devemos ao acaso da pesquisa bibliográfica a alegria intelectual de constatar, uma vez mais, que as teses mais aparentemente paradoxais também têm sua tradição, que traduz, sem dúvida, sua necessidade lógica permanente. No momento exato em que Broussais emprestava sua autoridade pessoal à teoria que instituía a medicina fisiológica, essa teoria provocava as objeções de um médico pouco conhecido, o Dr. Victor Prus, premiado em 1821 pela Sociedade de Medicina do Gard por uma memória, que escreveu para concurso, acerca da definição precisa dos termos "flegmasia" e "irritação" e sua importância para a medicina prática. Depois de ter contestado que a fisiologia seja, por si só, a base natural da medicina, e que algum dia possa, por si só, constituir a base do conhecimento dos sintomas, de seu encadeamento e de seu valor, que a anatomia patológica não possa jamais ser deduzida do conhecimento dos fenômenos normais, e que o prognóstico das doenças derive do conhecimento das leis fisiológicas, o autor acrescenta: "Se quiséssemos esgotar a questão tratada neste artigo, teríamos ainda de demonstrar que a *fisiologia está longe de ser o fundamento da patologia, e, ao contrário, só poderia nascer desta.* É pelas transformações que a doença de um órgão e, às vezes, a suspensão completa de seus atos imprimem às funções, que conhecemos seu uso e sua importância... Assim, uma exostose, comprimindo e paralisando o nervo ótico, os nervos braquiais, a medula espinhal, nos informa qual é sua direção habitual. Broussonnet perdeu a memória dos substantivos; quando morreu foi encontrado um abcesso na parte anterior do seu cérebro, e fomos levados a crer que era ali a sede da memória dos nomes... Portanto, foi a patologia que, auxiliada pela anatomia patológica, criou a fisiologia; é ela que, a cada dia, dissipa antigos erros da fisiologia e favorece seus progressos" [95, *L*].

Ao escrever a *Introduction à l'étude de la médecine expérimentale*, Claude Bernard não pretendia apenas afirmar que a ação eficaz se confunde com a ciência, mas também – e paralelamente – que a ciência se confunde com a descoberta das leis dos fenômenos. Sobre esse ponto ele está inteiramente de acordo com A. Comte. Aquilo que, em sua filosofia biológica, Comte chama de doutrina das condições de existência, Claude Bernard chama de determinismo. Ele se gaba de ter sido o primeiro a introduzir este termo na língua científica francesa. "Creio que fui o primeiro a introduzir essa palavra na ciência, mas ela foi empregada pelos filósofos em outro sentido. Será útil determinar bem o sentido dessa palavra em um livro que escreverei: *Du determinisme dans les sciences* [Do determinismo nas ciências]. Será, em suma, uma segunda edição da *Introduction à la médecine expérimentale*" [103, 96]. É a fé na validade universal do postulado determinista que é confirmada pelo princípio: "fisiologia e patologia são uma só e mesma coisa". Houve uma físico-química fisiológica, conforme às exigências do conhecimento científico, isto é, uma fisiologia que comportava leis quantitativas, verificadas pela experimentação, enquanto a patologia ainda estava sobrecarregada de conceitos pré-científicos. É compreensível que, ansiosos – e com toda a razão – por uma patologia eficaz e racional, os médicos do início do século XIX tenham visto na fisiologia o modelo a ser adotado, pois era o mais próximo do seu ideal. "A ciência repele *o indeterminado* e, quando, em medicina, vêm se basear opiniões no tato médico, na inspiração ou em uma intuição mais ou menos vaga das coisas, está-se fora da ciência e dá-se um exemplo dessa medicina fantasiosa que pode oferecer os maiores perigos entregando a saúde e a vida dos doentes às loucuras de um ignorante inspirado" [6, 96].

Dentre a fisiologia e a patologia da época apenas a primeira comportava leis e postulava o determinismo de seu objeto, mas isso não é motivo suficiente para concluirmos que as leis e o determinismo dos fatos patológicos sejam as próprias leis e o próprio determinismo dos fatos fisiológicos, apesar da legítima aspiração que temos de uma patologia racional. Sabemos pelo próprio Claude Bernard quais são os antecedentes desse ponto de doutrina. Na lição que consagra à vida e aos trabalhos de Magendie, no início das *Leçons sur les substances toxiques et médicamenteuses* (1857), Claude Bernard nos diz que o mestre cuja cátedra ele ocupava e cujo ensinamento ele continuara "ia buscar o sentido da verdadeira ciência" junto ao ilustre Laplace. Sabe-se que Laplace tinha sido o colaborador de Lavoisier nas pesquisas sobre a respiração dos animais e sobre o calor animal, primeiro êxito espetacular das pesquisas sobre as leis dos fenômenos biológicos, segundo os métodos de experimentação e da medida acreditados em física e em química. Desses estudos, Laplace conservava um grande interesse pela fisiologia, e apoiava ostensivamente Magendie. Ora, apesar de

Laplace não utilizar o termo "determinismo", ele é um dos pais espirituais, e, pelo menos na França, um pai autoritário e autorizado, da doutrina que esse termo designa. Para Laplace, o determinismo não é uma exigência de método, um postulado normativo da pesquisa, bastante flexível para não prejulgar nada sobre a forma dos resultados aos quais vai conduzir; o determinismo é a própria realidade, acabada, moldada *ne varietur* nos quadros da mecânica de Newton e Laplace. Pode-se conceber o determinismo como *aberto* a incessantes correções das fórmulas de leis e dos conceitos que elas ligam, ou então como *fechado* sobre seu suposto conteúdo definitivo. Laplace elaborou a teoria do determinismo fechado. Não é de outra maneira que Claude Bernard o concebe, e é sem dúvida por esse motivo que ele não concebe também que a colaboração da patologia e da fisiologia possa levar a uma retificação progressiva dos conceitos fisiológicos. É o momento de lembrar a frase de Whitehead: "As ciências fazem uma à outra empréstimos mútuos, mas em geral só tomam emprestadas coisas que já datam de 30 ou 40 anos. É assim que as presunções da física do tempo da minha infância exercem hoje em dia uma influência profunda sobre o pensamento dos fisiologistas."[1]

Enfim, e como consequência do postulado determinista, é a redução da qualidade à quantidade que está implicada na identidade essencial do fisiológico e do patológico. Reduzir a diferença entre um homem são e um diabético a uma diferença quantitativa do teor de glicose do meio interno, delegar a um limiar renal, considerado simplesmente como uma diferença quantitativa de nível, o cuidado de discernir o que é diabético do que não é significa obedecer ao espírito das ciências físicas que só podem explicar os fenômenos – subentendo-os de leis – por sua redução a uma medida comum. Para fazer entrar os termos em relações de composição e de dependência convém, em primeiro lugar, obter a homogeneidade desses termos. Como demonstrou E. Meyerson, foi identificando realidade e quantidade que o espírito humano se fez conhecimento. Mas convém não esquecer que o conhecimento científico,

---

1 *Nature and life* (Cambridge, 1934). Citado por Koyré em um relatório das *Recherches philosophiques*, IV, 1934-1935, p. 398.

embora invalidando qualidades que fez aparecer como ilusórias, nem por isso as anula. A quantidade é a qualidade negada, mas não a qualidade suprimida. A variedade qualitativa das luzes simples, percebidas pelo olho humano como cores, é reduzida pela ciência à diferença quantitativa de comprimentos de onda, mas é a variedade qualitativa que persiste ainda sob a forma de diferenças de quantidade, no cálculo dos comprimentos de onda. Hegel sustenta que a quantidade, por seu aumento ou sua diminuição, se transforma em qualidade. Isso seria absolutamente inconcebível se uma relação com a qualidade não persistisse ainda na qualidade negada a que chamamos quantidade.[2]

Desse ponto de vista, é absolutamente ilegítimo sustentar que o estado patológico é, real e simplesmente, a variação – para mais ou para menos – do estado fisiológico. Pode-se considerar que esse estado fisiológico tenha, para o ser vivo, uma qualidade e um valor, e então seria absurdo prolongar esse valor – idêntico a si mesmo sob suas variações – até um estado dito patológico, cujo valor e cuja qualidade se diferenciam do valor e da qualidade do estado fisiológico com os quais, no fundo, formam contraste. Ou então o que se entende por estado fisiológico é um simples resumo de quantidades, sem valor biológico, simples fato ou sistema de fatos físicos e químicos, mas então esse estado não tem nenhuma qualidade vital e não se pode chamá-lo de são, nem de normal, nem de fisiológico. Normal e patológico não têm sentido no nível em que o objeto biológico é decomposto em equilíbrios coloidais e soluções ionizadas. O fisiologista, estudando um estado que ele chama de fisiológico, o está qualificando por esse fato, mesmo inconscientemente; ele considera esse estado como qualificado positivamente, pelo ser vivo e para o ser vivo. Ora, não é esse estado fisiológico, como tal, que se prolonga – idêntico a si mesmo – até um outro estado capaz de adotar então, inexplicavelmente, a qualidade de mórbido.

É claro que não pretendemos dizer que uma análise das condições ou dos produtos das funções patológicas não fornecerá ao químico e ao fisiologista resultados numéricos que possam ser

---

2   É, aliás, o que Hegel compreendeu perfeitamente; cf. *Wissenschaft der Logik* (Kap. I, 3).

comparados com resultados numéricos obtidos de modo constante ao cabo das mesmas análises, relativas às funções correspondentes, ditas fisiológicas. Contestamos, porém, que os termos *mais* e *menos*, quando entram na definição do patológico como variação quantitativa do normal, tenham uma significação puramente quantitativa. Contestamos a coerência lógica do princípio de Claude Bernard: "A perturbação de um mecanismo normal, consistindo em uma variação quantitativa, uma exageração ou uma atenuação, constitui o estado patológico." Como já foi assinalado, a propósito das ideias de Broussais, é em relação a uma norma que se pode falar de *mais* ou de *menos*, no campo das funções e das necessidades fisiológicas. A hidratação dos tecidos é, por exemplo, um fato a que se pode aplicar os termos de *mais* e de *menos*; o teor do cálcio no sangue também. Esses resultados quantitativamente diferentes não têm nenhuma qualidade, nenhum valor, em um laboratório, se esse laboratório não tiver nenhuma relação com um hospital ou uma clínica, nos quais esses resultados vão adquirir ou não valor de uremia, ou de tetania. Pelo fato de a fisiologia estar situada na confluência do laboratório e da clínica, adota dois pontos de vista sobre os fenômenos biológicos, mas isso não quer dizer que esses pontos de vista possam ser confundidos. Se substituirmos um contraste qualitativo por uma progressão quantitativa, nem por isso estaremos anulando essa oposição. A oposição sempre se mantém no fundo da consciência que decidiu adotar o ponto de vista teórico e métrico. Portanto, quando dizemos que saúde e doença estão ligadas por todos os intermediários, e quando se converte essa continuidade em homogeneidade, esquecemos que a diferença continua a saltar aos olhos, nos extremos, sem os quais os intermediários não teriam de desempenhar seu papel mediador; mistura-se, sem dúvida, inconscientemente, mas ilegitimamente, o cálculo abstrato das identidades e a apreciação concreta das diferenças.

Segunda Parte
EXISTEM CIÊNCIAS DO NORMAL E DO PATOLÓGICO?

I INTRODUÇÃO AO PROBLEMA

É interessante observar que os psiquiatras contemporâneos operaram na sua própria disciplina uma retificação e uma atualização dos conceitos de *normal* e de *patológico*, da qual os médicos e fisiologistas não parecem ter tirado nenhum proveito, no que se refere a suas respectivas ciências. Talvez seja preciso procurar a razão desse fato nas relações geralmente mais estreitas que a psiquiatria mantém com a filosofia, por intermédio da psicologia. Na França, sobretudo, Ch. Blondel, D. Lagache e E. Minkowski contribuíram para definir a essência geral do fato psíquico mórbido ou anormal e suas relações com o normal. No seu livro *La conscience morbide*, Blondel havia descrito casos de alienação em que os doentes se apresentavam ao mesmo tempo como incompreensíveis para os outros e incompreensíveis para si próprios, casos em que o médico tem realmente a impressão de lidar com uma estrutura de mentalidade diferente; ele procurava a explicação para esses casos na impossibilidade que esses doentes têm de transpor para os conceitos da linguagem usual os dados de sua cenestesia. É impossível para o médico compreender a experiência vivida pelo doente a partir dos relatos dos doentes. Porque aquilo que os doentes exprimem por conceitos usuais não é sua experiência direta, mas sua interpretação de uma experiência para a qual não dispõem de conceitos adequados.

D. Lagache está bastante longe desse pessimismo. Ele acha que se devem distinguir na consciência anormal variações de natureza e variações de grau; em certas psicoses, a personalidade do doente é heterogênea da personalidade anterior; em outros, há prolongamento de uma pela outra. Assim como Jaspers, Lagache distingue as psicoses não compreensíveis das psicoses compreensíveis; neste último caso, a psicose aparece em relação inteligível com a vida psíquica anterior. Portanto, salvo pelas dificuldades levantadas pelo problema geral da compreensão do outro, a psicopatologia constitui uma fonte de documentos utilizáveis em psicologia geral, uma fonte de luz a ser projetada sobre a consciência normal [66, *8.08-8*]. No entanto, e este é o ponto a que queríamos chegar, essa posição é totalmente diferente da de Ribot, anteriormente assinalada. Segundo Ribot, a doença – substituto espontâneo e metodologicamente equivalente da experimentação – atinge o inacessível, mas respeita a natureza dos elementos normais nos quais ela decompõe as funções psíquicas. A doença desorganiza mas não transforma, revela sem alterar. Lagache não admite a identificação da doença com a experimentação. Uma experimentação exige uma análise exaustiva das condições de existência do fenômeno e uma rigorosa determinação das condições que se faz variar para observar suas incidências. Ora, em nenhum desses pontos a doença mental é comparável à experimentação. Primeiro, "nada é mais desconhecido do que as condições nas quais a natureza institui essas experiências, as doenças mentais: o início de uma psicose escapa quase sempre ao médico, ao paciente, aos que com ele convivem; a fisiopatologia, a anatomopatologia desse processo são obscuras" [66, *8.08-5*]. E a seguir afirma: "No fundo da ilusão que identifica o método patológico em psicologia com o método experimental, há a representação atomística e associacionista da vida mental, há a psicologia das faculdades" [*ibid.*]. Como não existem fatos psíquicos elementares separáveis, não se podem comparar os sintomas patológicos com elementos da consciência normal, porque um sintoma só tem sentido patológico no seu contexto clínico que exprime uma perturbação global. Por exemplo, uma alucinação psicomotora verbal está contida em um delírio, e o delírio, em uma alteração da personalidade [66, *8.08-7*]. Consequentemente, a psicologia geral pode utilizar os dados da psicopatologia com o mesmo valor epistemológico que os fatos observados nas pessoas normais, mas não sem uma adaptação expressa à originalidade do patológico. Ao contrário de Ribot, Lagache acha que a desorganização mórbida não é o simétrico inverso da organização normal. Na consciência patológica podem existir formas que não tenham equivalentes no estado normal, e com as quais a psicologia geral não deixa de se enriquecer: "Mesmo as estruturas mais heterogêneas, além do interesse intrínseco de seu estudo, são capazes de fornecer dados para os problemas levantados pela psicologia geral; essas estruturas levantam até mesmo novos problemas, e uma particularidade curiosa do vocabulário psicopatológico é comportar expressões negativas que não têm equivalente na psicologia normal: é impossível não reconhecer que noções como a de discordância lançam uma nova luz sobre nosso conhecimento do ser humano" [66, *8.08-8*].

E. Minkowski pensa também que o fato da alienação não pode ser reduzido unicamente a um fato de doença, determinado por sua referência a uma imagem ou a uma ideia precisa do homem médio ou normal. É intuitivamente que classificamos um homem como alienado, e o fazemos "como homens, e não como especialistas". O alienado "não se enquadra" não tanto em relação aos outros homens, mas em relação à própria vida; não é tanto desviado, mas sobretudo diferente. "É pela anomalia que o ser humano se destaca do todo formado pelos homens e pela vida. É ela que nos revela o sentido de uma maneira de ser inteiramente 'singular', e o faz primitivamente, de um modo muito radical e impressionante. Essa circunstância explica por que o 'ser doente' não esgota absolutamente o fenômeno da alienação que, impondo-se a nós sob o ângulo de 'ser de modo diferente' no sentido qualitativo da palavra, abre imediatamente caminho para considerações psicopatológicas feitas sob esse ângulo" [84, *77*]. A alienação ou a anomalia psíquica apresenta, segundo Minkowski, caracteres próprios que, segundo ele, o conceito de doença não contém. Em primeiro lugar, na anomalia há o primado do negativo; o mal se destaca da vida, ao passo que o bem se confunde com o dinamismo vital e encontra seu sentido unicamente "em uma progressão constante destinada a ultrapassar qualquer fórmula conceitual relativa a essa suposta norma" [84, *78*]. Por acaso o mesmo não ocorre no campo somático, e também aí não se fala de saúde apenas porque existem doenças? No entanto, segundo Minkowski, a alienação mental é uma categoria mais imediatamente vital do que a doença; a doença somática é suscetível de uma precisão empírica superior, de uma padronização mais precisa; a doença somática não rompe o acordo entre semelhantes; o doente é, para nós, o que ele é para si próprio, ao passo que o anormal psíquico não tem consciência de seu estado. "O individual domina a esfera dos desvios mentais muito mais do que domina a esfera somática" [84, *79*].

A respeito deste último ponto, não podemos partilhar a opinião de Minkowski. Achamos, assim como Leriche, que a saúde é a vida no silêncio dos órgãos; que, por conseguinte, o normal biológico só é revelado, como já dissemos, por infrações à norma, e que não há consciência concreta ou científica da vida, a não ser pela doença. Achamos, como Sigerist, que "a doença isola" [107, *86*], e que mesmo se "esse isolamento não afasta os homens mas, ao contrário, os aproxima do doente" [107, *95*], nenhum doente perspicaz pode ignorar as renúncias e limitações que os homens sãos impõem a si mesmos para dele se aproximarem. Achamos, como Goldstein, que em matéria de patologia a norma é, antes de tudo, uma norma individual [46, *272*]. Achamos, em resumo, que considerar a vida uma potência dinâmica de superação, como Minkowski, cujas simpatias pela filosofia bergsoniana se manifestam em obras como *La schizophrénie* ou *Le temps vécu*, é obrigar-se a tratar de modo idêntico a anomalia somática e a anomalia psíquica. Quando Ey, aprovando os pontos de vista de Minkowski, declara: "O normal não é uma média correlativa a um conceito social, não é um julgamento de realidade, é um julgamento de valor, é uma noção-limite que define o máximo de capacidade psíquica de um ser. Não há limite superior da normalidade" [84, *93*], basta, na nossa opinião, substituir psíquica por física para obter uma definição bastante correta desse conceito de normal que a fisiologia e a medicina das doenças orgânicas utilizam todo dia sem se preocupar suficientemente em indicar seu sentido com maior precisão.

Essa despreocupação tem, aliás, razões válidas, sobretudo por parte do médico clínico. Em última análise, são os doentes que geralmente julgam – de pontos de vista muito variados – se não são mais normais ou se voltaram a sê-lo. Para um homem que imagina seu futuro quase sempre a partir de sua experiência passada, voltar a ser normal significa retornar uma atividade interrompida, ou pelo menos uma atividade considerada equivalente, segundo os gostos individuais ou os valores sociais do meio. Mesmo que essa atividade seja uma atividade reduzida, mesmo que os comportamentos possíveis sejam menos variados, menos flexíveis do que eram antes, o indivíduo não dá tanta importância assim a esses detalhes. O essencial, para ele, é sair de um abismo de impotência ou de sofrimento em que *quase ficou definitivamente*; o essencial é *ter escapado de boa*. Vejamos o exemplo de um rapaz, examinado, recentemente, que tinha caído em uma serra circular que estava em movimento, e cujo braço tinha sido seccionado transversalmente em três quartos, tendo ficado indene o feixe vásculo-nervoso interno. Uma intervenção rápida e inteligente lhe permitiu conservar o braço. O braço apresenta uma atrofia de todos os músculos, assim como o antebraço. Todo o membro estava frio, a mão cianosada. O grupo dos músculos extensores apresentava, ao exame elétrico, uma reação de nítida degenerescência. Os movimentos de flexão, de extensão e de supinação do antebraço ficaram limitados (flexão limitada a 45°; extensão, a 170°, aproximadamente), a pronação é mais ou menos normal. Esse doente está contente por saber que vai recuperar grande parte das possibilidades de uso de seu braço. É claro que, em relação ao outro braço, o membro lesado e restaurado cirurgicamente não será normal do ponto de vista trófico e funcional. Mas o essencial é que esse homem vai retornar à profissão que havia escolhido ou que as circunstâncias lhe haviam proposto, ou talvez mesmo imposto, e na qual, em todo caso, ele encontrava uma razão, mesmo medíocre, de viver. Mesmo que esse homem obtenha de agora em diante resultados técnicos equivalentes por processos diferentes de gesticulação complexa, continuará a ser socialmente apreciado segundo as normas de outrora; continuará a ser carreteiro ou chofer, e não ex-carreteiro ou ex-chofer. O doente esquece que, por causa de seu acidente, vai lhe faltar, daí por diante, uma grande margem de adaptação e de improvisação neuromusculares, isto é, a capacidade de melhorar seu rendimento e de se superar, capacidade esta da qual talvez jamais tenha feito uso, apenas por falta de oportunidade. O que o doente lembra é de que não está *manifestamente* inválido. Essa noção de invalidez merecia um estudo à parte feito por um médico perito que não considerasse o organismo apenas como uma máquina cujo rendimento deve ser medido, um perito com bastante senso psicológico para apreciar as lesões mais como diminuição do que como porcentagem.[1] No entanto, os peritos, de modo geral, usam a psicologia apenas para descobrir psicoses de reivindicação nos pacientes que lhes são apresentados, e para falar em pitiatismo. De qualquer modo, o médico clínico, em geral, limita-se a entrar em acordo com seus clientes para definir o normal e o anormal, segundo as normas individuais dos próprios clientes, exceto, é claro, no caso de um desconhecimento grosseiro, por parte deles, das condições anatomofisiológicas mínimas da vida vegetativa ou da vida animal. Lembro-me de ter visto, em um serviço de cirurgia, um retardado mental, operário agrícola, que tinha tido as duas tíbias fraturadas por uma roda de charrete, e cujo patrão não o tinha mandado se tratar, com medo de qualquer responsabilidade, e cujas tíbias tinham se soldado por si mesmas em ângulo obtuso. Esse homem havia sido levado ao hospital por denúncia dos vizinhos. Foi preciso quebrar-lhe de novo as tíbias e imobilizá-las corretamente. É claro que o chefe do serviço que tomou essa decisão fazia da perna humana uma ideia diferente que o pobre diabo e seu patrão. É claro também que estava adotando uma norma que não satisfaria nem um Jean Bouin, nem um Serge Lifar.

Jaspers compreendeu bem quais são as dificuldades para se chegar a essa determinação médica do normal e da saúde: "É o médico, diz ele, que menos procura o sentido das palavras 'saúde e doença'. Do ponto de vista científico, ele trata dos fenômenos vitais. Mais do que a opinião dos médicos, é a apreciação dos pacientes e das ideias dominantes do meio social que determina o que se chama 'doença'" [59, 5]. O que se encontra de comum aos diversos significados dados, hoje em dia ou antigamente, ao conceito de doença é o fato de serem um julgamento de valor virtual. "Doente é um conceito geral de não valor que compreende todos os valores

---

1 Esses problemas foram estudados desde então por de Laet e Lobet, *Étude de la valeur des gestes professionnels* (Bruxelas, 1949), e por A. Geerts, *L'indemnisation des lésions corporelles à travers les âges* (Paris, 1962).

negativos possíveis" [59, 9]. Estar doente significa ser nocivo, ou indesejável, ou socialmente desvalorizado etc. Inversamente, o que é desejado na saúde é evidente do ponto de vista fisiológico, e isso dá ao conceito de doença física um sentido relativamente estável. Os valores desejados são "a vida, uma vida longa, a capacidade de reprodução, a capacidade de trabalho físico, a força, a resistência à fadiga, a ausência de dor, um estado no qual se sente o corpo o menos possível, além da agradável sensação de existir" [59, 6]. No entanto, a ciência médica não consiste em especular sobre esses conceitos banais para obter um conceito geral de doença; a tarefa que lhe cabe é determinar quais são os fenômenos vitais durante os quais os homens se dizem doentes, quais são as origens desses fenômenos, as leis de sua evolução, as ações que os modificam. O conceito geral de valor se especificou em uma grande quantidade de conceitos de existência. Mas, apesar do aparente desaparecimento do julgamento de valor nos conceitos empíricos, o médico persiste em falar de doenças, pois a atividade médica – pelo interrogatório clínico e pela terapêutica – tem como objeto o doente e seus julgamentos de valor [59, 6].

Logo, compreende-se perfeitamente que os médicos se desinteressem de um conceito que lhes parece ou excessivamente vulgar ou excessivamente metafísico. O que lhes interessa é diagnosticar e curar. Teoricamente, curar é fazer voltar à norma uma função ou um organismo que dela se tinham afastado. O médico geralmente tira a norma de seu conhecimento da fisiologia, dita ciência do homem normal, de sua experiência vivida das funções orgânicas, e da representação comum da norma em um meio social em dado momento. Das três autoridades, a que predomina é, de longe, a fisiologia. A fisiologia moderna se apresenta como uma antologia canônica de constantes funcionais em relação com funções de regulação hormonais e nervosas. Essas constantes são classificadas como normais enquanto designam características médias e mais frequentes de casos praticamente observáveis. Mas são também classificadas como normais porque entram, como ideal, nessa atividade normativa que é a terapêutica. As constantes fisiológicas são, portanto, normais no sentido estatístico, que é um sentido descritivo, e no sentido terapêutico, que é um sentido normativo. Mas o que interessa é saber se é a medicina que converte – e como? – os conceitos descritivos e puramente teóricos em ideais biológicos, ou então se, recebendo da fisiologia a noção de fatos e de coeficientes funcionais constantes, a medicina não receberia também, e provavelmente sem que os fisiologistas o percebessem, a noção de norma no sentido normativo da palavra. E trata-se de saber se, assim, a medicina não estaria retomando da fisiologia o que ela própria lhe havia dado. Este é o difícil problema a ser examinado agora.

II EXAME CRÍTICO DE ALGUNS CONCEITOS: DO NORMAL, DA ANOMALIA E DA DOENÇA, DO NORMAL E DO EXPERIMENTAL

O *Dictionnaire de médecine* de Littré e Robin define o normal do seguinte modo: normal (*normalis*, de *norma*, regra), que é conforme à regra, regular. A brevidade desse verbete em um dicionário médico nada tem que possa nos surpreender depois das observações que acabamos de expor. O *Vocabulaire technique et critique de la philosophie* de Lalande é mais explícito: é normal, etimologicamente – já que *norma* significa esquadro –, aquilo que não se inclina nem para a esquerda nem para a direita, portanto o que se conserva em um justo meio-termo; daí derivam dois sentidos: é normal aquilo que é como deve ser; e é normal, no sentido mais usual da palavra, o que se encontra na maior parte dos casos de uma espécie determinada ou o que constitui a média ou o módulo de uma característica mensurável. Na discussão desses sentidos, fizemos ver o quanto esse termo é equívoco, designando ao mesmo tempo um fato e "um valor atribuído a esse fato por aquele que fala, em virtude de um julgamento de apreciação que ele adota". Fizemos ver, também, o quanto esse equívoco foi facilitado pela tradição filosófica realista, segundo a qual toda generalidade é indício de uma essência, toda perfeição, a realização de uma essência, e, portanto, uma generalidade observável de fato adquire o valor de perfeição realizada, um caráter comum adquire um valor de tipo ideal. Assinalamos, enfim, uma confusão análoga em medicina, em que o estado normal designa, ao mesmo tempo, o estado habitual dos órgãos e seu estado ideal, já que o restabelecimento desse estado habitual é o objeto usual da terapêutica [67].

Parece-nos que esta última observação não é explorada como mereceria ser e, sobretudo que, no verbete citado, não se tira bastante partido dessa observação no que se refere à equivocidade do termo *normal*, cuja existência contentam-se em assinalar, em vez de ver neste termo um problema a ser elucidado. É certo que, em medicina, o estado normal do corpo humano é o estado que se deseja restabelecer. Mas será que se deve considerá-lo normal porque é visado como fim a ser atingido pela terapêutica, ou, pelo contrário, será que a terapêutica o visa justamente porque ele é considerado como normal pelo interessado, isto é, pelo doente? Afirmamos que a segunda relação é a verdadeira. Achamos que a medicina existe como arte da vida porque o vivente humano considera, ele próprio, como patológicos – e devendo, portanto, ser evitados ou corrigidos – certos estados ou comportamentos que, em relação à polaridade dinâmica da vida, são apreendidos sob a forma de valores negativos. Achamos que, dessa forma, o vivente humano prolonga, de modo mais ou menos lúcido, um efeito espontâneo, próprio da vida, para lutar contra aquilo que constitui um obstáculo à sua manutenção e a seu desenvolvimento tomados como normas. O verbete do *Vocabulaire philosophique* parece supor que o valor só pode ser atribuído a um fato biológico por "aquele que fala", isto é, evidentemente, um homem. Achamos, ao contrário, que, para um ser vivo, o fato de reagir por uma doença a uma lesão, a uma infestação, a uma anarquia funcional, traduz um fato fundamental: é que a vida não é indiferente às condições nas quais ela é possível, que a vida é polaridade e, por isso mesmo, posição inconsciente de valor, em resumo, que a vida é, de fato, uma atividade normativa. Em filosofia, entende-se por *normativo* qualquer julgamento que aprecie ou qualifique um fato em relação a uma norma, mas essa forma de julgamento está subordinada, no fundo, àquele que institui as normas. No pleno sentido da palavra, *normativo* é o que institui as normas. E é nesse sentido que propomos falar sobre uma normatividade biológica. Julgamos estar tão atentos quanto quaisquer outros para não sucumbirmos à tendência de cair no antropomorfismo. Não emprestamos às normas vitais um conteúdo humano, mas gostaríamos de saber como é que a normatividade essencial à consciência humana se explicaria se, de certo modo, já não estivesse, em germe, na vida. Gostaríamos de saber como é que uma necessidade humana de terapêutica teria dado origem a uma medicina cada vez mais clarividente em relação às condições da doença, se a luta da vida contra os inúmeros perigos que a ameaçam não fosse uma necessidade vital permanente e essencial. Do ponto de vista sociológico, é possível mostrar que a terapêutica foi, primeiro, uma atividade religiosa, mágica, mas não se deve absolutamente concluir daí que a necessidade terapêutica não seja uma necessidade vital, necessidade que – mesmo nos seres vivos bem inferiores aos vertebrados quanto à organização – provoca reações de valor hedônico ou comportamentos de autocura e de autorregeneração.

A polaridade dinâmica da vida e a normatividade que a traduz explicam um fato epistemológico cuja importância significativa Bichat havia sentido plenamente. Existe patologia biológica, mas não existe patologia física, nem química, nem mecânica: "Há duas coisas nos fenômenos da vida: primeiro, o estado de saúde; segundo, o estado de doença; daí duas ciências distintas: a fisiologia, que trata dos fenômenos do primeiro estado, e a patologia, que tem como objeto os fenômenos do segundo. A história dos fenômenos nos quais as forças vitais apresentam seu tipo natural nos leva, como consequência, à história dos fenômenos nos quais essas forças estão alteradas. Ora, nas ciências físicas só há a primeira história; jamais a segunda é encontrada. A fisiologia está para o movimento dos corpos vivos assim como a astronomia, a dinâmica, a hidráulica etc. estão para os movimentos dos corpos inertes; ora, estas últimas ciências não têm nenhuma ciência que lhes corresponda como a patologia correspondente à primeira. Pela mesma razão, nas ciências físicas repugna qualquer ideia de medicamento. Um medicamento tem como finalidade trazer as propriedades de volta a seu tipo natural; ora, as propriedades físicas, como não perdem nunca esse tipo, não precisam voltar a ele. Nada, nas ciências físicas, corresponde ao que é a terapêutica nas ciências fisiológicas" [13, *I, 20-21*]. É claro que, nesse texto, o tipo natural deve ser tomado no sentido de tipo normal. Para Bichat, o natural não é o efeito de um determinismo; é o termo de uma finalidade. Sabemos muito bem tudo o que podemos criticar nesse texto, do ponto de vista da biologia mecanicista ou materialista. Pode-se dizer que Aristóteles acreditara, outrora, em uma mecânica patológica, já que admitia dois tipos de movimentos: os movimentos naturais, pelos quais um corpo retoma seu lugar próprio e onde fica em repouso, como a pedra se dirige para "o baixo terrestre" e o fogo para "o alto celeste"; e os movimentos violentos, pelos quais um corpo é afastado de seu lugar próprio, como quando se joga uma pedra para o ar. Pode-se dizer que o progresso do conhecimento físico consistiu em considerar, com Galileu e Descartes, todos os movimentos como naturais, isto é, conforme às leis da natureza e que, da mesma forma, o progresso do conhecimento biológico consiste em unificar as leis da vida natural e da vida patológica. É justamente com essa unificação que Comte sonhava e que Claude Bernard vangloriou-se de ter realizado, como já vimos anteriormente. Às reservas que, então, julgamos necessário expor, acrescentamos ainda o seguinte: a mecânica moderna, baseando a ciência do movimento no princípio da inércia, tornava absurda, com efeito, a distinção entre os movimentos naturais e os movimentos violentos, já que a inércia é precisamente a indiferença em relação às direções e às variações do movimento. Ora, a vida está bem longe de uma tal indiferença em relação às condições que lhe são impostas; a vida é polaridade. O mais simples dos aparelhos biológicos de nutrição, de assimilação e de excreção traduz uma polaridade. Quando os dejetos da assimilação deixam de ser excretados por um organismo e obstruem ou envenenam o meio interno, tudo isso, com efeito, está de acordo com a lei (física, química etc.), mas nada disso está de acordo com a norma, que é a atividade do próprio organismo. Esse é o fato simples que queremos designar quando falamos em normatividade biológica.

Há pessoas que, por horror ao finalismo, são levadas a rejeitar até mesmo a noção darwiniana de seleção pelo meio e de luta pela sobrevivência por causa do termo seleção, evidentemente importado da área da tecnologia e das ciências humanas e, ao mesmo tempo, por causa da noção de superioridade que intervém na explicação do mecanismo da seleção natural. Elas salientam o fato de que a maior parte dos seres vivos são mortos pelo meio, muito antes que as desigualdades por eles apresentadas possam lhes ser úteis, pois morrem sobretudo germes, embriões e jovens. Porém, como G. Teissier salientou, só porque muitos seres morrem antes que suas desigualdades possam servir-lhes, isso não quer dizer que apresentar desigualdades seja biologicamente indiferente [111]. É justamente o único fato a respeito do qual pedimos que concordem conosco. Não há indiferença biológica. Pode-se, portanto, falar em normatividade biológica. Há normas biológicas sãs e normas patológicas, e as segundas não são da mesma natureza que as primeiras.

Foi intencionalmente que fizemos alusão à teoria da seleção natural. Queremos mostrar que ocorre com essa expressão *seleção natural* o mesmo que ocorre com a antiga expressão *vis medicatrix naturae*. Seleção e medicina são técnicas biológicas exercidas intencionalmente e mais ou menos racionalmente pelo homem. Quando falamos em seleção natural ou em atividade medicatriz da natureza, somos vítimas do que Bergson chama de ilusão de retroatividade se imaginarmos que a atividade vital pré-humana persegue fins e utiliza meios comparáveis aos dos homens. No entanto, uma coisa é pensar que a seleção natural utilizaria algo semelhante a *pedrigrees* e à *vis medicatrix*, a ventosas, e outra coisa é achar que a técnica humana prolonga impulsos vitais a serviço dos quais tenta colocar um conhecimento sistemático que os livraria das tentativas e erros da vida, que são inúmeros e, muitas vezes, saem caro.

As expressões *seleção natural* ou *atividade medicatriz natural* têm o inconveniente de parecer inscrever as técnicas vitais no quadro das técnicas humanas, quando é o inverso que parece ser verdade. Toda técnica humana, inclusive a da vida, está inscrita na vida, isto é, em uma atividade de informação e de assimilação da matéria. Não é apenas porque a técnica humana é normativa que a técnica vital é considerada como tal, por compaixão. É por ser atividade de informação e assimilação que a vida é a raiz de toda atividade técnica. Em resumo, é mesmo retroativamente, e incorretamente, que se fala na existência de uma medicina natural, mas, supondo que não se tenha o direito de falar nessa medicina, isso não nos tira o direito de pensar que nenhum ser vivo jamais teria desenvolvido uma técnica médica se, nele, assim como em qualquer outro ser vivo, a vida fosse indiferente às condições que encontra, se ela não fosse reatividade polarizada às variações do meio no qual se desenrola. É o que Guyénot compreendeu muito bem: "É fato que o organismo goza de um conjunto de propriedades que só pertencem a ele, graças às quais ele resiste a causas múltiplas de destruição. Sem essas reações defensivas, a vida se extinguiria rapidamente... O ser vivo pode encontrar instantaneamente a reação útil em relação a substâncias com as quais nem ele nem sua raça jamais estiveram em contato. O organismo é um químico incomparável. É o primeiro dos médicos. As flutuações do meio são, quase sempre, uma ameaça para a existência. O ser vivo não poderia subsistir se não possuísse certas propriedades essenciais. Qualquer ferida seria mortal se os tecidos não fossem capazes de cicatrização e o sangue, de coagulação" [52, *186*].

Em resumo, achamos que é muito instrutivo meditar sobre o sentido que a palavra normal adquire em medicina, e que a equivocidade do conceito, assinalada por Lalande, recebe, desse sentido, um esclarecimento muito grande e de alcance absolutamente geral sobre o problema do normal. É a vida em si mesma, e não a apreciação médica, que faz do normal biológico um conceito de valor, e não um conceito de realidade estatística. Para o médico, a vida não é um objeto, é uma atividade polarizada, cujo esforço espontâneo de defesa e de luta contra tudo que é valor negativo é prolongado pela medicina, que lhe traz o esclarecimento da ciência humana, relativo, mas indispensável.

* * *

O *Vocabulaire philosophique* de Lalande contém uma observação importante, relativa aos termos *anomalia* e *anormal*. *Anomalia* é um substantivo ao qual, atualmente, não corresponde adjetivo algum e, inversamente, *anormal* é um adjetivo sem substantivo,[1] de modo que o uso os associou, fazendo de *anormal* o adjetivo de *anomalia*. Com efeito, é certo que *anormal*, que Isidore Geoffroy Saint-Hilaire ainda empregava em 1836, em sua *Histoire des anomalies de l'organisation*, e que consta também do *Dictionnaire de médecine* de Littré e Robin, caiu em desuso. O *Vocabulaire* de Lalande explica que uma confusão de etimologia contribuiu para essa aproximação de anomalia e anormal. Anomalia vem do grego *anomalia*, que significa desigualdade, aspereza; *omalos* designa,

---

1 Em francês. Em português há o substantivo *anormalidade* e o adjetivo *anômalo*. (N.T.)

em grego, o que é uniforme, regular, liso; de modo que anomalia é, etimologicamente, *an-omalos*, o que é desigual, rugoso, irregular, no sentido que se dá a essas palavras, ao falar de um terreno.[2] Ora, frequentemente houve enganos a respeito da etimologia do termo anomalia derivando-o não de *omalos*, mas de *nomos*, que significa lei, segundo a composição *a-nomos*. Esse erro de etimologia encontra-se, precisamente, no *Dictionnaire de médecine* de Littré e Robin. Ora, o *nomos* grego e o *norma* latino têm sentidos vizinhos, lei e regra tendem a se confundir. Assim, com todo o rigor semântico, anomalia designa um fato, é um termo descritivo, ao passo que anormal implica referência a um valor, é um termo apreciativo, normativo, mas a troca de processos gramaticais corretos acarretou uma colusão dos sentidos respectivos de anomalia e de anormal. Anormal tornou-se um conceito descritivo, e anomalia tornou-se um conceito normativo. I. Geoffroy Saint-Hilaire, que caiu no erro etimológico retomado depois por Littré e Robin, esforça-se para manter o sentido puramente descritivo e teórico do termo anomalia. A anomalia é um fato biológico e deve ser tratada como fato que a ciência natural deve explicar, e não apreciar: "A palavra *anomalia*, pouco diferente da palavra *irregularidade*, jamais deve ser tomada no sentido que se deduziria literalmente de sua composição etimológica. Não existem formações orgânicas que não estejam submetidas a leis; e a palavra *desordem*, tomada em seu verdadeiro sentido, não poderia ser aplicada a nenhuma das produções da natureza. Anomalia é uma expressão recentemente introduzida na linguagem anatômica, e cujo emprego nesta linguagem é pouco frequente. Os zoólogos, dos quais a expressão foi tirada, a utilizam, ao contrário, muito frequentemente; eles a aplicam a um grande número de animais que, por sua organização e seus caracteres *insólitos*, se encontram, por assim dizer, isolados na série e só têm com outros gêneros da mesma classe relações de parentesco muito afastadas" [*43, I, 96, 37*]. Ora, segundo I. Geoffroy Saint-Hilaire, é incorreto falar, a respeito de tais animais, em capricho da natureza, ou em desordem, ou em irregularidade. Se há exceções, são

---

2 A. Juret, em seu *Dictionnaire étymologique grec et latin* (1942), propôs essa mesma etimologia para a palavra *anomalia*.

exceções às leis dos naturalistas, e não às leis da natureza, já que todas as espécies *são o que elas devem ser*, apresentando da mesma forma a variedade na unidade e a unidade na variedade [*43, I, 37*]. Portanto, em anatomia, o termo anomalia deve conservar estritamente seu sentido de *insólito*, de *inabitual*; ser *anormal* consiste em se afastar, por sua própria organização, da grande maioria dos seres com os quais se deve ser comparado [*ibid.*].
Tendo de definir a anomalia em geral, do ponto de vista morfológico, I. Geoffroy Saint-Hilaire a coloca imediatamente em relação com dois fatos biológicos, que são o *tipo específico* e a *variação individual*. Por um lado, todas as espécies vivas apresentam uma grande quantidade de variações na forma e no volume proporcional dos órgãos; por outro, existe um conjunto de traços "comuns à grande maioria dos indivíduos que compõem uma espécie", e esse conjunto define o tipo específico. "Qualquer desvio do tipo específico ou, em outras palavras, qualquer particularidade orgânica apresentada por um indivíduo comparado com a grande maioria dos indivíduos de sua espécie, de sua idade, de seu sexo, constitui o que se pode chamar uma Anomalia" [*43, I, 30*]. É claro que, assim definida, a anomalia tomada em um sentido geral é um conceito puramente empírico ou descritivo, ela é um desvio estatístico.

Imediatamente se apresenta um problema, que consiste em saber se devemos considerar como equivalentes os conceitos de anomalia e de monstruosidade. I. Geoffroy Saint-Hilaire se declara a favor de sua distinção: a monstruosidade é uma espécie do gênero anomalia. Daí a divisão das anomalias em *Variedades, Vícios de conformação, Heterotaxias* e *Monstruosidades*. As *Variedades* são anomalias simples, leves, que não colocam obstáculo à realização de nenhuma função e que não produzem deformidade; por exemplo: um músculo supranumerário, uma artéria renal dupla. Os *Vícios de conformação* são anomalias simples, pouco graves do ponto de vista anatômico, e que tornam impossível a realização de uma ou várias funções ou produzem uma deformidade; por exemplo, a imperfuração do ânus, a hipospadia, o lábio leporino. As *Heterotaxias*, termo criado por Geoffroy Saint-Hilaire, são anomalias complexas, aparentemente graves do ponto de vista anatômico, mas que não impedem nenhuma função e não são aparentes externamente; o exemplo mais notável, apesar de raro, é, segundo Geoffroy Saint-Hilaire, a transposição completa das vísceras, ou *situs inversus*. Sabe-se que a dextrocardia, apesar de rara, não é um mito. As *Monstruosidades*, enfim, são anomalias muito complexas, muito graves, que tornam impossível ou difícil a realização de uma ou de várias funções, ou produzem, nos indivíduos por elas afetados, uma conformação viciosa muito diferente da que sua espécie geralmente apresenta; por exemplo, a ectromelia ou a ciclopia [43, *I, 33, 39-49*].

O interesse de tal classificação é que ela utiliza dois princípios diferentes de discriminação e de hierarquia; as anomalias são classificadas segundo sua complexidade crescente e segundo sua gravidade crescente. A relação simplicidade-complexidade é puramente objetiva. É óbvio que uma costela cervical é uma anomalia mais simples do que a ectromelia ou o hermafroditismo. A relação benignidade-gravidade tem um caráter lógico menos nítido. Sem dúvida, a gravidade das anomalias é um fato anatômico; o critério da gravidade na anomalia é a *importância* do órgão quanto a suas conexões fisiológicas ou anatômicas [43, *I, 49*]. Ora, a importância é uma noção objetiva para o naturalista, mas é, no fundo, uma noção subjetiva, no sentido de que inclui uma referência à vida do ser vivo, considerado como apto a qualificar essa mesma vida segundo o que a favorece ou a prejudica. Isso é de tal modo verdadeiro que, aos dois primeiros princípios de sua classificação (complexidade, gravidade), I. Geoffroy Saint-Hilaire acrescenta um terceiro que é propriamente fisiológico, a saber: a relação da anatomia com o exercício das funções (obstáculo) e um quarto, enfim, que é francamente psicológico, quando introduz a noção de influência *nociva* ou *nefasta* sobre o exercício das funções [43, *I, 38, 39, 41, 49*]. Aos que se deixassem levar pela tentação de conferir a este último princípio apenas um papel subordinado, replicaríamos que o caso das *heterotaxias*, ao contrário, faz destacar, ao mesmo tempo, o sentido preciso desse princípio e seu considerável valor biológico. I. Geoffroy Saint-Hilaire criou esse termo para designar modificações na organização interna, isto é, nas relações das vísceras, sem modificação das funções e sem aparência externa. Esses casos foram pouco estudados até então, e constituem uma lacuna no vocabulário anatômico. No entanto, isso não deve nos surpreender, apesar de ser difícil conceber a possibilidade de uma anormalidade complexa que não só não perturbe a mínima função, mas também não produza a menor deformidade. "Um indivíduo afetado por heterotaxia pode, portanto, gozar de sólida saúde; pode viver muito tempo; e, frequentemente, é só depois de sua morte que se percebe a presença de uma anomalia que ele próprio havia ignorado" [43, *I, 45, 46*]. É o mesmo que dizer que a anomalia é ignorada na medida em que não tem expressão na ordem dos valores vitais. Assim, de acordo com a própria confissão de um cientista, a anomalia só é conhecida pela ciência se tiver sido, primeiro, sentida na consciência, sob a forma de obstáculo ao exercício das funções, sob a forma de perturbação ou de nocividade. No entanto, a sensação de obstáculo, de perturbação ou de nocividade é uma sensação que se tem de considerar como normativa, já que importa a referência – mesmo inconsciente – de uma função e de um impulso à plenitude de seu exercício. Finalmente, para que se possa falar em anomalia, na linguagem científica, é preciso que, para si mesmo ou para outrem, um ser tenha se apresentado como anormal na linguagem do ser vivo, mesmo que essa linguagem não seja formulada. Enquanto a anomalia não tem incidência funcional experimentada pelo indivíduo e para o indivíduo – se se tratar de um homem, ou, relacionada com a polaridade dinâmica da vida, em qualquer outro ser vivo –, a anomalia ou é ignorada (é o caso das heterotaxias) ou é uma *variedade indiferente*, uma variação sobre um tema específico; é uma irregularidade como há irregularidades insignificantes em objetos moldados no mesmo molde. A anomalia pode constituir o objeto de um capítulo especial da história natural, mas não da patologia.

Se admitimos, ao contrário, que a história das anomalias e a teratologia constituem, nas ciências biológicas, um capítulo obrigatório que traduz a originalidade dessas ciências – pois não há uma ciência especial das anomalias físicas ou químicas – é porque um ponto de vista novo pode aparecer na biologia, para aí constituir um novo campo. Esse ponto de vista é o da *normatividade* vital. Viver é, mesmo para uma ameba, preferir e excluir. Um tubo digestivo, órgãos sexuais são normas do comportamento de um organismo. A linguagem psicanalítica está muitíssimo certa ao qualificar como *polos* os orifícios naturais da ingestão e da excreção. Uma função não funciona indiferentemente em vários sentidos. Uma necessidade situa em relação a uma propulsão e a uma repulsão os objetos de satisfação propostos. Há uma polaridade dinâmica da vida. Enquanto as variações morfológicas ou funcionais sobre o tipo específico contrariam ou não invertem essa polaridade, a anomalia é um fato tolerado; em caso contrário, a anomalia é experimentada como tendo valor vital negativo e se traduz externamente como tal. É porque existem anomalias experimentadas ou manifestadas como um mal orgânico que existe um interesse – afetivo em primeiro lugar, e teórico, em seguida – pelas anomalias. É por ter se tornado patológica que a anomalia suscita o estudo científico das diversas anomalias. De seu ponto de vista objetivo, o cientista só quer ver, na anomalia, o desvio estatístico, não compreendendo que o interesse científico do biólogo foi suscitado pelo desvio normativo. Em resumo, nem toda anomalia é patológica, mas só a existência de anomalias patológicas é que criou uma ciência especial das anomalias que tende normalmente – pelo fato de ser ciência – a banir, da definição da anomalia, qualquer implicação normativa. Quando se fala em anomalias, não se pensa nas simples variedades que são apenas desvios estatísticos, mas nas deformidades nocivas ou mesmo incompatíveis com a vida, ao nos referirmos à forma viva ou ao comportamento do ser vivo, não como a um fato estatístico, mas como a um tipo normativo de vida.

* * *

A anomalia é a consequência de variação individual que impede dois seres de poderem se substituir um ao outro de modo completo. Ilustra, na ordem biológica, o princípio leibnitziano dos indiscerníveis. No entanto, diversidade não é doença. O *anormal* não é o patológico. Patológico implica *pathos*, sentimento direto e concreto de sofrimento e de impotência, sentimento de vida contrariada. Mas o patológico é realmente o anormal. Rabaud distingue anormal de doente, porque, segundo o uso recente e incorreto, faz de anormal o adjetivo de anomalia, e, nesse sentido, fala em anormais doentes [97, *481*]; no entanto, como, por outro lado, ele distingue muito nitidamente, segundo o critério fornecido pela adaptação e pela viabilidade, a doença da anomalia [97, *477*], não vemos nenhuma razão para modificarmos nossas distinções de vocábulos e de sentido. Sem dúvida, há uma maneira de considerar o patológico como normal, definindo o normal e o anormal pela frequência estatística relativa. Em certo sentido, pode-se dizer que uma saúde perfeita contínua é um fato anormal. Mas é que existem dois sentidos da palavra saúde. A saúde, considerada de modo absoluto, é um conceito normativo que define um tipo ideal de estrutura e de comportamento orgânicos; nesse sentido, é um pleonasmo falar em perfeita saúde, pois a saúde é o bem orgânico. A saúde adjetivada é um conceito descritivo que define uma certa disposição e reação de um organismo individual em relação às doenças possíveis. Os dois conceitos, descritivo qualificado e normativo absoluto, são tão distintos que mesmo o homem do povo diz que seu vizinho tem má saúde ou que ele não tem saúde, considerando como equivalentes a presença de um fato e a ausência de um valor. Quando se diz que uma saúde continuamente perfeita é anormal, expressa-se o fato de a experiência do ser vivo incluir, de fato, a doença. Anormal quer dizer precisamente inexistente, inobservável. Portanto, isso não passa de outra maneira de dizer que a saúde contínua é uma norma e que uma norma não existe. Nesse sentido abusivo, é evidente que o patológico não é anormal. E é mesmo tão pouco anormal que se pode falar em funções normais de defesa orgânica e de luta contra a doença. Leriche afirma, como já vimos, que a dor não está no plano da natureza, mas poder-se-ia dizer que a doença é prevista pelo organismo (Sendrail, 106). Com relação aos anticorpos, que são uma reação de defesa contra uma inoculação patológica, Jules Bordet acha que se pode falar em anticorpos normais que existiriam no soro normal, agindo eletivamente sobre determinado micróbio, sobre determinado antígeno, e cujas múltiplas especificidades contribuiriam para assegurar a constância das características químicas do organismo, eliminando aquilo que não é conforme a essas características [15, *6.16-14*]. No entanto, por mais prevista que possa parecer, não podemos deixar de admitir que a doença é prevista como um estado contra o qual é preciso lutar para poder continuar a viver, isto é, que ela é prevista como um estado anormal, em relação à persistência da vida que desempenha aqui o papel de norma. Portanto, tomando a palavra normal em seu sentido autêntico, devemos formular a equação dos conceitos de doença, de patológico e de anormal.

Uma outra razão para não confundir anomalia e doença é que a atenção humana não é sensibilizada por uma e por outra por desvios da mesma espécie. A anomalia se manifesta na multiplicidade espacial; a doença, na sucessão cronológica. O próprio da doença é vir interromper o curso de algo, é ser verdadeiramente crítica. Mesmo quando a doença torna-se crônica, depois de ter sido crítica, há sempre um "passado" do qual o paciente ou aqueles que o cercam guardam certa nostalgia. Portanto, a pessoa é doente não apenas em relação aos outros, mas em relação a si mesma. É o que ocorre na pneumonia, na arterite, na ciática, na afasia, na nefrite etc. É próprio da anomalia ser constitucional, congênita, mesmo se aparece depois do nascimento e só se manifesta ao iniciar-se o exercício da respectiva função, por exemplo, na luxação congênita do quadril. O portador de uma anomalia não pode, portanto, ser comparado a si mesmo. Poderíamos destacar, aqui, que a interpretação teratogênica dos caracteres teratológicos e, mais ainda, sua explicação teratogenética permitem situar no devir embriológico a aparição da anomalia e conferir-lhe a significação de uma doença. Desde que a etiologia e a patogenia de uma anomalia são conhecidas, o anômalo torna-se patológico. A teratogênese experimental traz ensinamentos muito úteis a esse respeito [120]. No entanto, apesar de essa conversão da anomalia em doença ter um sentido, na ciência dos embriologistas, ela não tem nenhum sentido para o ser vivo cujos comportamentos no meio, fora do ovo ou fora do útero, estão determinados desde o começo pelas particularidades de sua estrutura.

Quando a anomalia é interpretada quanto a seus efeitos em relação à atividade do indivíduo e, portanto, à imagem que ele tem de seu valor e de seu destino, a anomalia é *enfermidade*.[3] Enfermidade

---

3 Em francês, *infirmité*, que traduzimos como enfermidade, tem o sentido de uma anomalia congênita ou incurável e, de qualquer modo, definitiva. Ao passo que em português a palavra enfermidade tem sentido mais amplo, podendo ser usada também como sinônimo de doença passageira ou curável. Nesta tradução, as palavras *enfermo* e *enfermidade* estão sendo usadas no sentido francês de anomalia, já que não há equivalente exato para o termo em português. (N.T.)

é uma noção vulgar, mas instrutiva. As pessoas nascem ou se tornam enfermas. É o fato de tornar-se enfermo, interpretado como uma diminuição irremediável, que repercute sobre o fato de nascer assim. No fundo, pode haver para um enfermo uma atividade possível e um papel social condigno. No entanto, a limitação forçada de um ser humano a uma condição única e invariável é considerada pejorativamente, em referência ao ideal humano normal que é a adaptação possível e voluntária a todas as condições imagináveis. É o abuso possível da saúde que constitui a razão do valor que se dá à saúde, assim como – segundo Valéry – é o abuso do poder que está por trás do amor ao poder. O homem normal é o homem normativo, o ser capaz de instituir novas normas, mesmo orgânicas. Uma norma única de vida é sentida privativamente e não positivamente. Aquele que não pode correr se sente lesado, isto é, converte sua lesão em frustração e, apesar daqueles que o cercam evitarem mostrar-lhe sua incapacidade – como quando crianças afetuosas evitam correr em companhia de um menino manco –, o enfermo sente muito bem à custa de que repressão e de que abstenções por parte de seus semelhantes qualquer diferença entre eles e o próprio enfermo é, aparentemente, anulada.

O que é verdade em relação à enfermidade é também verdade em relação a certos estados de *fragilidade* e *debilidade*, ligados a um desvio de ordem fisiológica. É esse o caso da *hemofilia*. É mais uma anomalia que uma doença. Todas as funções do hemofílico se realizam de modo semelhante às dos indivíduos sãos. Mas as hemorragias são intermináveis, como se o sangue fosse indiferente à sua situação dentro ou fora dos vasos. Em suma, a vida do hemofílico seria normal se a vida animal não comportasse, normalmente, relações com um meio, relações cujos riscos, sob a forma de lesões, devem ser enfrentados pelo animal para compensar as desvantagens de ordem alimentar que a ruptura com a inércia vegetal comporta, ruptura essa que constitui, sob outros aspectos, e sobretudo no caminho da consciência, um progresso real. A hemofilia é o tipo da anomalia de caráter patológico eventual, em virtude do obstáculo aqui encontrado por uma função vital essencial, a separação estrita do meio interno e do meio externo.

Em resumo, a anomalia pode transformar-se em doença, mas não é, por si mesma, doença. Não é fácil determinar em que momento a anomalia vira doença. Deve-se ou não considerar a sacralização da quinta vértebra lombar como fato patológico? Há muitos graus nessa malformação. Só se deve dizer que a quinta vértebra está sacralizada quando está soldada ao sacro. Nesse caso, aliás, ela raramente causa dores. A simples hipertrofia de uma apófise transversa, seu contato mais ou menos real com o tubérculo sacro são, muitas vezes, responsabilizados por danos imaginários. Em suma, trata-se de anomalias anatômicas de tipo congênito que só se tornam dolorosas muito tarde ou, às vezes, nunca [101].

* * *

O problema da distinção entre a anomalia – seja ela morfológica, como a costela cervical ou a sacralização da quinta lombar, ou funcional, como a hemofilia, a hemeralopia ou a pentosúria – e o estado patológico é bastante obscuro, e, no entanto, é bastante importante do ponto de vista biológico, pois, afinal, ele nos remete a nada menos que ao problema geral da variabilidade dos organismos, da significação e do alcance dessa variabilidade. Na medida em que seres vivos se afastam do tipo específico, serão eles anormais que estão colocando em perigo a forma específica, ou serão inventores a caminho de novas formas? Conforme sejamos fixistas ou transformistas, consideraremos de modo diferente um ser vivo portador de um caráter novo. É compreensível que não tenhamos a intenção de tratar aqui esse problema, mesmo que de maneira superficial. No entanto, não podemos fingir que o ignoramos. Quando uma drosófila dotada de asas gera, por mutação, uma drosófila sem asas ou com asas vestigiais, estamos ou não diante de um fato patológico? Biólogos como Caullery – que não admitem que as mutações sejam suficientes para explicar os fatos de adaptação e de evolução – ou como Bounoure – que contestam até mesmo o fato da evolução – insistem sobre o caráter subpatológico ou francamente patológico e mesmo letal da maioria das mutações. É que, se não são fixistas, como Bounoure [16], acham, ao menos, como Caullery, que as mutações não saem do quadro da espécie, já que, apesar das diferenças morfológicas consideráveis, são possíveis cruzamentos fecundos entre indivíduos padrão e indivíduos mutantes [24, *414*]. No entanto, não nos parece contestável que mutações possam dar origem a novas espécies. Esse fato já era bastante conhecido por Darwin, mas o havia impressionado menos que a variabilidade individual. Guyénot acha que se trata do único modo de variação hereditária, atualmente conhecido, a única explicação, parcial, porém indiscutível, da evolução [51]. Teissier e Ph. L'Héritier demonstram experimentalmente que certas mutações – que podem parecer desvantajosas no meio que habitualmente é próprio a uma espécie – podem se tornar vantajosas, se certas condições de existência variarem. A drosófila de asas vestigiais é eliminada pela drosófila de asas normais, em um meio protegido dos ventos e fechado. No entanto, em um meio ventilado, já que as drosófilas vestigiais não alçam voo, ficam subnutridas e, em três gerações, observam-se 60% de drosófilas vestigiais em uma população mista [77]. Isso jamais acontece em meio não ventilado. Não diremos em meio normal pois, afinal, ocorre com os meios o mesmo que com as espécies, segundo I. Geoffroy Saint-Hilaire: eles são tudo o que devem ser em função das leis naturais, e sua estabilidade não é garantida. À beira-mar, um meio ventilado é um fato normal, mas será um meio mais normal para insetos ápteros do que para insetos alados, pois aqueles que não alçarem voo terão menos oportunidades de serem eliminados. Darwin havia notado esse fato, que havia provocado ironias, e que é confirmado e explicado pelas experiências anteriormente relatadas. O meio é normal pelo fato de o ser vivo nele desenvolver melhor sua vida, e nele manter melhor sua própria norma. É em relação à espécie de ser vivo que o utiliza em seu proveito que um meio pode ser normal. Ele é normal apenas porque tem como ponto de referência uma norma morfológica e funcional.

Um outro fato, relatado por Teissier, mostra muito bem que, por meio da variação das formas vivas, a vida obtém – sem talvez procurar fazê-lo – uma espécie de seguro contra a especialização excessiva, sem reversibilidade e, portanto, sem flexibilidade, o que é, no fundo, uma adaptação bem-sucedida. Em certos distritos industriais da Alemanha e da Inglaterra observaram-se o desaparecimento progressivo de borboletas cinzentas e o aparecimento de borboletas negras da mesma espécie. Ora, foi possível demonstrar que, nessas borboletas, a coloração negra está associada a um vigor especial. No cativeiro, as negras eliminam as cinzentas. Por que não ocorre o mesmo na natureza? Porque sua cor, se destacando mais da casca das árvores, atrai a atenção dos pássaros. Quando, nas regiões industrializadas, o número de pássaros diminui, as borboletas podem ser negras impunemente [111]. Em suma, essa espécie de borboletas apresenta, sob a forma de variedade, duas combinações de caracteres opostos e que se compensam: um maior vigor é contrabalançado por menor segurança e vice-versa. Em cada uma das variedades um obstáculo foi contornado, empregando uma expressão de Bergson; uma impotência foi superada. Conforme as circunstâncias permitam a determinada solução morfológica agir de preferência a outra, o número de representantes de cada variedade varia e, em última análise, uma variedade tende para uma espécie.

O mutacionismo se apresentou, em primeiro lugar, como uma forma de explicação dos fatos da evolução cuja adoção pelos geneticistas reforçou ainda o caráter de hostilidade a qualquer atitude de levar em consideração a influência do meio. Parece, atualmente, que se deve situar o aparecimento de espécies novas na interferência das inovações por mutação e das oscilações do meio; parece também que um darwinismo modernizado pelo mutacionismo é a explicação mais flexível e mais abrangente do fato da evolução que, apesar de tudo, é incontestável [56, 111]. A espécie seria o agrupamento de indivíduos, todos diferentes em certo grau, e cuja unidade traduz a normalização momentânea de suas relações com o meio, inclusive com as outras espécies, como Darwin tinha compreendido muito bem. O ser vivo e o meio, considerados separadamente, não são normais, porém é sua relação que os torna normais um para o outro. O meio é normal para uma determinada forma viva na medida em que lhe permite uma tal fecundidade e, correlativamente, uma tal variedade de formas que, na hipótese de ocorrerem modificações do meio, a vida possa encontrar em uma dessas formas a solução para o problema de adaptação que, brutalmente, se vê forçada a resolver. Um ser vivo é normal em um determinado meio na medida em que ele é a solução morfológica e funcional encontrada pela vida para responder a todas as exigências do meio. Em relação a qualquer outra forma da qual se afasta, esse ser vivo é normal, mesmo se for relativamente raro, pelo fato de ser normativo em relação a essa forma, isto é, desvalorizando-a antes de eliminá-la.

Compreende-se, finalmente, por que uma anomalia – e especialmente uma mutação, isto é, uma anomalia já de início hereditária – não é *patológica* pelo simples fato de ser anomalia, isto é, desvio a partir de um tipo específico, definido por um grupo dos caracteres mais frequentes em sua dimensão média. Caso contrário seria preciso dizer que um indivíduo mutante, ponto de partida de uma nova espécie, é, ao mesmo tempo, patológico porque se desvia e normal porque se conserva e se reproduz. O normal, em biologia, não é tanto a forma antiga mas a forma nova, se ela encontrar condições de existência nas quais parecerá normativa, isto é, superando todas as formas passadas, ultrapassadas e, talvez, dentro em breve, mortas.

Nenhum fato dito normal, por ter se tornado normal, pode usurpar o prestígio da norma da qual ele é a expressão, a partir do momento em que mudarem as condições dentro das quais ele tomou a norma como referência. Não existe fato que seja normal ou patológico em si. A anomalia e a mutação não são, em si mesmas, patológicas. Elas exprimem outras normas de vida possíveis. Se essas normas forem inferiores – quanto à estabilidade, à fecundidade e à variabilidade da vida – às normas específicas anteriores, serão chamadas patológicas. Se, eventualmente, se revelarem equivalentes – no mesmo meio – ou superiores – em outro meio –, serão chamadas normais. Sua normalidade advirá de sua normatividade. O patológico não é a ausência de norma biológica, é uma norma diferente, mas comparativamente repelida pela vida.

* * *

Neste ponto apresenta-se um novo problema que nos traz de volta ao cerne de nossas preocupações: é o problema das relações entre o normal e o experimental. Aquilo que, desde Claude Bernard, os fisiologistas entendem por fenômenos normais são fenômenos cuja exploração permanente é possível graças a dispositivos de laboratório, e cujos caracteres medidos se revelam idênticos a si mesmos em um determinado indivíduo, em determinadas condições e – salvo alguns desvios de amplitude definida – idênticos de um indivíduo para outro em condições idênticas. Parece, portanto, que haveria uma definição possível do normal, objetiva e absoluta, a partir da qual qualquer desvio para além de certos limites seria logicamente taxado de patológico. Em que sentido o aferimento e a mensuração de laboratório são suficientes para servir de norma à atividade funcional do ser vivo fora do laboratório?

Em primeiro lugar, é preciso destacar que o fisiologista, assim como o físico e o químico, faz experiências cujos resultados ele compara, com a ressalva mental capital de que esses dados são válidos para "todas as coisas que, por outro lado, são iguais". Em outras palavras, condições diferentes fariam surgir normas diferentes. As *normas funcionais do ser vivo* examinado no laboratório só adquirem um sentido dentro das *normas operacionais do cientista*. Nesse sentido, nenhum fisiologista contestará que apenas fornece um conteúdo ao conceito de norma biológica, mas que de modo algum elabora o que tal conceito tem de normativo. Admitindo certas condições como normais, o fisiologista estuda objetivamente as relações que definem realmente os fenômenos correspondentes, mas, no fundo, ele não define objetivamente quais são as condições normais. A não ser que admitamos que as condições de uma experiência não têm influência sobre a qualidade de seu resultado – o que está em contradição com o cuidado tomado para estabelecê-las –, não se pode negar a dificuldade que existe em comparar às condições experimentais as condições normais – tanto no sentido estatístico quanto no sentido normativo – da vida dos animais e do homem. Se definirmos o anormal ou o patológico pelo que ele tem de insólito – como habitualmente o fisiologista faz –, de um ponto de vista puramente objetivo, temos de admitir que as condições de exame em laboratório colocam o ser vivo em uma situação patológica da qual se pretende, paradoxalmente, tirar conclusões com força de norma. Sabe-se que, frequentemente, se faz essa objeção à fisiologia, até mesmo nos meios médicos. Prus, autor de uma memória contra as teorias de Broussais, da qual já citamos um trecho, escrevia na mesma obra: "As doenças artificiais, e as ablações de órgãos que são realizadas nas experiências em animais vivos, levam ao mesmo resultado [*que as doenças espontâneas*]; no entanto, é importante observar que seria falso apresentar os serviços prestados pela fisiologia experimental como argumento a favor da influência que a fisiologia pode exercer sobre a medicina prática... Quando, para conhecer as funções do cérebro e do cerebelo, se irrita, se perfura ou se fazem incisões em um ou outro desses órgãos, ou quando deles se retira uma porção mais ou menos considerável, é claro que o animal submetido a tais experiências está o mais longe possível do estado fisiológico; ele está gravemente doente, e aquilo que se chama de *fisiologia experimental* nada mais é, evidentemente, que uma verdadeira *patologia artificial*, que simula e cria doenças. Sem dúvida, a fisiologia retira dessas experiências grandes esclarecimentos, e os nomes dos Magendie, dos Orfila, dos Flourens vão sempre figurar honrosamente nos seus anais; mas esses próprios esclarecimentos fornecem uma prova autêntica e, de certo modo, material, de tudo o que esta ciência deve à ciência das doenças" [95, *L sqq.*].

Era a essa forma de objeção que Claude Bernard respondia nas *Leçons sur la chaleur animale*: "Há, certamente, perturbações introduzidas no organismo pela experiência, mas devemos e podemos levá-las em conta. Será preciso restituir às condições nas quais colocamos o animal a parte das anomalias que lhes cabe, e suprimiremos a dor tanto no animal quanto no homem, por causa de um sentimento humanitário e também para afastar as causas de erro trazidas pelo sofrimento. Porém, os próprios anestésicos que utilizamos exercem, sobre o organismo, efeitos capazes de provocar modificações fisiológicas e novas causas de erro no resultado de nossas experiências" [8, 57]. Texto notável este, que mostra o quanto Claude Bernard está próximo da suposição de que é possível descobrir um determinismo do fenômeno, independente do determinismo da operação de conhecimento; e como ele é honestamente obrigado a reconhecer a alteração – em proporções precisamente imperceptíveis – que o conhecimento imprime no fenômeno conhecido, pela preparação técnica que esse conhecimento implica. Quando se glorificam os teóricos contemporâneos da mecânica ondulatória por terem descoberto que a observação perturba o fenômeno observado, acontece, como em outros casos, que a ideia é um pouco mais antiga do que eles próprios.

Durante suas pesquisas, o fisiologista tem de enfrentar três tipos de dificuldades. Primeiro, deve certificar-se de que o ser dito normal em situação experimental é idêntico ao ser da mesma espécie em situação normal, isto é, não artificial. Em seguida, deve assegurar-se da similitude do estado patológico criado experimentalmente e do estado patológico espontâneo. Ora, frequentemente o ser em estado espontaneamente patológico pertence a uma espécie diferente da espécie do ser em estado patológico experimental. Por exemplo, é claro que não se podem, sem grandes precauções, tirar conclusões que se apliquem ao homem diabético a partir do cão de von Mering e Minkowski ou do cão de Young. Enfim, o fisiologista deve comparar o resultado das duas comparações precedentes. Ninguém pode contestar a grande margem de incerteza que tais comparações admitem. É tão inútil negar a existência dessa margem quanto é pueril contestar *a priori* a utilidade de tais comparações. Em todo caso, compreende-se como é difícil realizar a exigência canônica de "todas as coisas que, por outro lado, são iguais". Pode-se provocar uma crise convulsiva por excitação do córtex cerebral da frontal ascendente, mas nem por isso se trata de um caso de epilepsia, mesmo se o eletroencefalograma apresenta, depois de uma e de outra dessas crises, traçados equivalentes.

Pode-se transplantar em um animal quatro pâncreas simultaneamente, sem que o animal experimente qualquer desordem de hipoglicemia comparável à que um pequeno adenoma das ilhotas de Langerhans determina [53 *bis*]. Pode-se provocar o sono por meio de hipnóticos, mas, segundo A. Schwartz: "Seria um erro acreditar que o sono provocado por meios farmacológicos e o sono normal tenham, necessariamente, nessas condições, uma *fenomenologia semelhante*. Na realidade, ela é sempre diferente nos dois casos, como provam os exemplos seguintes: se o organismo está, por exemplo, sob a influência de um hipnótico *cortical*, o *paraldeído*, o volume urinário *aumenta*, ao passo que durante o sono normal a diurese fica habitualmente reduzida. O centro da diurese liberado inicialmente pela ação depressiva do hipnótico sobre o córtex está, portanto, neste caso, livre da ação inibitória ulterior do centro do sono." Não se pode, portanto, deixar de ver que o fato de provocar artificialmente o sono, pela intervenção exercida sobre os centros nervosos, não nos esclarece sobre o mecanismo pelo qual o centro hípnico é naturalmente ativado pelos fatores normais do sono [105, *23-28*]. Se é possível definir o estado normal de um ser vivo por uma relação normativa de ajustamento a determinados meios, não se deve esquecer que o próprio laboratório constitui *um novo meio*, no qual, certamente, a vida institui normas cuja extrapolação, longe das condições às quais essas normas se referem, não ocorre sem certos riscos imprevistos. O meio de laboratório é, para o animal ou para o homem, um meio possível, entre outros. É claro que o cientista tem razão em ver, nos seus aparelhos, apenas as teorias que eles materializam, nos produtos empregados, apenas as reações que eles permitem, e de postular a validade universal dessas teorias e dessas reações; para o ser vivo, porém, aparelhos e produtos são objetos entre os quais ele se move como em um mundo insólito. Não é possível que os modos da vida em laboratório não conservem alguma especificidade em relação com o local e com o momento da experiência.

III NORMA E MÉDIA

Parece que o fisiologista encontra, no conceito de *média*, um equivalente objetivo e cientificamente válido do conceito de normal ou de norma. É certo que o fisiologista contemporâneo não partilha mais a aversão de Claude Bernard por qualquer resultado de análise ou de experiência biológica expresso em média, aversão esta que talvez tenha origem em um texto de Bichat: "Analisa-se a urina, a saliva, a bílis etc., colhidas indiferentemente deste ou daquele indivíduo, e admite-se que de seu exame resulte a química animal; mas isso não é química fisiológica; é, se assim se pode dizer, a anatomia cadavérica dos fluidos. Sua fisiologia é composta do conhecimento das inúmeras variações que os fluidos podem experimentar conforme o estado de seus órgãos respectivos" [12, *art. 7º, § 1º*]. Claude Bernard não é menos categórico. Segundo ele, a utilização das médias faz desaparecer o caráter essencialmente oscilatório e rítmico do fenômeno biológico funcional. Por exemplo, se procurarmos o verdadeiro número das pulsações cardíacas pela média das medidas tomadas várias vezes durante um mesmo dia em um determinado indivíduo, "teremos precisamente um número falso". Daí a regra seguinte: "Em fisiologia, não se devem jamais apresentar descrições médias de experiências, porque as verdadeiras relações dos fenômenos desaparecem nessa média; quando estamos diante de experiências complexas e variáveis, devemos estudar as diversas circunstâncias em que elas se processam e, em seguida, apresentar a experiência mais perfeita como tipo, tipo porém que representará sempre um fato verdadeiro" [6, *286*]. A procura de valores biológicos médios é desprovida de sentido, no que se refere a um mesmo indivíduo, por exemplo: a análise da urina média das 24 horas é "a análise de uma urina que não existe", já que a urina produzida em jejum difere da urina produzida durante a digestão. Essa pesquisa é geralmente desprovida de sentido no que se refere a vários indivíduos. "O que há de mais sublime no gênero foi o que imaginou um fisiologista que, tendo colhido a urina de um mictório da estação de uma estrada de ferro por onde passavam pessoas de todas as nações, achou que podia, assim, obter a análise da urina *média* europeia" [6, *236*]. Sem querer, aqui, acusar Claude Bernard de confundir uma pesquisa com uma caricatura de pesquisa, e de acusar um método por falhas cuja responsabilidade recai sobre os que o utilizam, vamos nos limitar a lembrar que, segundo ele, o normal é definido muito mais como tipo ideal em condições experimentais determinadas do que como média aritmética ou frequência estatística.

Uma atitude análoga é, de novo e mais recentemente, a atitude de Vendryès na sua obra *Vie et probabilité*, em que as ideias de Claude Bernard sobre a constância e as regulações do meio interno são sistematicamente retomadas e desenvolvidas. Definindo as regulações fisiológicas como "o conjunto das funções que resistem ao acaso" [115, *195*], ou, se quisermos, das funções que fazem a atividade do ser vivo perder o caráter aleatório que teria se o meio interno fosse desprovido de autonomia em relação ao meio externo, Vendryès interpreta as variações sofridas pelas constantes fisiológicas – a glicemia, por exemplo – como desvios a partir de uma média individual. Os termos desvio e média adquirem, nesse caso, um sentido de probabilidade. Os desvios são tanto mais improváveis quanto maiores forem. "Não faço uma estatística sobre um certo número de indivíduos. Considero um único indivíduo. Nessas condições, os termos "valor médio" e "desvio" se aplicam aos diferentes valores que um mesmo componente do sangue de um mesmo indivíduo pode adquirir, na sucessão dos tempos" [115, *33*]. Não achamos, porém, que Vendryès elimine, assim, a dificuldade que Claude Bernard resolvia ao propor a experiência mais perfeita como tipo, isto é, como norma de comparação. Com isso, Claude Bernard confessava expressamente que a norma não é deduzida da experiência de fisiologia. Ao contrário, é o próprio fisiologista que, por meio de sua escolha, introduz a norma na experiência de fisiologia. Não achamos que Vendryès possa proceder de outro modo.

Ele diz que um determinado homem tem 1% como valor médio de glicemia quando normalmente a taxa de glicemia é de 1%, e quando, em consequência da alimentação ou de um trabalho muscular, a glicemia sofre variações positivas ou negativas em torno desse valor médio? No entanto, supondo que, efetivamente, nos limitemos à observação de um indivíduo apenas, de onde se deduz, *a priori*, que o indivíduo escolhido como objeto de exame das variações de uma constante represente o tipo humano? Ou bem somos médicos – e é, aparentemente, o caso de Vendryès – e, consequentemente, aptos a diagnosticar o diabetes; ou então, não tendo aprendido fisiologia durante os estudos de medicina, e querendo saber qual a taxa normal de uma regulação, iremos procurar a média de um certo número de resultados, obtidos em indivíduos colocados em situações as mais semelhantes possíveis. Mas, enfim, o problema consiste em saber dentro de que oscilações em torno de um valor médio puramente teórico os indivíduos vão ser considerados normais.

Esse problema é tratado com muita clareza e probidade por A. Mayer [82] e H. Laugier [71]. Mayer enumera todos os elementos de biometria fisiológica contemporânea: temperatura, metabolismo basal, ventilação, calor desprendido, características do sangue, velocidade de circulação, composição do sangue, das reservas, dos tecidos etc. Ora, os valores biométricos admitem uma margem de variação. Para imaginarmos uma espécie, escolhemos normas que são, de fato, constantes determinadas por médias. O ser vivo normal é aquele que é constituído de conformidade com essas normas. Mas será que devemos considerar qualquer *desvio* como anormal? "O modelo é, na realidade, produto de uma estatística. Geralmente, é o resultado de cálculos de médias. Porém, os indivíduos reais que encontramos se afastam mais ou menos desse modelo, e é precisamente nisso que consiste sua individualidade. Seria muito importante saber sobre que pontos os desvios incidem e quais os desvios que são compatíveis com uma sobrevivência prolongada. Seria preciso sabê-lo em relação aos indivíduos de cada espécie. Tal estudo está longe de ser feito" [82, *4.54-14*].

É a dificuldade da realização de tal estudo no que se refere ao homem que Laugier expõe. Ele o faz, a princípio, expondo a teoria do *homem médio* de Quêtelet, sobre a qual voltaremos a falar.

Estabelecer uma curva de Quêtelet não significa resolver o problema do normal em relação a um determinado caráter, por exemplo, em relação à estatura. São necessárias hipóteses diretrizes e convenções práticas que permitam decidir em que nível das estaturas, seja em direção às grandes, seja em direção às pequenas, ocorre a passagem do normal para anormal. O mesmo problema persiste se substituirmos um conjunto de médias aritméticas por um esquema estatístico a partir do qual determinado indivíduo se afasta mais ou menos, pois a estatística não fornece nenhum meio para decidir se o desvio é normal ou anormal. Talvez, por uma convenção que a própria razão parece sugerir, poder-se-ia considerar como normal o indivíduo cujo retrato biométrico permite prever que, salvo em caso de acidente, ele terá a duração de vida própria de sua espécie? No entanto, as mesmas dúvidas reaparecem. "Encontraremos, nos indivíduos que, aparentemente, morrem de senescência, uma variedade bastante vasta de duração de vida. Devemos tomar como duração de vida da espécie a média dessas durações ou as durações máximas atingidas por alguns raros indivíduos, ou algum outro valor?" [71, *4.56-4*]. Essa normalidade, aliás, não excluiria outras anormalidades: determinada deformidade congênita pode ser compatível com uma vida muito longa. Apesar de, na determinação de uma normalidade parcial, o estado médio do caráter estudado no grupo observado poder, a rigor, proporcionar um substitutivo de objetividade, de qualquer modo qualquer objetividade se desvanece na determinação de uma normalidade global, a delimitação em torno da média permanecendo arbitrária. "Tendo em vista a insuficiência dos dados numéricos biomédicos e diante da incerteza acerca da validade dos princípios a serem utilizados para estabelecer a separação entre o normal e o anormal, a definição científica da normalidade parece atualmente inacessível" [*ibid.*].

Será ainda mais modesto, ou será, ao contrário, mais ambicioso afirmar a independência lógica dos conceitos de norma e de média e, consequentemente, a impossibilidade definitiva de fornecer o equivalente integral do normal anatômico ou fisiológico, sob a forma de média objetivamente calculada?

* * *

Temos a intenção de retomar sumariamente o problema do sentido e do alcance das pesquisas biométricas em fisiologia, a partir das ideias de Quêtelet e do exame rigorosíssimo que delas fez Halbwachs. Em suma, o fisiologista que faz a crítica de seus conceitos de base percebe muito bem que norma e média são, para ele, dois conceitos inseparáveis. O segundo, porém, parece-lhe imediatamente capaz de ter uma significação objetiva, e é por isso que ele tenta reduzir o primeiro conceito ao segundo. Acabamos de ver que essa tentativa de redução esbarra em dificuldades que são, atualmente, e provavelmente sempre serão insuperáveis. Será que não conviria inverter o problema e refletir se a ligação dos dois conceitos não poderia ser explicada pela subordinação da média à norma? Sabe-se que a biometria foi primeiro criada, no campo anatômico, pelos trabalhos de Galton, generalizando os processos antropométricos de Quêtelet. Quêtelet, estudando sistematicamente as variações da estatura do homem, havia estabelecido para um determinado caráter medido nos indivíduos de uma população homogênea e representada graficamente a existência de um polígono de frequência que apresentava um máximo correspondente à ordenada máxima e uma simetria em relação a essa ordenada. Sabe-se que o limite do polígono é uma curva, e é o próprio Quêtelet que mostrou que o polígono de frequência tende para uma curva chamada "curva em sino", que é a curva binomial, ou ainda curva de Gauss. Com essa comparação, Quêtelet fazia questão de afirmar expressamente que não reconhecia à variação individual referente a um determinado caráter (flutuação) nenhum outro sentido a não ser o de um acidente que confirma as leis do acaso, isto é, as leis que exprimem a influência de uma multiplicidade indeterminável de causas não sistematicamente orientadas, e cujos efeitos, por conseguinte, tendem a se anular por compensação progressiva. Ora, essa possibilidade de interpretar as flutuações biológicas pelo cálculo das probabilidades parecia a Quêtelet da mais alta importância metafísica. Significava, segundo ele, que existe, para a espécie humana, "um tipo ou módulo cujas diversas proporções podem-se facilmente determinar" [96, *15*]. Se não fosse assim, se os homens diferissem entre si, por exemplo, em relação à estatura, não em consequência de causas acidentais, mas pela ausência de um tipo com o qual fossem comparáveis, nenhuma relação determinada poderia ser estabelecida entre todas as medidas individuais. Se existe, ao contrário, um tipo em relação ao qual os desvios sejam puramente acidentais, os valores numéricos de um caráter medido em uma multidão de indivíduos devem se repartir segundo uma lei matemática, e é o que ocorre de fato. Por outro lado, quanto maior for o número de medidas tomadas, mais as causas perturbadoras acidentais se compensarão e se anularão; e o tipo geral aparecerá com maior nitidez. Mas sobretudo, dentre um grande número de homens cuja estatura varia dentro de limites determinados, *aqueles que mais se aproximam da estatura média são os mais numerosos*, aqueles que mais se afastam são os menos numerosos. A esse tipo humano a partir do qual *o desvio é tanto mais raro quanto maior for*, Quêtelet dá o nome de *homem médio*. O que geralmente esquecemos de dizer, quando citamos Quêtelet como antepassado da biometria, é que, segundo ele, o homem médio não é absolutamente um "homem impossível" [96, *22*]. A prova da existência do homem médio, em um determinado clima, está na maneira pela qual os números obtidos para cada dimensão medida (estatura, cabeça, braço etc.) se agrupam em torno da média, obedecendo à lei das causas acidentais. A média de estatura em um determinado grupo é tal que o maior dos subgrupos formados por homens da mesma estatura é o conjunto dos homens cuja estatura mais se aproxima da média. Isso torna a média típica completamente diferente da média aritmética. Quando se mede a altura de várias casas, pode-se obter uma altura média, mas de tal forma que pode não haver nenhuma casa cuja altura exata se aproxime da média. Em resumo, segundo Quêtelet, a existência de uma média é o sinal incontestável da existência de uma regularidade, interpretada em um sentido expressamente ontológico: "A principal ideia, para mim, é fazer prevalecer a verdade e mostrar o quanto o homem, mesmo à sua revelia, está sujeito às leis divinas e com que regularidade ele as cumpre. Aliás, essa regularidade não é peculiar ao homem: é uma das grandes leis da natureza que são pertinentes tanto aos animais como às plantas, e talvez seja espantoso que não a tenhamos reconhecido mais cedo" [96, *21*]. O interesse que a concepção de Quêtelet apresenta consiste no fato de identificar, em sua noção de média verdadeira, as noções de *frequência estatística* e de *norma*, pois uma média que determina desvios tanto mais raros quanto mais amplos forem é, na verdade, uma norma. Não nos cabe discutir, aqui, o fundamento metafísico da tese de Quêtelet, mas simplesmente não esquecer que ele distingue duas espécies de médias: a média aritmética ou *mediana* e a média verdadeira; e que de modo algum ele apresenta a média como fundamento empírico da norma, em matéria de caracteres físicos humanos; ao contrário, ele apresenta explicitamente a regularidade ontológica como algo que se expressa na média. Ora, se pode parecer discutível buscar na vontade de Deus a explicação para a estatura humana, isso não quer dizer que nenhuma norma transpareça através dessa média. E é o que nos parece que se pode concluir do exame crítico ao qual Halbwachs submeteu as ideias de Quêtelet [53].

Segundo Halbwachs, Quêtelet não tinha razão ao considerar a distribuição da altura humana em torno de uma média como um fenômeno ao qual se possam aplicar as leis do acaso. A condição primeira para essa aplicação é que os fenômenos, considerados como combinações de elementos em número indeterminável, sejam realizações todas independentes umas das outras, de tal modo que nenhuma delas exerça influência sobre a seguinte. Ora, não se podem identificar efeitos orgânicos constantes com fenômenos regidos pelas leis do acaso. Fazê-lo significa admitir que os fatos físicos que dependem do meio e os fatos fisiológicos relativos aos processos de crescimento se entrecruzam de modo que cada realização seja independente das outras, no momento anterior e no mesmo momento. Ora, isso é insustentável do ponto de vista humano, em que as normas sociais vêm interferir com as leis biológicas, de modo que o indivíduo humano é produto de uma união que obedece a todos os tipos de prescrições consuetudinárias e legislativas de ordem matrimonial. Em resumo, hereditariedade e tradição, hábito e costume são outras tantas formas de dependência e de ligação interindividual e, portanto, outros tantos obstáculos a uma utilização adequada do cálculo de probabilidades. O caráter estudado por Quêtelet – a estatura – só seria um fato puramente biológico se fosse estudado no conjunto dos indivíduos que constituem uma linhagem pura, animal ou vegetal. Nesse caso, as flutuações para um e outro lado do módulo específico seriam devidas unicamente à ação do meio. Mas na espécie humana a estatura é um fenômeno inseparavelmente biológico e social. Mesmo se for função do meio, é preciso considerar, em certo sentido, o meio geográfico como produto da atividade humana. O homem é um fator geográfico, e a geografia está profundamente impregnada de história, sob a forma de técnicas coletivas. A observação estatística, por exemplo, permitiu constatar a influência da drenagem dos pântanos de Sologne sobre a estatura dos habitantes [89]. Sorre admite que a estatura média de alguns grupos humanos tenha se elevado provavelmente sob a influência de uma melhor alimentação [109, *286*]. No entanto, na nossa opinião, se Quêtelet se enganou ao atribuir à média de um caráter anatômico humano um valor de norma divina, ele errou apenas ao especificar a norma, mas não ao interpretar a média como signo de uma norma. Se é verdade que o corpo humano é, em certo sentido, produto da atividade social, não é absurdo supor que a constância de certos traços, revelados por uma média, dependa da fidelidade consciente ou inconsciente a certas normas da vida. Por conseguinte, na espécie humana, a frequência estatística não traduz apenas uma normatividade vital, mas também uma normatividade social. Um traço humano não seria normal por ser frequente; mas seria frequente por ser normal, isto é, normativo em um determinado gênero de vida, tomando essas palavras *gênero de vida* no sentido que lhes foi dado pelos geógrafos da escola de Vidal de la Blache.

Isso parecerá ainda mais evidente se, em vez de considerarmos um caráter anatômico, dedicarmos nossa atenção a um caráter fisiológico global como a longevidade. Flourens, depois Buffon, procurou um meio de determinar cientificamente a duração natural ou normal da vida do homem, utilizando e corrigindo os trabalhos de Buffon. Flourens relaciona a duração da vida à duração do crescimento cujo término ele define pela reunião dos ossos a suas epífises.[1] "O homem leva 20 anos para crescer e vive cinco vezes 20 anos, isto é, 100 anos." Que essa duração normal da vida humana não seja nem a duração frequente nem a duração média, isto Flourens deixa bem claro: "Vemos todos os dias homens que vivem 80

---

1 É a própria expressão empregada por Flourens.

ou 100 anos. Sei muito bem que o número dos que chegam a essa idade é pequeno em relação ao número dos que não chegam mas, enfim, há quem chegue. E, do fato de se chegar, às vezes, a essa idade, é muito possível concluir que se chegaria mais frequentemente até lá se circunstâncias acidentais e extrínsecas, se causas perturbadoras não viessem se opor a essa longevidade. A maioria dos homens morre de doenças; muito poucos morrem de velhice propriamente dita" [39, *80-81*]. Da mesma forma, Metchnikoff acha que o homem pode, normalmente, chegar a ser centenário, e que qualquer velho que morre antes de completar um século de vida é, de direito, um doente.

As variações da duração de vida média do homem, através das épocas, são bastante instrutivas (39 anos em 1865 e 52 em 1920, na França, para o sexo masculino). Buffon e Flourens, para atribuir ao homem uma vida normal, consideravam-no do mesmo ponto de vista do qual, como biólogos, observavam um coelho ou um camelo. No entanto, quando se fala em vida média, para mostrar que aumenta progressivamente, ela é relacionada com a ação que o homem – considerado coletivamente – exerce sobre si mesmo. É nesse sentido que Halbwachs trata a morte como um fenômeno social, achando que a idade em que ela ocorre resulta, em grande parte, das condições de trabalho e de higiene, de atenção à fadiga e às doenças, em resumo, de condições sociais tanto quanto fisiológicas. Tudo acontece como se uma sociedade tivesse "a mortalidade que lhe convém", já que o número de mortos e sua distribuição pelas diversas faixas etárias traduzem a importância que uma sociedade dá ou não ao prolongamento da vida [53, *94-97*]. Em suma, já que as técnicas de higiene coletiva que tendem a prolongar a vida humana ou os hábitos de negligência que têm como resultado abreviá-la dependem do valor atribuído à vida em determinada sociedade, é, afinal, um julgamento de valor que se exprime nesse número abstrato que é a duração média da vida humana. A duração média da vida não é a duração de vida biologicamente normal, mas é, em certo sentido, a duração de vida socialmente normativa. Nesse caso, ainda, a norma não se deduz da média, mas se traduz pela média. Seria ainda mais claro se, em vez de considerar a duração média de vida em uma sociedade nacional, considerada globalmente, essa sociedade fosse especificamente dividida em classes, em profissões etc. Sem dúvida, constatar-se-ia que a duração de vida depende do que Halbwachs chama, em outra ocasião, de níveis de vida.

Certamente, levantar-se-á a objeção de que tal concepção é válida para caracteres humanos superficiais e para os quais, afinal de contas, existe uma margem de tolerância em que as diversidades sociais podem transparecer, mas que ela certamente não convém nem para caracteres humanos essenciais de rigidez básica, como a glicemia ou a calcemia ou o PH sanguíneo, nem, de modo geral, para caracteres específicos dos animais, aos quais nenhuma técnica coletiva confere uma plasticidade relativa. É claro que não pretendemos sustentar que as médias anatomofisiológicas traduzam, no animal, normas e valores sociais, mas devemos refletir se essas normas não traduziriam normas e valores vitais. Vimos, no capítulo precedente, o exemplo, citado por G. Teissier, dessa espécie de borboletas que oscilam entre duas variedades com uma ou com outra das quais tende a se confundir, conforme o meio permita uma ou outra das duas combinações compensadas de caracteres contrastantes. Devemos refletir se não haveria aí uma espécie de regra geral de invenção das formas vivas. Consequentemente, poder-se-ia atribuir à existência de uma média dos caracteres mais frequentes um sentido bastante diferente daquele que Quêtelet lhe atribuía. A existência dessa média não traduziria um equilíbrio específico estável, e sim o equilíbrio instável de normas e de formas de vida mais ou menos equivalentes e que se enfrentam momentaneamente. Em vez de considerar um tipo específico como realmente estável, por apresentar caracteres isentos de qualquer incompatibilidade, não se poderia considerá-lo como aparentemente estável por ter conseguido momentaneamente conciliar, por um conjunto de compensações, exigências opostas? Uma forma específica normal seria o produto de uma normalização entre funções e órgãos cuja harmonia sintética não é oferecida gratuitamente, e sim conseguida em condições definidas. É mais ou menos o que Halbwachs sugeria, já em 1912, na sua crítica a Quêtelet: "Por que considerar a espécie como um tipo do qual os indivíduos só se afastam por acidente? Por que sua unidade não resultaria de uma dualidade de conformação, de um conflito de dois ou de um número pequeno de tendências orgânicas gerais que, no cômputo geral, se equilibrariam? Nada mais natural, então, que as atitudes de seus membros expressem essa divergência por uma série regular de desvios da média em dois sentidos diferentes... Se os desvios forem mais numerosos em um sentido é sinal de que a espécie tende a evoluir nessa direção, sob a influência de uma ou várias causas constantes" [53, *61*].

No que se refere ao homem e a seus caracteres fisiológicos permanentes, apenas uma fisiologia e uma patologia humanas comparadas – no sentido em que existe uma literatura comparada – dos diversos grupos e subgrupos étnicos, éticos ou religiosos, técnicos, que levariam em conta a complexidade da vida e dos gêneros e dos níveis sociais de vida, poderiam dar uma resposta precisa a nossas hipóteses. Ora, parece que essa fisiologia humana comparada, feita de um ponto de vista sistemático, ainda está para ser escrita por algum fisiologista. É claro que há compilações maciças de dados biométricos de ordem anatômica e fisiológica referentes às espécies animais e à espécie humana dissociada em grupos étnicos, por exemplo, as *Tabulae biologicae*,[2] mas trata-se de listas sem nenhuma tentativa de interpretação dos resultados das comparações. Entendemos por fisiologia humana comparada esse gênero de pesquisas das quais o melhor exemplo é constituído pelos trabalhos de Eijkmann, de Benedict, de Ozorio de Almeida sobre o metabolismo basal em suas relações com o clima e a raça.[3]

Acontece, porém, que essa lacuna acaba de ser parcialmente preenchida pelos trabalhos recentes de um geógrafo francês, Sorre, cuja obra *Les fondements biologiques de la géographie humaine* nos foi indicada quando a redação deste ensaio estava terminada. Diremos algumas palavras sobre esse trabalho mais adiante, em seguimento a uma exposição detalhada que fazemos questão de deixar em seu estado primitivo, não tanto por preocupação de originalidade, mas como prova de convergência. Em matéria de metodologia, a convergência é de longe mais importante que a originalidade.

* * *

---
2 Publicadas em Haia, Junk editor.
3 Encontra-se uma bibliografia desses trabalhos em [61, *299*].

Em primeiro lugar há de se convir que a determinação das constantes fisiológicas, pela elaboração de médias experimentais obtidas apenas no âmbito de um laboratório, corre o risco de apresentar o homem normal como um homem mediano, bem abaixo das possibilidades fisiológicas de que os homens em situação de influir sobre si mesmos ou sobre o meio são, evidentemente, capazes, mesmo aos olhos cientificamente menos informados. Pode-se responder observando que as fronteiras do laboratório se alargaram muito, desde o tempo de Claude Bernard, que a fisiologia estende sua jurisdição sobre os centros de orientação e de seleção profissional, sobre os institutos de educação física, em resumo, que a fisiologia espera do homem concreto – e não do homem-cobaia de laboratório em situação bastante artificial – que esse homem concreto fixe, ele mesmo, as margens de variações toleradas pelos valores biométricos. Quando A. Mayer escreve: "A medida da atividade máxima da musculatura, no homem é, precisamente, o objeto do estabelecimento dos recordes esportivos" [82, *4.54-14*], faz lembrar o gracejo de Thibaudet: "São as tabelas de recordes e não a fisiologia que respondem a esta pergunta: a quantos metros o homem pode saltar?"[4] Em suma, a fisiologia não passaria de um método certo e preciso de registro e aferimento das latitudes funcionais que o homem adquire, ou melhor, conquista progressivamente. Se podemos falar em homem normal, determinado pelo fisiologista, é porque existem homens normativos, homens para quem é normal romper as normas e criar novas normas.

Não são apenas as variações individuais – que ocorrem nos "temas" fisiológicos habituais do homem branco dito civilizado – que nos parecem interessantes como expressão da normatividade biológica humana; são, mais ainda, as variações dos próprios "temas" de grupo para grupo conforme os gêneros e os níveis de vida, em relação com as tomadas de posição éticas ou religiosas relativas à vida, em suma, a normas coletivas de vida. Nesse sentido, Ch. Laubry e Th. Brosse estudaram, graças às mais modernas técnicas de registro, os efeitos fisiológicos da disciplina religiosa que permite aos iogues indus o domínio quase integral das fun-

---

4   *Le bergsonisme*, I, 203.

ções da vida vegetativa. Esse domínio é tal que consegue regular os movimentos peristálticos e antiperistálticos, e usar, em todos os sentidos, a ação dos esfíncteres anal e vesical, abolindo assim a distinção fisiológica entre a musculatura lisa e a estriada. Esse domínio consegue, assim, abolir, a autonomia relativa da vida vegetativa. O registro simultâneo do pulso, da respiração, do eletrocardiograma, a medida do metabolismo basal permitiram constatar que a concentração mental, tendendo à fusão do indivíduo com o objeto universal, produz os efeitos seguintes: ritmo cardíaco acelerado, modificação do ritmo e da tensão do pulso, modificação do eletrocardiograma: baixa voltagem generalizada, desaparecimento das ondas, ínfima fibrilação na linha isoelétrica, metabolismo basal reduzido [70, *1604*]. A respiração é a chave da ação do iogue sobre as funções fisiológicas aparentemente menos sujeitas à vontade; é ela que tem de agir sobre as outras funções, é por sua redução que o corpo fica "no ritmo de vida mais lento comparável ao dos animais hibernantes" [*ibid.*]. Obter uma mudança da frequência do pulso que vai de 50 a 150, uma apneia de 15 minutos, uma abolição quase total da contração cardíaca é, certamente, romper normas fisiológicas. A menos que se decida considerar como patológicos tais resultados. Porém isto é evidentemente impossível: "Apesar de os iogues ignorarem a estrutura de seus órgãos, eles são senhores incontestes de suas funções. Gozam de um excelente estado de saúde e, no entanto, infligiram a si próprios anos de exercício que não teriam podido suportar se não tivessem respeitado as leis da atividade fisiológica" [*ibid.*]. Laubry e Th. Brosse concluem que, tendo em vista tais fatos, estamos diante de uma fisiologia humana bastante diferente da simples fisiologia animal: "A vontade parece agir como prova farmacodinâmica e, entrevemos, assim, para nossas faculdades superiores um poder infinito de regulação e de ordem" [*ibid.*]. Eis a razão das observações de Th. Brosse sobre o problema do patológico: "Considerado sob esse ângulo da atividade consciente em relação com os níveis psicofisiológicos que ela utiliza, o problema da patologia parece intimamente ligado ao problema da educação. Consequência de uma educação sensorial, ativa, emocional, malfeita ou não feita, esse problema pede, instantaneamente, uma reeducação. Cada vez mais, a ideia de saúde ou de normalidade deixa de se apresentar como a ideia de conformidade a um ideal externo (atleta para o corpo, bacharel para a inteligência). Essa ideia se situa na relação entre o eu consciente e seus organismos psicofisiológicos, é uma ideia relativista e individualista" [17, *49*].

Sobre essas questões de fisiologia e de patologia comparada, somos forçados a nos contentar com poucos documentos; porém – fato surpreendente –, apesar de seus autores terem obedecido a intenções diferentes, tendem às mesmas conclusões. Porak, que procurou por meio do estudo dos ritmos funcionais e de suas perturbações um caminho para o conhecimento do início das doenças, mostrou a relação entre os gêneros de vida e as curvas da diurese e da temperatura (ritmos lentos), do pulso e da respiração (ritmos rápidos). Os jovens chineses de 18 a 25 anos têm um débito urinário médio de 0,5 cm^3 por minuto, com oscilações de 0,2 a 0,7; ao passo que esse débito é de 1 cm^3 nos europeus, com oscilações de 0,8 a 1,5. Porak interpreta esse fato fisiológico a partir de influências geográficas e históricas combinadas na civilização chinesa. Dessa massa de influências ele escolhe duas, que, segundo ele, são capitais: a natureza da alimentação (chá, arroz, vegetais, germes de trigo) e os ritmos nutritivos determinados pela experiência ancestral; o modo de atividade que respeita, na China mais que no Ocidente, o desenvolvimento periódico da atividade neuromuscular. O sedentarismo dos hábitos ocidentais tem uma repercussão nociva sobre o ritmo dos líquidos. Essa desregulação não existe na China, onde as pessoas conservaram o gosto pelos passeios a pé "no desejo ardente de se confundir com a natureza" [94, *4-6*].

O estudo do ritmo respiratório (ritmo rápido) faz com que se manifestem variações em relação ao desenvolvimento e à anquilose da necessidade de atividade. Essa necessidade está, ela própria, em relação com os fenômenos naturais ou sociais que marcam o trabalho humano. Desde a invenção da agricultura, o dia solar constitui um quadro no qual se inscreve a atividade de muitos homens. A civilização urbana e as exigências da economia moderna perturbaram os grandes ciclos fisiológicos da atividade, deixando, no entanto, subsistir alguns vestígios. Sobre esses ciclos fundamentais se enxertam ciclos secundários. Enquanto as mudanças de posição determinam ciclos secundários nas variações do pulso, as influências psíquicas é que são preponderantes no caso da respiração. A respiração se acelera desde o despertar, logo que os olhos se abrem para a luz: "Abrir os olhos já é tomar a atitude do estado de vigília, já é orientar os ritmos funcionais para o desenvolvimento da atividade neuromotora, e a flexível função respiratória está apta a responder ao mundo exterior: ela reage imediatamente à simples abertura das pálpebras" [94, *62*]. A função respiratória, pela hematose que assegura, é tão importante para o uso explosivo ou constante da energia muscular, que uma regulação muito sutil deve determinar, no mesmo instante, variações consideráveis do volume de ar inspirado. A intensidade respiratória está, portanto, na dependência da natureza de nossas agressões, ou de nossas reações, na luta com o meio. O ritmo respiratório é função da consciência de nossa situação no mundo.

É de se esperar que as observações de Porak o levassem a propor indicações terapêuticas e higiênicas. É realmente o que acontece. Já que as normas fisiológicas definem não tanto uma natureza humana mas, sobretudo, hábitos humanos relacionados com os gêneros de vida, os níveis de vida e os ritmos de vida, qualquer regra dietética deve levar em conta esses hábitos. Eis um bom exemplo de relativismo terapêutico: "As chinesas amamentam seus filhos durante os dois primeiros anos de vida. Depois do desmame, nunca mais as crianças tomarão leite. O leite de vaca é considerado como um líquido sujo, que só serve para os porcos. Ora, experimentei muitas vezes o leite de vaca em meus doentes afetados de nefrite. A anquilose urinária ocorria imediatamente. Voltando a submeter o doente a um regime de chá e arroz, uma forte crise urinária restabelecia a eurritmia" [94, *99*]. Quanto às causas das doenças funcionais, se considerarmos seu início, são quase todas perturbações de ritmo, disritmias, devidas à fadiga ou à estafa, isto é, a qualquer exercício que ultrapasse a justa adaptação das necessidades do indivíduo ao meio ambiente [94, *86*]. "Impossível manter um tipo na sua margem de disponibilidade funcional. A melhor definição do homem seria, creio, a de um ser insaciável, isto é, que ultrapassa sempre suas necessidades" [94, *89*]. Eis uma boa definição de saúde, que nos prepara para compreender sua relação com a doença.

Marcel Labbé chega a conclusões análogas quando estuda – principalmente a respeito do diabetes – a etiologia das doenças da nutrição. "As doenças da nutrição não são doenças de órgãos, e sim doenças de funções... Os vícios de alimentação desempenham um papel capital na gênese dos distúrbios da nutrição... A obesidade é a mais frequente e a mais simples dessas doenças criadas pela *educação mórbida* dada pelos pais... A maioria das doenças da nutrição são evitáveis... Falo, sobretudo, dos hábitos viciosos de vida e de alimentação que os indivíduos devem evitar e que os pais já afetados por distúrbios da nutrição devem ter cuidado para não transmitir a seus filhos" [65, *10.501*]. Não se poderia concluir que, considerando a educação das funções como um meio terapêutico, como Laubry e Brosse, Porak e Marcel Labbé, estaremos admitindo que as constantes funcionais são normas habituais? O que o hábito faz o hábito desfaz e o hábito refaz. Se podemos definir, sem usar metáfora, as doenças como vícios, devemos poder definir – também sem usar metáfora – as constantes fisiológicas como virtudes, no sentido que a palavra tinha na Antiguidade, sentido que engloba virtude, poder e função.

É desnecessário dizer que as pesquisas de Sorre sobre as relações entre as características fisiológicas e patológicas do homem, de um lado e, os climas, os regimes alimentares, o meio biológico, de outro, têm um alcance muito diferente do que os trabalhos que acabamos de citar. Porém, o que é notável é que todos os pontos de vista já citados estão justificados nessas pesquisas, e suas suposições, confirmadas. A adaptação dos homens à altitude e sua ação fisiológica hereditária [109, *51*], os problemas dos efeitos da luz [109, *54*], da tolerância térmica [109, *58*], da aclimatação [109, *94*], da alimentação a expensas de um meio vivo criado pelo homem [109, *120*], da repartição geográfica e da ação plástica dos regimes alimentares [109, *245, 275*], da área de extensão dos complexos patogênicos (doença do sono, impaludismo, peste etc.) [109, *291*]: todos esses problemas são tratados com muita precisão, muita abertura e sempre com bom-senso. É claro que o que interessa a Sorre é, antes de tudo, a ecologia do homem, a explicação dos problemas de povoamento. No entanto, já que todos esses problemas se resumem, afinal, em problemas de adaptação, compreende-se como os trabalhos de um geógrafo apresentam grande interesse para um ensaio metodológico sobre as normas biológicas, Sorre compreendeu muito bem a importância do cosmopolitismo da espécie humana para uma teoria da labilidade relativa das constantes fisiológicas – a importância dos estados de falso equilíbrio adaptativo para a explicação das doenças ou das mutações –, a relação das constantes anatômicas e fisiológicas com os regimes alimentares coletivos, que ele qualifica, muito judiciosamente, de normas [109, *249*]; a irredutibilidade das técnicas de criação de um ambiente verdadeiramente humano a razões puramente utilitárias; a importância da ação indireta que o psiquismo humano exerce, pela orientação da atividade sobre características que durante muito tempo foram consideradas naturais, assim como a estatura, o peso, diáteses coletivas. Em conclusão, Sorre se obstina em mostrar que o homem considerado coletivamente está à procura de seus "ideais funcionais", isto é, dos valores de cada um dos elementos do ambiente para os quais uma função determinada se realiza melhor. As constantes fisiológicas não são constantes no sentido absoluto do termo. Para cada função e para o conjunto das funções há uma margem em que entra em jogo a capacidade de adaptação funcional do grupo ou da espécie. As condições ideais determinam, assim, uma zona de povoamento em que a uniformidade das características humanas traduz não a inércia de um determinismo, mas a estabilidade de um resultado mantido por um esforço coletivo, inconsciente, porém real [109, *415-16*]. É desnecessário dizer que nos agrada ver um geógrafo apoiar, com a seriedade dos resultados de suas análises, a interpretação das constantes biológicas por nós proposta. As constantes se apresentam com uma frequência e um valor médios, em um determinado grupo, que lhes confere valor de normal, e esse normal é realmente a expressão de uma normatividade. A constante fisiológica é a expressão de um estado fisiológico ideal em determinadas condições, dentre as quais é preciso lembrar as que o ser vivo em geral, e o *homo faber* em particular, proporcionam a si mesmos.

Em virtude dessas conclusões, interpretaríamos de modo um pouco diferente de seus autores os dados tão interessantes fornecidos por Pales e Monglond, com referência à taxa da glicemia nos negros africanos [92 *bis*]. Dentre 84 indígenas de Brazzaville, 66% apresentaram hipoglicemia, 39% dos quais de 0,90 g a 0,75 g e 27%

abaixo de 0,75 g. De acordo com esses autores, os negros devem ser considerados, em geral, como hipoglicêmicos. Em todo caso, eles suportam, sem perturbação aparente, e especialmente sem convulsão nem coma, hipoglicemias consideradas graves ou até mesmo mortais nos europeus. As causas dessa hipoglicemia teriam de ser buscadas na subnutrição crônica, no parasitismo intestinal polimórfico e crônico, no impaludismo. "Esses estados estão situados no limite entre a fisiologia e a patologia. Do ponto.de vista europeu, são patológicos; do ponto de vista indígena, estão tão estreitamente ligados ao estado habitual do negro que, se não tivéssemos os termos comparativos do branco, poder-se-ia considerá-lo quase como fisiológico" [92 *bis, 767*]. Achamos precisamente que, se o europeu pode servir de norma, é apenas na medida em que seu gênero de vida poderá ser considerado como normativo. A indolência do negro parece a Lefrou, assim como a Pales e Monglond, estar relacionada com sua hipoglicemia [76 *bis, 278*; 92 *bis, 767*]. Estes últimos autores dizem que o negro leva uma vida na medida de seus meios. No entanto, não se poderia dizer, do mesmo modo, que o negro tem os meios fisiológicos na medida da vida que leva?

* * *

A relatividade de certos aspectos das normas anatomofisiológicas e, por conseguinte, de certos distúrbios patológicos em sua relação com os gêneros de vida e o *savoir-vivre* não surge apenas da comparação dos grupos étnicos e culturais atualmente observáveis, mas também da comparação desses grupos atuais com grupos anteriores desaparecidos. A paleopatologia dispõe, certamente, de um número de documentos bem mais reduzido ainda do que dispõe a paleontologia ou a paleografia, e, no entanto, as conclusões prudentes que deles se pode tirar merecem ser destacadas.

Pales, que fez na França uma boa síntese dos trabalhos desse gênero, adota uma definição do documento paleopatológico estabelecida por Roy C. Moodie,[5] isto é, qualquer desvio do estado

---

5 Encontra-se na bibliografia elaborada por Pales a lista dos trabalhos de Roy C. Moodie [92]. Para uma vulgarização desses trabalhos, ver H. de Varigny, *La mort et la biologie* (Alcan).

de saúde do corpo que tenha deixado marca visível no esqueleto fossilizado [92, *16*]. Se os sílex lascados e a arte dos homens da idade da pedra contam a história de suas lutas, de seus trabalhos e de seu pensamento, suas ossadas evocam a história de suas dores [92, *307*]. A paleopatologia permite encarar o fato patológico na história da espécie humana como um fato decorrente de simbiose, quando se trata de doenças infecciosas – e isso não diz respeito apenas ao homem, mas ao ser vivo em geral –, e como um fato decorrente do nível de cultura ou do gênero de vida, quando se trata de doenças da nutrição. As afecções de que os homens pré-históricos sofreram se apresentavam em proporções bem diferentes das que se apresentam à nossa observação, hoje em dia. Vallois observa que se constata, em relação apenas à pré-história francesa, 11 casos de tuberculose em vários milhares de ossadas estudadas [113, *672*]. Se a ausência de raquitismo, doença causada por carência de vitamina D, é normal, em uma época em que se utilizavam alimentos crus ou pouco cozidos [113, *672*], o aparecimento da cárie dentária, desconhecida dos primeiros homens, acompanha de perto a civilização, estando relacionada com a utilização de feculentos e com o cozimento da comida, acarretando a destruição das vitaminas necessárias à assimilação do cálcio [113, *677*]. Do mesmo modo, a osteoartrite era muito mais frequente na idade da pedra lascada e nas épocas seguintes do que atualmente, e deve-se atribuir esse fato, provavelmente, a uma alimentação insuficiente, a um clima frio e úmido, já que, em nossos dias, a diminuição dessa doença traduz uma melhor alimentação, um modo de vida mais higiênico [113, *672*].

É fácil compreender a dificuldade que apresenta a realização de um estudo ao qual escapam todas as doenças cujos efeitos plásticos ou deformantes não chegaram a deixar marcas no esqueleto dos homens fossilizados ou exumados durante buscas arqueológicas. Compreende-se a prudência obrigatória das conclusões desse estudo. Porém, na medida em que se pode falar em patologia pré-histórica, dever-se-ia também poder falar em fisiologia pré-histórica, como se fala, sem incorreção demasiada, na existência de uma anatomia pré-histórica. Ainda aqui, aparece a relação das normas biológicas de vida com o meio humano, ao mesmo tempo causa e efeito da estrutura e do comportamento dos homens. Pales, com muito bom-senso, chama a atenção para o fato de que, se Boule pôde determinar, a partir do Homem da Chapelle aux Saints, o tipo anatômico clássico da raça de Neanderthal, poder-se-ia, sem muito favor, considerá-lo como o tipo mais perfeito de homem fóssil patológico, afetado de piorreia alveolar, de artrite coxofemoral bilateral, de espondilose cervical e lombar etc. Sim, mas isso só seria possível se ignorássemos as diferenças do meio cósmico, do equipamento técnico e do gênero de vida que fazem do anormal de hoje o normal de outrora.

* * *

Apesar de parecer difícil contestar a qualidade das observações utilizadas *supra*, talvez se queira contestar as conclusões às quais essas observações levam, conclusões estas relativas à significação fisiológica de constantes funcionais interpretadas como normas habituais de vida. Em resposta, faremos notar que essas normas não são fruto de hábitos individuais que determinado indivíduo poderia adotar ou abandonar, a seu bel-prazer. Admitimos uma plasticidade funcional do homem, ligada, nesse homem, à sua normatividade vital, mas não se trata de maleabilidade total e instantânea, nem de maleabilidade puramente individual. Afirmar, com a devida reserva, que o homem tem características fisiológicas em relação com sua atividade não significa deixar qualquer pessoa acreditar que poderá alterar sua glicemia ou seu metabolismo basal pelo método Coué, ou mesmo pela mudança de ambiente. Não se muda, em alguns dias, aquilo que a espécie elabora durante milênios. Voelker demonstrou que não se muda de metabolismo basal mudando-se de Hamburgo para a Islândia. O mesmo fez Benedict, em relação aos americanos do Norte que se deslocam para as regiões subtropicais. Porém, Benedict constatou que o metabolismo das chinesas que sempre viveram nos Estados Unidos era mais baixo que a norma americana. De modo geral, Benedict constatou que certos australianos (Kokatas) têm um metabolismo mais baixo que o de homens brancos de mesma idade, peso e estatura que vivem nos Estados Unidos, e que, ao contrário, certos índios (Maias) têm um metabolismo mais elevado, com pulso mais lento e pressão arterial permanentemente baixa. Pode-se, portanto, concluir, assim como Kayser e Dontcheff: "Parece estar demonstrado que, no homem, o fator climático não exerce efeito direto sobre o metabolismo; só muito progressivamente é que, modificando o modo de vida, e permitindo a fixação de raças especiais, o clima teve uma ação durável sobre o metabolismo basal" [62, *286*].

Em resumo, considerar os valores médios das constantes fisiológicas humanas como a expressão de normas coletivas de vida seria apenas dizer que a espécie humana, inventando gêneros de vida, inventa, ao mesmo tempo, modos de ser fisiológicos. Os gêneros de vida, porém, não serão impostos? Os trabalhos da escola francesa de geografia humana demonstraram que não há fatalidade geográfica. Os meios oferecem ao homem apenas virtualidades de utilização técnica e de atividade coletiva. É a escolha que decide tudo. É claro que não se trata de uma escolha explícita e consciente. Porém, a partir do momento que várias normas coletivas de vida são possíveis em determinado meio, aquela que é adotada, e que por sua Antiguidade parece natural, continua a ser, no fundo, a escolhida.

No entanto, em certos casos, é possível colocar em evidência a influência que uma escolha explícita pode ter sobre o sentido de um modo de ser fisiológico. É a lição que se depreende das observações e das experiências relativas às oscilações da temperatura no animal homeotermo e ao ritmo nictemeral.

Os trabalhos de Kayser e de seus colaboradores sobre o ritmo nictemeral no pombo permitiram demonstrar que as variações da temperatura central diurna e noturna no animal homeotermo constituem um fenômeno da vida vegetativa, fenômeno este que está sob a dependência das funções de relação. A redução noturna das trocas é consequência da supressão dos excitantes luminosos e sonoros. O ritmo nictemeral desaparece no pombo tornado experimentalmente cego, e isolado de seus congêneres normais. A inversão da ordem na sucessão luz-obscuridade inverte o ritmo depois de alguns dias. O ritmo nictemeral é determinado por um reflexo condicionado alimentado pela alternância natural do dia e da noite. Quanto ao seu mecanismo, não consiste em uma hipoexcitabilidade noturna dos centros termorreguladores, mas na produção suplementar, durante o dia, de uma quantidade de calor acrescentada à calorificação regulada, de modo idêntico, de dia e de noite, pelo centro termorregulador. Esse calor depende das excitações, que emanam do meio e também da temperatura: ela aumenta com o frio. Não levando em consideração nenhuma produção de calor devida à atividade muscular, é apenas como aumento do tônus de postura, de dia, que se pode relacionar a elevação que dá à temperatura nictemeral seu caráter ritmado. O ritmo nictemeral de temperatura é, para o animal homeotermo, a expressão de uma variação de atitude de todo o organismo em relação ao meio. Mesmo em repouso, a energia do animal não está totalmente disponível, se este for solicitado pelo meio; uma parte está mobilizada em atitudes tônicas de vigilância, de preparação. A vigília é um comportamento que, mesmo sem alertas, não é isenta de certos desgastes [60; 61; 62; 63].

As conclusões precedentes esclarecem, em muito, os resultados de observações e de experiências relativas ao homem e que, muitas vezes, pareciam contraditórios. Mosso, por um lado, e Benedict, por outro, não puderam demonstrar que a curva térmica normal depende das condições do meio. Mas Toulouse e Piéron afirmavam, em 1907, que a inversão das condições de vida (atividade noturna e repouso diurno) condicionava, no homem, a inversão completa do ritmo nictemeral de temperatura. Como explicar essa contradição? É que Benedict havia observado indivíduos pouco habituados à vida noturna e que, nas horas de repouso, durante o dia, participavam da vida normal de seu meio. Segundo Kayser, enquanto as condições experimentais não forem as de uma inversão completa do modo de vida, a demonstração da dependência entre o ritmo e o meio não poderá ser feita. O que confirma essa interpretação são os fatos seguintes: no lactente, o ritmo nictemeral se manifesta progressivamente, paralelo ao desenvolvimento psíquico da criança. Com a idade de oito dias, a variação de temperatura é de 0°,09; com cinco meses é de 0°,37; entre 2 e 5 anos é de 0°,95. Certos autores, Osborne e Voelker, estudaram o ritmo nictemeral durante longas viagens, e constataram que esse ritmo segue exatamente a hora local [61, *304-306*]. Lindhard assinala que, durante uma expedição dinamarquesa à Groenlândia, em 1906-1908, o ritmo nictemeral acompanhava a hora local e que uma equipagem inteira chegava a sofrer uma decolagem de até 12 horas para cada "dia", o mesmo ocorrendo em relação à curva diária da temperatura. A inversão completa não pôde ser obtida em virtude da persistência da atividade normal.[6] Eis, portanto, um exemplo de uma constante relativa a condições de atividade, a um gênero coletivo e mesmo individual de vida, e cuja relatividade traduz normas do comportamento humano obtidas por meio de um reflexo condicionado de desencadeamento variável. A vontade e a técnica humana podem fazer, da noite, dia, não apenas no meio em que a atividade humana se desenvolve, mas no próprio organismo cuja atividade enfrenta o meio. Não sabemos até que ponto outras constantes fisiológicas poderiam, quando analisadas, se apresentar da mesma maneira, como consequência de uma adaptação flexível do comportamento humano. O que nos interessa não é tanto dar uma solução provisória, mas, sobretudo, mostrar que há um problema a ser colocado. Em todo caso, neste exemplo, julgamos empregar com propriedade o termo comportamento. A partir do momento que o reflexo condicionado põe em jogo a atividade do córtex cerebral, o termo reflexo não deve ser tomado em seu sentido estrito. Trata-se de um fenômeno funcional global, e não segmentário.

* * *

Em resumo, achamos que se devem considerar os conceitos de norma e de média como dois conceitos diferentes que nos parece inútil tentar reduzir à unidade por meio da anulação da originalidade do primeiro. Parece-nos que a fisiologia tem mais a fazer do que procurar definir objetivamente o normal: deve reconhecer a normatividade original da vida. O verdadeiro papel da fisiologia, suficientemente importante e difícil, consistiria então em determinar exatamente o conteúdo das normas dentro das quais a vida conseguiu se estabilizar, sem prejulgar a possibilidade ou a impossibi-

---

6   Rapport of the Danish Expedition of the North East Coast of Greenland 1906-1908. Meddelelser om Gronland, p. 44, Kopenhagen, 1917. Citado segundo R. Isenschmidt, Physiologie der Wärmeregulation. In: *Handbuch der norm. u. path. Physiologie*, t. XVII, p. 3, 1926, Berlim, Springer ed.

lidade de uma eventual correção dessas normas. Bichat dizia que o animal é habitante do mundo, ao passo que o vegetal é habitante apenas do local que o viu nascer. Esse pensamento é ainda mais verdadeiro em relação ao homem do que em relação ao animal. O homem conseguiu viver em todos os climas; é o único animal – com exceção talvez das aranhas – cuja área de expansão tem as dimensões da Terra. Mas, sobretudo, o homem é o animal que, por meio da técnica, consegue variar, no próprio local, o ambiente de sua atividade. Desse modo, o homem se revela, atualmente, como a única espécie capaz de variação [114]. Será absurdo supor que os órgãos naturais do homem possam, a longo prazo, expressar a influência de órgãos artificiais pelos quais ele multiplicou e multiplica ainda o poder dos primeiros? Não ignoramos que a hereditariedade dos caracteres adquiridos parece, para a maioria dos biólogos, um problema resolvido negativamente. Tomamos a liberdade de indagar se a teoria da ação do meio sobre o ser vivo não estaria às vésperas de se recuperar de um longo período de descrédito.[7] É verdade que se poderia objetar que, nesse caso, as constantes fisiológicas expressariam o efeito das condições externas de existência sobre o ser vivo; e que nossas suposições sobre o valor normativo das constantes seriam desprovidas de sentido. Elas certamente o seriam, se os caracteres biológicos variáveis traduzissem a transformação do meio assim como as variações da aceleração da gravidade estão em relação com a latitude. No entanto, insistimos que as funções biológicas são ininteligíveis, do modo como são reveladas pela observação, quando só traduzem os estados de uma matéria passiva diante das transformações do meio. De fato, o meio do ser vivo é também obra do ser vivo que se furta ou se oferece eletivamente a certas influências. Pode-se dizer, a respeito do universo de qualquer ser vivo, o que Reininger diz a respeito do universo do homem: "*Unser Weltbild ist immer zugleich ein Wertbild*",[8] nossa imagem do mundo é sempre também um quadro de valores.

---

7   Atualmente, não admitimos mais que tal pergunta possa ser feita.
8   *Wertphilosophie und Ethik*, p. 29, 1939, Viena-Leipzig, Braumuller.

IV DOENÇA, CURA, SAÚDE

Distinguindo anomalia de estado patológico, variedade biológica de valor vital negativo, atribui-se, em suma, ao próprio ser vivo, considerado em sua polaridade dinâmica, a responsabilidade de distinguir o ponto em que começa a doença. Isso significa que, em matérias de normas biológicas, é sempre o indivíduo que devemos tomar como ponto de referência, porque, como diz Goldstein, determinado indivíduo pode se encontrar "à altura dos deveres resultantes do meio que lhe é próprio" [46, *265*], em condições orgânicas que, para um outro indivíduo, seriam inadequadas ao cumprimento desses deveres. Goldstein afirma, exatamente como Laugier, que uma média, obtida estatisticamente, não permite dizer se determinado indivíduo, presente diante de nós, é normal ou não. Não podemos partir dessa média para cumprir nosso dever médico para com o indivíduo. Tratando-se de uma norma supraindividual, é impossível determinar o "ser doente" (*Kranksein*) quanto ao conteúdo. No entanto, isto é perfeitamente possível quando se trata de uma norma individual [46, *265, 272*].

Do mesmo modo, Sigerist insiste na relatividade individual do normal biológico. Se dermos crédito à tradição, Napoleão teria tido um pulso de 40, mesmo na época em que gozava de boa saúde! Portanto, se com 40 contrações por minuto um organismo pode satisfazer as exigências que lhe são impostas, é porque é sadio, e o número de 40 pulsações – apesar de aberrante em relação ao número médio de 70 pulsações – é normal para esse organismo.[1]

---

1 O número de 40 pulsações parece menos extraordinário do que o exemplo de Sigerist dá a entender, quando se conhece a influência que o treinamento esportivo exerce sobre o

"Não devemos, portanto, conclui Sigerist, nos limitarmos a estabelecer a comparação com uma norma resultante da média, e sim, na medida do possível, com as condições do indivíduo examinado" [107, *108*].

Portanto, se o normal não tem a rigidez de um fato coercitivo coletivo, e sim a flexibilidade de uma norma que se transforma em sua relação com condições individuais, é claro que o limite entre o normal e o patológico torna-se impreciso. No entanto, isso não nos leva à continuidade de um normal e de um patológico idênticos em essência – salvo quanto às variações quantitativas –, a uma relatividade da saúde e da doença bastante confusa para que se ignore onde termina a saúde e onde começa a doença. A fronteira entre o normal e o patológico é imprecisa para diversos indivíduos considerados simultaneamente, mas é perfeitamente precisa para um único e mesmo indivíduo considerado sucessivamente. Aquilo que é normal, apesar de ser normativo em determinadas condições, pode se tornar patológico em outra situação, se permanecer inalterado. O indivíduo é que avalia essa transformação porque é ele que sofre suas consequências, no próprio momento em que se sente incapaz de realizar as tarefas que a nova situação lhe impõe. Certa ama, que cumpria perfeitamente os deveres inerentes a seu cargo, só veio a saber de sua hipotensão pelos distúrbios neurovegetativos que sentiu, no dia em que a levaram para passar férias na montanha. Sem dúvida, ninguém é obrigado a viver em elevadas altitudes. Mas poder fazê-lo significa ser superior, pois isso pode se tornar, um dia, inevitável. Uma norma de vida é superior a outra quando comporta o que esta última permite e também o que ela não permite. No entanto, em situações diferentes, há normas diferentes e que, mesmo enquanto diferentes, se equivalem. Desse ponto de vista, todas as normas são normais. Nessa ordem de ideias, Goldstein dá uma grande atenção às experiências de simpatectomia realizadas por Cannon e seus colaboradores em animais. Esses animais, cuja termorregulação perdeu toda sua flexibilidade habitual, incapazes

---

ritmo cardíaco. O pulso diminui de frequência com os progressos do treinamento. Essa diminuição é mais acentuada em um indivíduo de 30 anos do que em um indivíduo de 20. Ela depende, também, do tipo de esporte praticado. Para um remador, um pulso de 40 é indício de excelente forma. Se o pulso cai abaixo de 40, pode-se falar em supertreinamento.

de lutar por seu alimento ou contra seus inimigos, são normais apenas no ambiente de laboratório em que estão a salvo das variações brutais e das súbitas exigências de adaptação ao meio [46, *276-77*]. Esse normal, no entanto, não é chamado propriamente normal; já que, para o ser vivo não domesticado e não preparado experimentalmente, o normal é viver em um meio em que flutuações e novos acontecimentos são possíveis. Portanto, devemos dizer que o estado patológico ou anormal não é consequência da ausência de qualquer norma. A doença é ainda uma norma de vida, mas uma norma inferior, no sentido que não tolera nenhum desvio das condições em que é válida, por ser incapaz de se transformar em outra norma. O ser vivo doente está normalizado em condições bem definidas, e perdeu a capacidade normativa, a capacidade de instituir normas diferentes em condições diferentes. Há muito tempo já se observou que, na osteartrite tuberculosa do joelho, a articulação se imobiliza em posição defeituosa (chamada posição de Bonnet). Foi Nélaton quem primeiro deu uma explicação ainda hoje clássica: "É raro que o membro se conserve normalmente em posição reta. Com efeito, para acalmar suas dores, os doentes se colocam instintivamente em uma posição intermediária entre a flexão e a extensão, que faz com que os músculos exerçam menos pressão sobre as superfícies articulares" [88, *II*, *209*]. O sentido hedônico e, por conseguinte, normativo do comportamento patológico está, aqui, perfeitamente compreendido. A articulação adota sua forma de capacidade máxima, sob a influência da contratura muscular, e luta assim, espontaneamente, contra a dor. A posição só é chamada *defeituosa* em relação a um uso da articulação que admite todas as posições possíveis, exceto a flexão anterior. No entanto, é uma norma diferente, em condições diferentes, que se dissimula sob a aparência desse defeito.

* * *

A observação clínica, sistematicamente realizada, dos ferimentos do cérebro durante a guerra de 1914-1918 possibilitou a Goldstein a formulação de alguns princípios gerais de nosologia neurológica dos quais convém apresentar um breve resumo.

Se é verdade que os fenômenos patológicos são modificações regulares dos fenômenos normais, não se pode tirar, dos primeiros, nenhum esclarecimento relativo aos segundos, a não ser que se tenha percebido o sentido original dessa modificação. Portanto, é preciso começar por compreender que o fenômeno patológico revela uma estrutura individual modificada. É preciso ter sempre em mente a transformação da personalidade do doente. Caso contrário, arriscamo-nos a ignorar que o doente, mesmo quando é capaz de reações semelhantes às que antes podia ter, pode chegar a essas reações por caminhos completamente diferentes. Essas reações aparentemente equivalentes às reações normais anteriores não são resíduos do comportamento normal anterior, não são o resultado de uma redução ou de uma diminuição, não são o aspecto normal da vida menos alguma coisa que foi destruída, são reações que jamais se apresentam no indivíduo normal sob a mesma forma e nas mesmas condições [45].

Para definir o estado normal de um organismo, Goldstein leva em conta o *comportamento privilegiado*; para compreender a doença é preciso levar em conta a *reação catastrófica*. Por comportamento privilegiado entende-se o fato de serem realizadas, e, de certa forma, preferidas, apenas algumas das reações de que um organismo é capaz, em condições experimentais. Esse modo de vida caracterizado por um conjunto de reações privilegiadas é aquele no qual o ser vivo responde melhor às exigências de seu ambiente, vive em harmonia com seu meio; é aquele que comporta mais ordem e estabilidade, menos hesitação, desordem, reações catastróficas [46, *24*; -49, *131, 134*]. As constantes fisiológicas (pulso, pressão arterial, temperatura etc.) exprimem essa estabilidade ordenada do comportamento de um organismo individual em meio ambiente de condições definidas.

"Os sintomas patológicos são a expressão do fato de as relações entre organismo e meio, que correspondem à norma, terem sido transformadas pela transformação do organismo, e pelo fato de muitas coisas, que eram normais para o organismo normal, não o serem mais, para a organismo modificado. A doença é abalo e ameaça à existência. Por conseguinte, a definição de doença exige, como ponto de partida, a *noção de ser individual*. A doença surge quando o organismo é modificado de tal modo que chega a reações catastróficas no meio que lhe é próprio. Isso se manifesta não apenas em certos distúrbios funcionais, determinados segundo a localização do *deficit*, mas de um modo muito geral; isso porque, como acabamos de ver, um comportamento desordenado representa sempre um comportamento mais ou menos desordenado de todo o organismo" [46, *268-69*].

O que Goldstein notou em seus doentes foi a instauração de novas normas de vida por uma redução do nível de sua atividade, em relação com um meio novo, mas *limitado*. A redução do meio, nos doentes afetados por lesões cerebrais, corresponde à sua impossibilidade de responder às exigências do meio normal, isto é, anterior. Em um meio que não seja extremamente protegido, esses doentes só teriam reações catastróficas; ora, não sucumbindo à doença, a preocupação do doente é escapar à angústia das reações catastróficas. Daí a mania de ordem, a meticulosidade desses doentes, seu gosto positivo pela monotonia, seu apego a uma situação que sabem poder dominar. O doente é doente por só poder admitir uma norma. Como já dissemos muitas vezes, o doente não é anormal por ausência de norma, e sim por incapacidade de ser normativo.

É fácil compreender o quanto uma tal visão da doença se afasta da concepção de Comte ou de Claude Bernard. A doença passa a ser uma experiência de inovação positiva do ser vivo, e não apenas um fato diminutivo ou multiplicativo. O conteúdo do estado patológico não pode ser deduzido – exceto pela diferença de formato – do conteúdo da saúde: a doença não é uma variação da dimensão da saúde; ela é uma nova dimensão da vida. Por mais novas que essas ideias possam parecer, para um público francês,[2] não devem fazer esquecer que, em matéria de neurologia, são o resultado de uma longa e fecunda evolução cuja iniciativa deve sua origem a Hughlings Jackson.

Jackson concebe as doenças do sistema nervoso da vida de relação como dissoluções de funções hierárquicas. Qualquer doença corresponde a um nível nessa hierarquia. É preciso, portanto, em

---

2 A obra de Merleau-Ponty, *Structure du comportement* (Alcan, 1942), tem contribuído em muito para a difusão das ideias de Goldstein.

qualquer interpretação de sintomas patológicos, levar em consideração o aspecto negativo e o aspecto positivo. A doença é, ao mesmo tempo, privação e reformulação. A lesão de um centro nervoso superior libera os centros inferiores da regulação e do controle por ele exercidos. As lesões são responsáveis pela privação de certas funções, porém as perturbações das funções subsistentes devem ser atribuídas à atividade própria dos centros que, daí por diante, estão insubordinados. Segundo Jackson, nenhum fato positivo pode ter causa negativa. Uma perda ou uma ausência não são suficientes para causar o distúrbio do comportamento neurossensoriomotor [38]. Assim como Vauvenargues diz que não se deve julgar as pessoas por aquilo que elas ignoram, mas sim pelo que sabem e pela maneira como o sabem, Jackson propõe este princípio metodológico que Head chamou de regra de ouro: "Observe o que o paciente compreende realmente e evite termos como amnésia, alexia, surdez verbal etc." [87, *759*]. Nada significa dizer que um doente esqueceu certas palavras, enquanto não se especifica em que situação típica esse *deficit* é sensível. Pergunta-se a um paciente considerado afásico: "O seu nome é João?", ele responde: "Não". Mas se lhe ordenarmos: "Diga: Não!", ele tenta e não consegue. Uma mesma palavra pode ser dita, se tiver valor de interjeição, e não pode ser dita, se tiver valor de conceito. Às vezes, o doente não consegue pronunciar a palavra mas chega a ela por meio de uma perífrase. Suponhamos, diz Mourgue, que o doente, não tendo conseguido dar o nome de alguns objetos usuais, diga, quando lhe apresentam um tinteiro: "Isto é o que eu chamaria de um pote de porcelana para guardar tinta." Esse paciente sofre ou não de amnésia? [87, *760*].

O grande ensinamento de Jackson é que a linguagem e, de modo geral, qualquer função da vida de relação podem ter vários usos e, particularmente, um uso intencional e um uso automático. Nas ações intencionais há uma preconcepção; a ação é executada em potência, é sonhada, antes de ser efetivamente executada. No caso da linguagem, podem-se distinguir-se dois momentos na elaboração de uma proposição intencional e abstratamente significativa: um momento subjetivo, em que as noções vêm à mente, de modo automático, e um momento objetivo, em que são intencionalmente dispostas segundo o plano de proposição. Ora, A. Ombredane observa que, *conforme as línguas*, o intervalo entre esses dois momentos é variável: "Se há línguas em que esse intervalo é muito acentuado, como se vê pela proposição do verbo em alemão, há também línguas em que esse intervalo diminui. Do mesmo modo, se nos lembrarmos de que, para Jackson, o afásico mal pode ultrapassar a ordem do momento subjetivo da expressão, pode-se, como Arnold Picks, admitir que a gravidade da desordem afásica varia segundo a estrutura da língua na qual o doente tenta se exprimir" [91, *194*].

Em suma, as concepções de Jackson devem servir de introdução às concepções de Goldstein.[3] O doente deve sempre ser julgado em relação com a situação à qual ele reage e com os instrumentos de ação que o meio próprio lhe oferece — a língua, no caso dos distúrbios da linguagem. Não há distúrbio patológico em si; o anormal só pode ser apreciado em uma relação.

Porém, por mais correto que seja o paralelo estabelecido entre Jackson e Goldstein por Ombredane [91], Ey e Rouart [38] e Cassirer [22], não se pode ignorar sua diferença profunda e a originalidade de Goldstein. Jackson se coloca em um ponto de vista evolucionista, admite que os centros hierarquizados das funções de relação e suas respectivas utilizações correspondem a estágios diferentes da evolução. A relação de hierarquia funcional é também uma relação de sucessão cronológica; as noções de superior e posterior se confundem. É a posterioridade das funções superiores que explica sua fragilidade e precariedade. A doença, sendo dissolução, é também regressão. O afásico ou o apráxico voltam a usar uma linguagem ou uma gesticulação de criança, ou até mesmo de animal. A doença não cria nada, apesar de ser uma reformulação de um resto e não apenas a perda de um bem; como diz Cassirer, ela faz o doente regredir "a uma etapa anterior no caminho que a humanidade teve de abrir lentamente, por um esforço constante" [20, *566*]. Ora, é verdade que, segundo Goldstein, a doença é um modo de vida reduzido, sem generosidade criativa, já que é desprovido de audácia, mas apesar disso, para o indivíduo, a doença

---

3 Uma tradução francesa de *Aufbau des organismus*, sob a responsabilidade de E. Burckardt e J. Kuntz, foi publicada em 1951 (Editora Gallimard) com o título *La structure de l'organisme*.

não deixa de ser uma vida nova, caracterizada por novas constantes fisiológicas, por novos mecanismos para a obtenção de resultados aparentemente inalterados. Eis a razão dessa advertência, já citada: "Não se deve *crer que as diversas atitudes possíveis de um doente representem apenas uma espécie de resíduo do comportamento normal*, aquilo que sobreviveu à destruição. As atitudes que subsistiram no doente *jamais se apresentam sob essa forma no indivíduo normal*, nem mesmo nos estágios inferiores de sua ontogenia ou de sua filogenia, como frequentemente se admite. A doença lhe deu formas peculiares, e só se podem compreendê-las bem se levarmos em consideração o estado mórbido" [45, *437*]. Com efeito, apesar de ser possível comparar a gesticulação de um adulto doente à de uma criança, a identificação absoluta de uma com a outra resultaria na possibilidade de definir simetricamente o comportamento da criança como o de um adulto doente. Seria um absurdo, por desconhecimento dessa avidez que leva a criança a se elevar constantemente até novas normas, tão profundamente oposta à preocupação de conservação que leva o doente a manter de modo obsessivo, e às vezes exaustivo, as únicas normas de vida dentro das quais ele se sente relativamente normal, isto é, com possibilidade de utilizar e de dominar o meio que lhe é próprio.

Ey e Rouart compreenderam muito bem a concepção de Jackson a respeito dessa questão precisa: "Na ordem das funções psíquicas, a dissolução ocasiona não só uma regressão da capacidade, mas também uma involução para um nível inferior da evolução da personalidade. A regressão da capacidade não reproduz exatamente um estágio passado, mas dele se aproxima (distúrbios da linguagem, da percepção etc.). A involução da personalidade, justamente por ser totalitária, não pode ser completamente identificada com uma fase histórica do desenvolvimento ontogenético ou filogenético, pois essa involução leva a marca da regressão da capacidade, e, além do mais, como modo reacional da personalidade *no momento atual*, ela não pode, mesmo privada de suas instâncias superiores, voltar a um modo reacional passado. É isso que explica que, apesar de tantas analogias encontradas entre o delírio e a mentalidade infantil, ou a mentalidade primitiva, não se pode concluir que haja identidade entre elas" [38, *327*].

Foram ainda as ideias de Jackson que orientaram Delmas-Marsalet na interpretação dos resultados obtidos em terapêutica neuropsiquiátrica pelo emprego do eletrochoque. Mas não contente em distinguir, assim como Jackson, os distúrbios negativos por *deficit* dos distúrbios positivos por liberação das estruturas funcionais restantes, Delmas-Marsalet, assim como Ey e Rouart, insiste sobre aquilo que a doença faz aparecer de anormal, isto é, exatamente, de novo. Em um cérebro submetido a efeitos tóxicos, traumáticos, infecciosos, podem aparecer modificações que consistem em ligações novas de território para território, em orientações dinâmicas diferentes. Um todo celular, quantitativamente inalterado, é capaz de usar um novo arranjo de ligações diferentes de "tipo isomérico", assim como em química os isômeros são compostos de forma global idêntica, mas que têm determinadas cadeias colocadas em posições diferentes em relação a um núcleo comum. Do ponto de vista terapêutico, deve-se admitir que o estado de coma obtido por eletrochoque permite, depois de uma dissolução das funções neuropsíquicas, uma reconstrução, que não é, necessariamente, a reaparição invertida das etapas da dissolução anterior. A cura tanto pode ser interpretada como a mutação de um arranjo em outro quanto como uma volta do doente ao estado inicial [33]. Se indicamos aqui essas concepções tão recentes é para mostrar até que ponto a ideia de que o patológico não se deduz linearmente do normal tende a se impor. Muitos daqueles que rejeitariam a linguagem e o estilo de Goldstein concordarão com as conclusões de Delmas-Marsalet, em virtude, justamente, daquilo que, pessoalmente, consideramos como sua fraqueza, a saber, o vocabulário e as imagens de atomismo psicológico (edifício, pedras de alvenaria,[4] arranjos, arquitetura etc.) que utiliza para formular suas conclusões. No entanto, apesar da linguagem, sua probidade clínica estabelece fatos que merecem ser anotados.

* * *

---

4   Em francês, *moellon*, cuja tradução exata é *pedra de mão*, pedra relativamente pequena (transportável manualmente) que, misturada à argamassa, é usada nas construções em alvenaria. (N.T.)

Talvez se possa objetar que, expondo as ideias de Goldstein e sua relação com as ideias de Jackson, estamos no campo dos distúrbios psíquicos, mais do que no campo dos distúrbios somáticos; que descrevemos deficiências da atividade psicomotora, mais do que alterações de funções psicológicas propriamente ditas, que é o ponto de vista que declaramos querer adotar especialmente. Poderíamos responder que abordamos não apenas a exposição, mas até mesmo a leitura de Goldstein em último lugar, e que fomos buscar na fisiopatologia todos os exemplos de fatos patológicos que trouxemos em apoio de nossas hipóteses e afirmações, para as quais as ideias de Goldstein são um incentivo e não uma inspiração. Preferimos, porém, apresentar novos trabalhos incontestavelmente fisiopatológicos, e cujos autores nada devem a Goldstein quanto às tendências de suas pesquisas.

No campo neurológico, há muito que se havia notado, por meio da observação clínica e da experimentação, que a secção dos nervos provoca sintomas que não podem ser explicados apenas pela descontinuidade anatômica. Durante a guerra de 1914-1918, uma grande quantidade de fatos relativos a distúrbios secundários de ordem sensitiva ou motora, posteriores a ferimentos e a intervenções cirúrgicas, solicitaram, novamente, cuidados. As explicações da época faziam intervir como fator causal a suplência anatômica, as pseudo-restaurações e, na falta de algo melhor, como acontece frequentemente, o pitiatismo. O grande mérito de Leriche é ter, já em 1919, estudado sistematicamente a fisiologia dos cotos nervosos, e sistematizado as observações clínicas com o nome de "síndrome do neuroglioma". Nageotte dava o nome de neuroma de amputação à protuberância muitas vezes bem grande, constituída por cilindro-eixos e neuróglia, que se forma na parte central da extremidade de um nervo seccionado. Leriche foi o primeiro a ver que o neuroma é o ponto de partida de um fenômeno de tipo reflexo, e localizou a origem do dito reflexo nos axônios dispersos do coto central. A síndrome do neuroglioma compreende um aspecto privativo e um aspecto positivo, em suma, o aparecimento de um distúrbio ainda não conhecido. Leriche, supondo que as fibras simpáticas são a via normal da excitação que tem origem no nível do neuroglioma, acha que essas excitações "determinam reflexos vasomotores de tipo inabitual, em momento inoportuno, quase sempre de tipo vasoconstritivo, e são esses reflexos que, produzindo uma hipertonia da fibra lisa, determinam, na periferia, uma verdadeira doença nova, justaposta ao *deficit* motor e sensitivo devido à secção dos nervos. Essa nova doença é caracterizada por cianose, esfriamento, edema, distúrbios tróficos, dores" [74, *153*]. A conclusão terapêutica de Leriche é que se deve impedir a formação do neuroglioma sobretudo por meio do enxerto de nervos. O enxerto talvez não restabeleça a continuidade anatômica, mas, de certo modo, engasta a ponta da extremidade central e canaliza os prolongamentos da célula nervosa que renascem na extremidade superior. Pode-se, também, utilizar uma técnica aperfeiçoada por Foerster e que consiste na ligadura do neurilema e na mumificação do coto pela injeção de álcool absoluto.

A. G. Weiss, trabalhando no mesmo sentido que Leriche, acha, ainda mais taxativamente que este, que, em matéria de doença do neuroglioma, basta suprimir, imediatamente, o neuroglioma, sem perder tempo, simulando, por meio de enxerto ou sutura, um restabelecimento de continuidade anatômica. Não que se espere, assim, uma reconstituição integral no território do nervo lesado. Mas é preciso escolher. Por exemplo, no caso de um enxerto cubital, é preciso escolher entre esperar a *possível* correção da paralisia, se a restauração da continuidade nervosa ocorrer em consequência de enxerto, ou então proporcionar *imediatamente* ao doente o uso de uma mão, que será sempre parcialmente paralisada, porém capaz de uma agilidade funcional muito satisfatória.

As pesquisas histológicas de Klein podem, talvez, explicar todos esses fenômenos [119]. Quaisquer que sejam as modalidades de detalhe observadas conforme os casos (esclerose, inflamação hemorragia etc.), qualquer exame histológico de neuroma revela um ato constante, é o contato persistente estabelecido entre o neuroplasma dos cilindro-eixos e a proliferação, às vezes em proporções consideráveis, da bainha de Schwann. Essa constatação permite estabelecer um paralelo entre os neuromas e as terminações receptoras da sensibilidade geral, constituídas pela terminação do axônio propriamente dito e por elementos diferenciados mas sempre derivados da bainha de Schwann. Esse paralelo confirmaria as concepções de Leriche, segundo as quais o neuroglioma é realmente um ponto de partida de excitações inabituais. De qualquer modo, A. G. Weiss e J. Warter têm boas razões para afirmar: "A doença do neuroglioma ultrapassa singularmente o quadro da simples interrupção motora e sensitiva e muitas vezes, por sua gravidade, constitui o elemento essencial da enfermidade. Isso é tão verdadeiro que se, por um meio ou por outro, chega-se a livrar o doente dos distúrbios ligados à existência do neuroglioma, a paralisia sensitivo-motora que subsiste assume um aspecto verdadeiramente secundário e frequentemente compatível com o uso relativamente normal do membro afetado" [118].

O exemplo da doença do neuroglioma nos parece perfeitamente apropriado para ilustrar a ideia de que a doença não é apenas o desaparecimento de uma ordem fisiológica, mas o aparecimento de uma nova ordem vital, ideia que é tanto a de Leriche – como vimos na primeira parte deste estudo – como a de Goldstein, e que poderia, com razão, se apoiar na teoria bergsoniana da desordem. Não há desordem, há substituição de uma ordem esperada ou apreciada por uma outra ordem que de nada nos serve e que temos de suportar.

* * *

No entanto, Weiss e Warter trazem uma confirmação, que certamente não esperavam, para as ideias de Goldstein sobre a cura, mostrando que uma reconstituição funcional, satisfatória para o doente e também para seu médico, pode ser obtida sem *restitutio ad integrum* na ordem anatômica teoricamente correspondente. "Ser sadio, diz Goldstein, é ser capaz de se comportar ordenadamente, e isso pode ocorrer apesar da impossibilidade de certas realizações que antes eram possíveis. No entanto... a nova saúde não é a mesma que a antiga. Assim como era característica, para a antiga normalidade, uma determinação precisa do conteúdo, assim também uma mudança de conteúdo é característica da nova normalidade. Isso é óbvio, segundo nosso conceito de organismo de conteúdo determinado, e torna-se da maior importância para nossa maneira de agir em relação ao indivíduo curado... Curar, apesar dos *deficits*, sempre é acompanhado de perdas essenciais para o organismo e, ao mesmo tempo, do reaparecimento de uma ordem. A isso corresponde uma *nova norma individual*. Pode-se compreender o quanto é importante reencontrar uma ordem durante a cura se atentarmos para o fato de que o organismo parece, antes de tudo, querer conservar ou adquirir certas peculiaridades que lhe permitirão construir essa nova ordem. É o mesmo que dizer que o organismo parece visar, antes de tudo, à obtenção de novas constantes. Encontramos eventualmente, durante a cura – e apesar dos *deficits* que persistem –, transformações, em certos campos, em relação ao passado, mas as propriedades tornam-se novamente constantes. Encontramos, de novo, constantes, tanto no campo somático quanto no campo psíquico: por exemplo, a frequência do pulso modificada em relação ao passado, mas relativamente constante, do mesmo modo que a pressão sanguínea, a glicemia, o comportamento psíquico global etc. Essas novas constantes garantem a nova ordem. Só podemos compreender o comportamento do organismo curado se prestarmos atenção a isso. Não temos o direito de tentar modificar essas constantes; só criaríamos, assim, uma nova desordem. Aprendemos a nem sempre lutar contra a febre, mas a considerar eventualmente a elevação térmica como uma dessas constantes que são necessárias para obter a cura. Podemos agir do mesmo modo diante de pressão sanguínea elevada ou de certas alterações no psiquismo. Existem muitas outras constantes modificadas desse modo que ainda hoje temos tendência a suprimir como nocivas, quando agiríamos melhor se as respeitássemos" [46, *272*].

Nesse ponto, gostaríamos de acentuar a objetividade e até mesmo a banalidade das ideias diretrizes de Goldstein, contrariando certa maneira de citá-lo que aparenta estabelecer a iniciação a uma fisiologia hermética ou paradoxal. Não são apenas observações de críticos que ignoram suas teses, observações estas que coincidem com o sentido das próprias pesquisas de Goldstein, são também constatações experimentais. Kayser escrevia em 1932. "A arreflexia observada após secção espinhal transversa é causada pela interrupção do próprio arco reflexo. O desaparecimento do estado de choque, acompanhado do reaparecimento dos reflexos, não é o restabelecimento propriamente dito, mas a constituição de um novo indivíduo 'reduzido'. Criou-se uma nova entidade, 'o animal medular' (von Weizsaecker)" [63 bis, 115].

Afirmando que as novas normas fisiológicas não são o equivalente das normas anteriores à doença, Goldstein, em suma, está apenas confirmando esse fato biológico fundamental: é que a vida não conhece a reversibilidade. No entanto, apesar de não admitir restabelecimentos, a vida admite reparações que são realmente inovações fisiológicas. A redução maior ou menor dessas possibilidades de inovação dá a medida da gravidade da doença. Quanto à saúde, em seu sentido absoluto, ela nada mais é que a indeterminação inicial da capacidade de instituição de novas normas biológicas.

* * *

O frontispício do tomo VI da *Encyclopédie française*, "l'Être humain" [o Ser humano], publicado sob a direção de Leriche, representa a saúde sob a forma de um atleta, lançador de peso. Essa simples imagem nos parece tão cheia de ensinamentos quanto todas as páginas seguintes, dedicadas à descrição do homem normal. Queremos reunir, agora, todas as nossas reflexões, esparsas durante exposições e exames críticos anteriores, para com elas fazer o esboço de uma definição de saúde.

Se reconhecemos que a doença não deixa de ser uma espécie de norma biológica, consequentemente o estado patológico não pode ser chamado de anormal no sentido absoluto, mas anormal apenas na relação com uma situação determinada. Reciprocamente, ser sadio e ser normal não são fatos totalmente equivalentes, já que o patológico é uma espécie de normal. Ser sadio significa não apenas ser normal em uma situação determinada, mas ser, também, normativo, nessa situação e em outras situações eventuais. O que caracteriza a saúde é a possibilidade de ultrapassar a norma que define o normal momentâneo, a possibilidade de tolerar infrações à norma habitual e de instituir normas novas em situações novas. Permanecemos normais, com um só rim, em determinado meio e em determinado sistema de exigências. Mas não podemos mais nos dar ao luxo de perder um rim, devemos poupá-lo e nos poupar. As prescrições do bom-senso médico são tão familiares que nelas não se procura nenhum sentido profundo. E, no entanto, é aflitivo e difícil obedecer ao médico que diz: "Poupe-se!". "É fácil dizer para eu me cuidar, mas tenho minha casa para cuidar", dizia, por ocasião de uma consulta no hospital, uma dona de casa que não tinha nenhuma intenção irônica ou semântica ao dizer esta frase.[5] Uma família significa a eventualidade do marido ou de um filho doente, da calça rasgada que é preciso remendar à noite, quando o menino está na cama, já que ele só tem uma calça, de ir longe comprar pão se a padaria próxima estiver fechada por infração aos dispositivos regulamentares etc. Cuidar-se... como é difícil, quando se vivia sem saber a que horas se comia, sem saber se a escada era íngreme ou não, sem saber o horário do último bonde porque, se a hora tivesse passado, voltava-se a pé para casa, mesmo que fosse longe.

A saúde é uma margem de tolerância às infidelidades do meio. Porém, não será absurdo falar em infidelidade do meio? Isso ainda é admissível quanto ao meio social humano, em que as instituições são, no fundo, precárias; as convenções, revogáveis; as modas, efêmeras como um relâmpago. Mas o meio cósmico, o meio do animal de modo geral, não será um sistema de constantes mecânicas, físicas e químicas, não será feito de invariantes? É claro que esse meio definido pela ciência é feito de leis, mas essas leis são abstrações teóricas. O ser vivo não vive entre leis, mas entre seres e acontecimentos que diversificam essas leis. O que sustenta o pássaro é o galho da árvore, e não as leis da elasticidade. Se reduzirmos o galho às leis da elasticidade, também não deveremos falar em pássaro, e sim em soluções coloidais. Em tal nível de abstração analítica, não se pode mais falar em meio, para um ser vivo, nem em saúde, nem em doença. Da mesma forma, o que a raposa come é um ovo de galinha, e não a química dos albuminóides ou as leis da embriologia. Pelo fato de o ser vivo qualificado viver no meio de um mundo de objetos qualificados, ele vive no meio de um mundo de acidentes possíveis. Nada acontece por acaso, mas tudo ocorre sob a forma de acontecimentos. É nisso que o meio é infiel. Sua infidelidade é exatamente seu devir, sua história.

---

5 Em francês há um trocadilho com as palavras: *se ménager*: se cuidar, se poupar; *ménage*: cuidado da casa. (N.T.)

A vida não é, portanto, para o ser vivo, uma dedução monótona, um movimento retilíneo; ela ignora a rigidez geométrica, ela é debate ou explicação (o que Goldstein chama de *Auseinandersetzung*) com um meio em que há fugas, vazios, esquivamentos e resistências inesperadas. É preciso repetir ainda uma vez. Não fazemos profissão de fé de indeterminismo, apesar de, hoje em dia, este ser muito bem aceito. Achamos que a vida de qualquer ser vivo, mesmo que seja uma ameba, não reconhece as categorias de saúde e doença a não ser no plano da experiência, que é, em primeiro lugar, provação no sentido afetivo do termo, e não no plano da ciência. A ciência explica a experiência, mas nem por isso a anula.

A saúde é um conjunto de seguranças e seguros (o que os alemães chamam de *Sicherungen*), seguranças no presente e seguros para prevenir o futuro. Assim, como há um seguro psicológico que não representa presunção, há um seguro biológico que não representa excesso, e que é saúde. A saúde é um guia regulador das possibilidades de reação. A vida está, habitualmente, aquém de suas possibilidades, porém, se necessário, mostra-se superior à sua capacidade presumida. Isso é patente nas reações de defesa do tipo inflamatório. Se a luta contra a infecção obtivesse vitória imediata, não haveria inflamação. Se as defesas orgânicas fossem imediatamente forçadas, também não haveria inflamação. Se há inflamação é porque a defesa anti-infecciosa é, ao mesmo tempo, surpreendida e mobilizada. Estar com boa saúde é poder cair doente e se recuperar; é um luxo biológico.

Ao contrário, a característica da doença consiste em uma redução da margem de tolerância às infidelidades do meio. E, ao falar em redução, não pretendemos ser alvo das críticas que fizemos às concepções de Comte e de Claude Bernard. Essa redução consiste em só poder viver em meios diferentes, e não apenas em alguns lugares do antigo meio. É o que Goldstein compreendeu muito bem. No fundo, a ansiedade popular diante das complicações da doença traduz apenas essa experiência. Não é tanto da doença propriamente dita que se cuida, mas sobretudo das doenças que podem sobreviver à primeira, pois há uma precipitação de doenças, mais do que uma complicação da doença. Cada doença reduz o poder de enfrentar as outras, gasta o seguro biológico inicial sem o qual não haveria nem mesmo vida. O sarampo não é nada, mas o que se teme é a broncopneumonia que pode advir. A sífilis não é tão temida senão a partir das suas incidências, de ordem nervosa. O diabetes não é tão grave se for apenas glicosúria. Mas e o estado de coma? Mas a gangrena? O que acontecerá se for necessária uma intervenção cirúrgica? A hemofilia, na verdade, não é nada, enquanto não ocorrer nenhum traumatismo. Mas quem é que está a salvo de um traumatismo, a menos que volte à existência intrauterina? E nem mesmo assim!

Os filósofos discutem para saber se a tendência fundamental do ser vivo é a conservação ou a expansão. Parece que a experiência médica poderia trazer um argumento de peso para esse debate. Goldstein observa que a preocupação mórbida em evitar as situações eventualmente geradoras de reações catastróficas exprime o instinto de conservação. Esse instinto, segundo ele, não é a lei geral da vida, e sim a lei de uma vida limitada. O organismo sadio procura, sobretudo, realizar sua natureza, mais do que se manter em seu estado e em seu meio atuais. Ora, isso exige que o organismo, enfrentando riscos, aceite a eventualidade de reações catastróficas. O homem sadio não foge diante dos problemas causados pelas alterações – às vezes súbitas – de seus hábitos, mesmo em termos fisiológicos; ele mede sua saúde pela capacidade de superar as crises orgânicas para instaurar uma nova ordem [49].

O homem só se sente em boa saúde – que é, precisamente, a saúde – quando se sente mais do que normal, isto é, não apenas adaptado ao meio e às suas exigências, mas, também, normativo, capaz de seguir novas normas de vida. Não foi, evidentemente, com a intenção expressa de dar aos homens essa impressão que a natureza fez seus organismos com tal prodigalidade: rim demais, pulmão demais, paratireoides demais, pâncreas demais, até mesmo cérebro demais, se limitássemos a vida humana à vida vegetativa.[6] Tal modo de pensar expressa o mais ingênuo finalismo. No entanto, a verdade é que, sendo feito assim, o homem se sente garantido por

---

6 Cf. a respeito desta questão W. B. Cannon, *La sagesse du corps*, cap. XI: La marge de sécurité dans la structure et les fonctions du corps [A margem de segurança na estrutura e nas funções do corpo], Paris, 1946.

uma superabundância de meios dos quais lhe parece normal abusar. Ao contrário de certos médicos sempre dispostos a considerar as doenças como crimes, porque os interessados sempre são de certa forma responsáveis, por excesso ou omissão, achamos que o poder e a tentação de se tornar doente são uma característica essencial da fisiologia humana. Transpondo uma frase de Valéry, dissemos que a possibilidade de abusar da saúde faz parte da saúde.

Para julgar o normal e o patológico não se deve limitar a vida humana à vida vegetativa. Em última análise, podemos viver, a rigor, com muitas malformações ou afecções, mas nada podemos fazer de nossa vida, assim limitada, ou, melhor, podemos sempre fazer alguma coisa, e é nesse sentido que qualquer estado do organismo, se for uma adaptação a circunstâncias impostas, acaba sendo, no fundo, normal, enquanto for compatível com a vida. Mas o preço dessa normalidade é a renúncia a qualquer normatividade eventual. O homem, mesmo sob o aspecto físico, não se limita a seu organismo. O homem, tendo prolongado seus órgãos por meio de instrumentos, considera seu corpo apenas como um meio de todos os meios de ação possíveis. É, portanto, para além do corpo que é preciso olhar, para julgar o que é normal ou patológico para esse mesmo corpo. Com uma enfermidade como o astigmatismo ou a miopia, um indivíduo seria normal em uma sociedade agrícola ou pastoril, mas seria anormal na marinha ou na aviação. Ora, a partir do momento que a humanidade ampliou tecnicamente seus meios de locomoção, saber que certas atividades nos são vedadas faz com que nos sintamos anormais, pois essas atividades se tornaram, para a espécie humana, ao mesmo tempo uma necessidade e um ideal. Portanto, só se compreende bem que, nos meios próprios do homem, o mesmo homem seja, em momentos diferentes, normal ou anormal, tendo os mesmos órgãos, se compreendermos como a vitalidade orgânica se desenvolve em plasticidade técnica e em ânsia de dominar o meio.

Se deixarmos, agora, essas análises para voltar ao sentimento concreto do estado que elas procuraram definir, compreende-se que, para o homem, a saúde seja um sentimento de segurança na vida, sentimento este que, por si mesmo, não se impõe nenhum limite. A palavra *valere*, que deu origem a valor, significa, em latim, passar bem. A saúde é uma maneira de abordar a existência com uma sensação não apenas de possuidor ou portador, mas também, se necessário, de criador de valor, de instaurador de normas vitais. Daí a sedução que a imagem do atleta exerce ainda hoje sobre nossas mentes, sedução esta da qual o gosto atual por um esporte racionalizado nos parece uma aflitiva caricatura.[7]

---

7 Talvez queiram nos objetar que temos tendência para confundir a saúde com a juventude. Não esqueçamos, no entanto, de que a velhice é um estágio normal da vida. Mas, com idades iguais, será sadio um velho que manifestar uma capacidade de adaptação ou de reparação dos desgastes orgânicos que outro não manifeste; por exemplo, uma perfeita e sólida soldadura do colo do fêmur fraturado. Um velho saudável não é apenas uma ficção de poeta.

V FISIOLOGIA E PATOLOGIA

Em consequência das análises precedentes, fica evidente que definir a fisiologia como a ciência das leis ou das constantes da vida normal não é rigorosamente exato, por duas razões. Primeiro, porque o conceito de normal não é um conceito de existência, suscetível, em si mesmo, de ser medido objetivamente. Em seguida, porque o patológico deve ser compreendido como uma espécie do normal, já que o anormal não é aquilo que não é normal, e sim aquilo que é um normal diferente. Isso não quer dizer que a fisiologia não seja uma ciência. Ela o é autenticamente por sua procura de constantes e de invariantes, por seus processos métricos, por sua atitude analítica geral. No entanto, apesar de ser fácil definir – por meio de seu método – o modo *como* a fisiologia é uma ciência, é menos fácil definir – por meio de seu objeto – *de que* ela é a ciência. Poderemos chamá-la de ciência das condições da saúde? Na nossa opinião, isso já seria preferível a chamá-la de ciência das funções normais da vida, já que julgamos dever estabelecer uma distinção entre o estado normal e a saúde. Subsiste, porém, uma dificuldade. Quando se pensa no objeto de uma ciência, pensa-se em um objeto estável, idêntico a si mesmo. A matéria e o movimento, regidos pela inércia, oferecem inteira garantia a esse respeito. Mas e a vida? A vida não é justamente evolução, variação de formas, invenção de comportamentos? Sua estrutura não é histórica, tanto quanto histológica? A fisiologia tenderia, então, para a história, que não é, por mais que se queira, ciência da natureza. É verdade que, apesar disso, o caráter de estabilidade da vida não pode passar despercebido.

Para definir a fisiologia, tudo depende, em suma, da ideia que fazemos da saúde. Raphaël Dubois, que, ao que se saiba, é o único autor de uma obra de fisiologia em que a definição dessa ciência não é simplesmente etimológica ou puramente tautológica, fez derivar dessa mesma definição o sentido da teoria hipocrática da *natura medicatrix*: "O papel da *natura medicatrix* se confunde com o papel das funções normais do organismo que são todas, mais ou menos diretamente, conservadoras e defensivas. Ora, a fisiologia estuda justamente as funções dos seres vivos ou, em outros termos, os fenômenos normais do próteon[1] vivo ou biopróteon" [35, *10*].

Ora, se admitirmos, como Goldstein, que só na doença há tendência verdadeiramente conservadora, que o organismo sadio é caracterizado pela tendência a enfrentar situações novas e a instituir novas normas, não podemos nos satisfazer com tal maneira de pensar.

Sigerist, que procura definir a fisiologia compreendendo o sentido da primeira descoberta que lhe deu origem, a descoberta da circulação do sangue por Harvey (1628), procede à sua maneira habitual, que consiste em situar essa descoberta na história intelectual da civilização. Por que a concepção funcional da vida surgiu exatamente naquele momento, nem mais cedo, nem mais tarde? Sigerist não separa a ciência da vida – nascida em 1628 – da concepção geral – ou melhor, filosófica – da vida que se exprimia então nas diversas atitudes do indivíduo diante do mundo. As artes plásticas foram as primeiras, no fim do século XVI e início do século XVII, a definir o estilo barroco, e liberaram totalmente o movimento. Ao contrário do artista clássico, o artista barroco só vê na natureza o que está inacabado, virtual, ainda não circunscrito. "O homem da época barroca não se interessa pelo que é, e sim pelo que vai ser. O barroco é infinitamente mais que um estilo artístico, é a expressão de uma forma de pensamento que, nessa época, reinava em todos os campos da atividade humana: na literatura, na música, na moda, no Estado, na maneira de viver, nas ciências" [107, *41*]. Os homens do começo do século XVI, fundando a anatomia, tinham dado lugar privilegiado ao aspecto estático, delimitado, da forma viva. Aquilo que Woelfflin diz sobre o artista barroco, isto é, que ele não vê o olho, e sim o olhar, Sigerist também diz sobre o médico, no

---

1 Em francês, proteon; palavra não dicionarizada, nem em francês, nem em português. (N.T.)

começo do século XVII: "Ele não vê o músculo, mas sua contração e o efeito que ela produz. Eis como nasce a *anatomia animata*, a fisiologia. O objeto desta última ciência é o movimento. Ela abre as portas ao ilimitado. Cada problema fisiológico leva às fontes da vida e permite perspectivas para o infinito" [*ibid.*]. Harvey, apesar de anatomista, não via, no corpo, a forma, e sim o movimento. Suas pesquisas não são baseadas na configuração do coração, mas na observação do pulso e da respiração, dos movimentos que só cessam com a vida. A ideia funcional, em medicina, acompanha a arte de Michelangelo e a mecânica dinâmica de Galileu [107, *42*].[2]

É óbvio que, de acordo com as considerações anteriores relativas à saúde, esse "espírito" da fisiologia nascente parece-nos que não deve ser esquecido na definição da fisiologia como ciência das condições da saúde. Falamos, muitas vezes, dos modos de ser da vida, preferindo, em certos casos, esta expressão ao termo comportamento, para fazer sentir melhor que a vida é polaridade dinâmica. Parece-nos que, definindo a fisiologia como *ciência dos ritmos estabilizados da vida*, respondemos a quase todas as exigências oriundas de nossas posições anteriores. Por um lado, atribuímos à pesquisa um objeto cuja identidade consigo mesmo provém mais de um hábito que de uma natureza, mas cuja constância relativa talvez seja mais precisamente adequada para explicar os fenômenos – apesar de tudo, flutuantes – de que trata o fisiologista. Por outro lado, admitimos a possibilidade de a vida ultrapassar constantes ou invariantes biológicas codificadas e consideradas convencionalmente como normas, em um determinado momento do saber fisiológico. É que, com efeito, modos de ser só podem ser estabilizados depois de terem sido testados, pela ruptura de uma estabilidade anterior. Enfim, parece-nos que, a partir da definição proposta, podemos delimitar mais corretamente as relações entre a fisiologia e a patologia.

Há dois tipos de comportamentos inéditos da vida. Há os que se estabilizam em novas constantes, mas cuja estabilidade não constituirá obstáculo a uma nova superação eventual. Trata-se de constan-

---

2   Singer, nas páginas – notáveis, aliás – que dedica a Harvey, insiste sobretudo no caráter tradicional de suas concepções biológicas, de modo que ele teria sido um inovador pela sua integridade metodológica, e não obstante seus postulados doutrinários [108].

tes normais de valor propulsivo. São realmente normais por normatividade. E há os que se estabilizam sob forma de constantes que o ser vivo se esforçará, ansiosamente, por preservar de qualquer perturbação eventual. Trata-se ainda de constantes normais, mas de valor repulsivo, exprimindo, nelas, a morte da normatividade. Nisso, essas constantes são patológicas, apesar de normais enquanto nelas puder viver o ser vivo. Em suma, no momento de uma ruptura de estabilidade fisiológica, em período de crise evolutiva, a fisiologia perde seus direitos, mas nem por isso perde o fio da meada. Ela não sabe, de antemão, se a nova ordem biológica será fisiológica ou não, mas terá, posteriormente, meios de encontrar entre as constantes aquelas que reivindica como suas. Esse processo consistirá, por exemplo, em fazer variar experimentalmente o meio, para saber se as constantes consideradas podem ou não suportar, sem reação catastrófica, uma flutuação das condições de existência. É esse fio condutor que nos permite, por exemplo, compreender a diferença entre a imunidade e a anafilaxia. A presença de anticorpos no sangue é comum a uma e a outra forma de reatividade. Mas, enquanto a imunidade confere ao organismo a insensibilidade a uma invasão de micróbios ou de toxinas no meio interno, a anafilaxia é uma hipersensibilidade adquirida à penetração, no meio interno, de substâncias específicas e sobretudo de matérias proteicas [104]. Depois de uma primeira modificação (por infecção, ou injeção, ou intoxicação) do meio interno, uma segunda invasão é ignorada pelo organismo imunizado, ao passo que provoca, no caso da anafilaxia, uma reação de choque extremamente grave, frequentemente mortal, tão súbita, que a ela se dá o nome de *desencadeante* à injeção experimental que a provoca, sendo, por conseguinte, uma reação tipicamente catastrófica. A presença de anticorpos no soro sanguíneo é, portanto, sempre normal, se o organismo tiver reagido a uma primeira agressão do meio por uma modificação de suas constantes e a ele se tiver adaptado; porém, neste caso, a normalidade é fisiológica e, no primeiro, é patológica.

* * *

Segundo Sigerist, Virchow definia a patologia como uma "fisiologia com obstáculos" [107, *137*]. Esse modo de compreender a doença, fazendo-a derivar das funções normais contrariadas por um fator estranho que as complica sem contudo alterá-las, aproxima-se das ideias de Claude Bernard e provém de princípios patogênicos bastante simples. Sabemos, por exemplo, como são constituídos um coração ou um rim, o modo como o sangue ou a urina os atravessam; se imaginarmos vegetações ulcerantes de endocardite sobre a válvula mitral ou um cálculo no bassinete, estaremos em condições de compreender a patologia de sintomas como um sopro cardíaco ou uma dor irradiada de cólica nefrética. Mas talvez haja, nessa concepção, uma confusão da ordem pedagógica com a ordem heurística. O ensino da medicina começa justamente pela anatomia e pela fisiologia do homem normal, a partir das quais se pode deduzir – às vezes bem facilmente, admitindo certas analogias mecânicas – a razão de certos estados patológicos, por exemplo, no campo circulatório, o fígado cardíaco, a ascite, os edemas; no campo sensoriomotor, a hemianopsia ou a paraplegia. Ora, parece que a ordem de aquisição dessas correspondências anatomofisiológicas foi invertida. O doente foi o primeiro a constatar, um dia, que "alguma coisa não ia bem"; notou certas modificações, surpreendentes ou dolorosas, da estrutura morfológica ou do comportamento. Com ou sem razão, chamou a atenção do médico para essas modificações. Este, alertado pelo doente, procedeu à exploração metódica dos sintomas patentes e, mais ainda, dos sintomas latentes. Se, tendo morrido o doente, procedeu-se à autópsia, procurou-se, por todas as maneiras possíveis, em todos os órgãos, certas particularidades que foram comparadas aos órgãos de indivíduos mortos sem nunca terem apresentado sintomas semelhantes. Confrontou-se a observação clínica e o protocolo da autópsia. Foi assim que, graças à anatomia patológica, mas também graças a hipóteses ou a conhecimentos relativos aos mecanismos funcionais, a patologia tornou-se uma fisiologia com obstáculos.

Ora, acorre aqui um esquecimento profissional, que talvez possa ser explicado pela teoria freudiana dos lapsos e dos atos falhos, e que deve ser destacado. O médico tem tendência a esquecer que são os doentes que chamam o médico. O fisiologista tem tendência a esquecer que a fisiologia foi precedida por uma medicina clínica e terapêutica, e nem sempre tão absurda quanto se diz.

Uma vez reparado esse esquecimento, somos levados a pensar que foi a experiência de um obstáculo, vivida primeiro por um homem concreto, sob a forma de doença, que suscitou a patologia em seus dois aspectos, de semiologia clínica e de interpretação fisiológica dos sintomas. Se não houvesse obstáculos patológicos, não haveria também fisiologia, pois não haveria problemas fisiológicos a resolver. Resumindo as hipóteses que havíamos proposto quando analisamos as ideias de Leriche, podemos dizer que, em matéria de biologia, é o *pathos* que condiciona o *logos* porque é ele que o chama. É o anormal que desperta o interesse teórico pelo normal. As normas só são reconhecidas como tal nas infrações. As funções só são reveladas por suas falhas. A vida só se eleva à consciência e à ciência de si mesma pela inadaptação, pelo fracasso e pela dor. A. Schwartz observou, como já o havia feito Ernest Naville, a desproporção flagrante entre o lugar que o sono ocupa na vida dos homens e o lugar que ocupa nas obras de fisiologia [104], assim como George Dumas observou que a bibliografia relativa ao prazer é ínfima, comparada com a abundância de trabalhos dedicados à dor. É que dormir e gozar consistem em deixar a vida correr naturalmente.

No *Traité de physiologie normale et pathologique* [1], Abelous atribui a Brown-Séquard o mérito de ter criado a endocrinologia, ao constatar, em 1856, que a ablação das suprarrenais provocava a morte de um animal. Parece tratar-se de um fato que se basta a si mesmo. Ninguém indaga como é que ocorreu a Brown-Séquard a ideia de praticar a ablação das suprarrenais. Ignorando as funções da suprarrenal, a decisão de praticar essa ablação não pode ser tomada apenas por dedução. Não, mas é um acidente que se imita. E, de fato, Sigerist mostra que justamente foi a clínica que deu impulso à endocrinologia. Em 1855, Addison descrevia a doença que desde então leva seu nome e que ele atribuiu a uma afecção das suprarrenais [107, 57]. Partindo desse ponto de vista, compreendem-se as pesquisas experimentais de Brown-Séquard. No mesmo *Traité de physiologie* [112, *1011*], Tournade observa judiciosamente a relação entre Brown-Séquard e Addison e cita esta anedota, de grande alcance epistemológico: em 1716 a Academia de Ciências de Bordeaux tinha proposto como tema de concurso: "Qual é a função das glândulas suprarrenais?". Montesquieu, encarregado do relatório, concluiu que nenhuma das memórias apresentadas podia satisfazer a curiosidade da Academia, e acrescentou: "O acaso talvez faça um dia o que todo este trabalho não pôde fazer." Tomemos o seguinte exemplo, do mesmo tipo de pesquisa: todos os fisiologistas dizem que se deve a von Mering e Minkowski a descoberta do papel do hormônio pancreático no metabolismo dos glucídios, em 1889. Mas frequentemente se ignora que foi involuntariamente que esses dois pesquisadores tornaram diabético um cão, tão célebre em patologia quanto o de São Roque em hagiografia. Foi para o estudo da secreção pancreática externa e de seu papel na digestão que o cão tinha sido privado de pâncreas. Naunyn, em cujo serviço a experiência tinha sido feita, conta que estavam no verão, e que o servente do laboratório ficou impressionado com o número inabitual de moscas nas gaiolas dos animais. Naunyn, em virtude do princípio de que há moscas onde há açúcar, aconselhou a análise da urina do cão. Von Mering e Minkowski tinham provocado, portanto, por meio da pancreatectomia, um fenômeno análogo ao do diabetes [2]. Assim, o artifício permite a descoberta, mas sem premeditação.

Da mesma forma, meditemos durante um momento sobre estas palavras de Déjerine: "É quase impossível descrever de modo preciso os sintomas da paralisia do glossofaríngeo: com efeito, a fisiologia ainda não estabeleceu exatamente qual é a distribuição motora desse nervo, e, por outro lado, na clínica, a paralisia isolada do glossofaríngeo não se observa, praticamente, nunca. Na realidade, o glossofaríngeo sempre está lesado juntamente com o pneumogástrico ou o espinhal etc." [31, *587*]. Parece-nos que a razão principal, senão única, pela qual a fisiologia ainda não estabeleceu exatamente a distribuição motora do glossofaríngeo é justamente o fato de as lesões desse nervo não provocarem nenhuma síndrome patológica isolada. I. Geoffroy Saint-Hilaire demonstrava uma perspicácia bastante rara quando atribuía, à ausência de qualquer sintoma morfológico ou funcional, a lacuna correspondente às heterotaxias na ciência teratológica de seu tempo.

A concepção de Virchow sobre as relações entre a fisiologia e a patologia é insuficiente não só porque desconhece a ordem normal de subordinação lógica entre a fisiologia e a patologia, mas também porque implica a ideia de que a doença, por si mesma, nada cria. Ora, já nos estendemos por demais expressamente sobre este último ponto, para voltar ainda ao mesmo assunto. No entanto, os dois erros nos parecem ligados. É por não se admitir na doença nenhuma norma biológica própria que dela nada se espera para a ciência das normas da vida. Um obstáculo só faria retardar, interromper ou desviar uma força ou uma corrente, sem alterá-las. Uma vez levantado o obstáculo, o patológico voltaria a ser fisiológico, o antigo fisiológico. Ora, isso é o que não podemos admitir, nem segundo Leriche, nem segundo Goldstein. A nova norma não é a norma antiga. E, como essa capacidade de instituir novas constantes com valor de norma pareceu-nos característica do aspecto fisiológico do ser vivo, não podemos admitir que a fisiologia possa se constituir antes da patologia, e, independentemente dela, para instituí-la objetivamente.

Não se concebe, hoje em dia, que seja possível publicar um tratado de fisiologia normal sem um capítulo dedicado à imunidade, à alergia. O conhecimento deste último fenômeno nos permite compreender que cerca de 97% dos homens brancos apresentam uma cutirreação positiva à tuberculina, sem, no entanto, serem todos tuberculosos. E, no entanto, o célebre erro de Koch é que deu origem a esses conhecimentos. Tendo constatado que a injeção de tuberculina em um paciente já tuberculoso provoca acidentes graves, ao passo que é inofensiva para um indivíduo são, Koch acreditou ter encontrado na tuberculinização um método infalível de diagnóstico. Mas, tendo lhe atribuído também erradamente um valor curativo, obteve resultados cuja triste lembrança só foi apagada por sua conversão ulterior no meio de diagnóstico preciso e de detecção preventiva da doença, que é a cutirreação, processo esse devido a von Pirquet. Quase todas as vezes que, em matéria de fisiologia humana, dizemos: "Sabemos atualmente que...", descobriríamos, procurando bem – e sem querer diminuir a parte que cabe à experimentação –, que o problema tinha sido colocado e sua solução muitas vezes esboçada pela clínica e pela terapêutica, e muitas vezes à custa – biologicamente, é claro – do doente. Assim é que, apesar de Koch ter descoberto em 1891 o fenômeno que leva seu nome e que deu origem à teoria da alergia e à técnica da cutirreação, já em 1886 Marfan havia tido, do ponto de vista clínico, a intuição de que certas manifestações tuberculosas podem determinar uma imunidade a outras manifestações, baseando-se na raridade da coexistência de localizações tuberculosas ósseas, como a coxalgia ou o mal de Pott e da tísica. Em resumo, no caso da alergia, fenômeno geral do qual a anafilaxia constitui uma espécie, percebemos a passagem de uma fisiologia ignorante a uma fisiologia sábia, por meio da clínica e da terapêutica. Hoje em dia, uma patologia objetiva procede da fisiologia, mas outrora a fisiologia procedeu de uma patologia que se deve chamar de subjetiva, e, por isso mesmo, sem dúvida imprudente, mas também, sem dúvida, audaciosa e, por isso mesmo, progressista. Qualquer patologia é subjetiva em relação ao futuro.

* * *

Será apenas em relação ao futuro que a patologia é subjetiva? Nesse sentido, qualquer ciência objetiva por seu método e seu objeto é subjetiva em relação ao futuro, já que, a menos que a consideremos perfeitamente acabada, muitas das verdades de hoje serão amanhã consideradas como erros do passado. Quando Claude Bernard e Virchow, cada um por seu lado, tinham a ambição de constituir uma patologia objetiva, um sob a forma de patologia das regulações funcionais, e o outro sob a forma de patologia celular, eles tinham tendência a incorporar a patologia às ciências da natureza, a assentar a patologia sobre as bases da lei e do determinismo.[3] É essa pretensão que queremos examinar. Ora, se pareceu impossível manter a definição da fisiologia como ciência do normal, parece difícil admitir que pudesse haver uma ciência da doença e que possa haver uma patologia puramente científica.

Essas questões de metodologia médica não despertaram muito interesse na França, nem entre os filósofos, nem entre os médicos. Que se saiba, o antigo trabalho de Pierre Delbet na coletânea *De la méthode dans les sciences* [32] não teve seguidores. Em compen-

---

3 Cf. o estudo de M.-D. Grmek, Opinion de Claude Bernard sur Virchow et la pathologie cellulaire. In: *Castalia* (Milão), jan.-jun. 1965.

sação, em outros países, e sobretudo na Alemanha, esses problemas são tratados com muita perseverança e cuidado. Propomos reproduzir, da obra de Herxheimer, *Krankheitslehre der Gegenwart* (1927), uma exposição das concepções de Ricker, de Magdebourg e das controvérsias que elas suscitavam. Damos, intencionalmente, a essa exposição a forma de um resumo das páginas 6 a 18 do livro de Herxheimer [55],[4] parafraseado e entrecortado de citações.

Ricker expôs suas ideias sucessivamente na *Pathologie des relations* (1905); *Éléments d'une logique de la physicologie considerée comme pure science de la nature* (1912); *Physiologie, pathologie, médecine* (1923); *La pathologie comme science de la nature, pathologie des relations* (1924). Ricker delimita os campos da fisiologia, da patologia, da biologia e da medicina. As ciências da natureza se baseiam na observação metódica e na reflexão sobre essas observações a fim de chegar a explicações, isto é, a enunciados de relações causais entre os processos físicos, sensíveis, ocorridos no meio a que os homens pertencem, meio este do qual os próprios homens fazem parte, como seres físicos. Isso exclui o psiquismo do objeto das ciências da natureza. A anatomia descreve objetos morfológicos; seus resultados não têm, em si mesmos, valor explicativo, mas o adquirem por sua ligação com os resultados de outros métodos, contribuindo, assim, para a explicação dos fenômenos que constituem o objeto de uma ciência independente: a fisiologia. "Enquanto a fisiologia explora o mais frequente e mais regular caminho desses processos, e que é por isso chamado normal, a patologia (que foi artificialmente separada da fisiologia) trata de suas formas mais raras que são chamadas anormais; portanto, deve estar também sujeita a métodos científicos. A fisiologia e a patologia reunidas como uma única ciência, a qual só poderia ser chamada de fisiologia, examinam os fenômenos no homem físico, tendo em vista um conhecimento teórico, científico" (*La pathologie comme science naturelle*, p. 321) [55, 7]. A fisiologia-patologia deve determinar as relações causais entre fenômenos físicos, mas, como não existe conceito científico da vida – exceto um conceito puramente diagnóstico –, ela não tem nada a ver com os objetivos e fins e, por

---
4   As circunstâncias não permitiram que nos referíssemos diretamente às obras de Ricker.

conseguinte, com os valores em relação à vida. Nenhuma teleologia, mesmo que não seja transcendente, mas apenas imanente, nenhuma teleologia que parta de uma finalidade do organismo ou que a ele se refira, ou à conservação da vida etc.; consequentemente, nenhum julgamento de valor pertence ao campo das ciências naturais, nem, portanto, ao campo da fisiologia-patologia [55, 7].

Isso não exclui a legitimidade dos julgamentos de valor ou das aplicações práticas. Mas os primeiros se referem à biologia, como parte da filosofia da natureza e, portanto, da filosofia; e as segundas se relacionam com a medicina e a higiene, consideradas como ciências aplicadas, práticas e teleológicas, que têm como função utilizar, de acordo com suas finalidades, o que foi explicado: "O pensamento teleológico da medicina se baseia nos julgamentos de causalidade da fisiologia e da patologia que formam, portanto, a base científica da medicina" [55, 8]. A patologia, sendo pura ciência da natureza, deve proporcionar conhecimentos causais, mas não fazer julgamentos de valor.

A essas proposições de lógica geral, Herxheimer responde, em primeiro lugar, que não se costuma classificar, como o faz Ricker, a biologia na filosofia, pois se tomarmos como referência as análises dos representantes da filosofia dos valores, como Windelband, Münsterberg e Rickert, pode-se reconhecer que a biologia tem o direito de utilizar valores propriamente normativos; deve, portanto, ser classificada entre as ciências naturais. Além disso, certos conceitos, como os de movimento, de nutrição, de geração, aos quais o próprio Ricker reconhece um sentido teleológico, são inseparáveis da patologia, por razões psicológicas próprias da pessoa que trata desses assuntos e, ao mesmo tempo, por razões que residem nos próprios objetos dos quais ela trata [55, 8].

Por um lado, com efeito, o pensamento científico, mesmo em relação a objetos isentos de valores, não deixa de ser um julgamento axiológico, pelo fato de ser um ato psicológico. Apenas do ponto de vista lógico ou científico pode ser "vantajoso" – no dizer do próprio Ricker – adotar certas convenções ou certos postulados. Nesse sentido, pode-se admitir, assim como Weigert ou Peters, uma finalidade da organização ou das funções do ser vivo. Desse ponto de vista, noções como atividade, adaptação, regulação, autoconservação – noções que Ricker gostaria de eliminar da ciência – são vantajosamente conservadas em fisiologia e, portanto, também em patologia [55, *9*]. Em suma, como Ricker compreendeu muito bem, o pensamento científico encontra, na linguagem usual, na linguagem vulgar não científica, um instrumento deficiente. Porém, como diz Marchand, isso não obriga a "pressentir em cada termo simplesmente descritivo uma segunda intenção teleológica". A linguagem usual é insuficiente no sentido que, nessa linguagem, os seus termos têm, frequentemente, um valor absoluto, ao passo que, em pensamento, atribuímo-lhes um sentido apenas relativo. Dizer, por exemplo, que um tumor tem uma vida autônoma não significa que essa vida seja realmente independente das vias, dos materiais e dos modos de nutrição dos outros tecidos, e sim que, comparada a estes últimos, ela é relativamente independente. Mesmo em física e química, empregam-se termos e expressões de significação aparentemente teleológica; no entanto, ninguém acha que eles correspondem realmente a atos psíquicos [55, *10*]. Ricker acha que não se devem deduzir os processos ou as relações biológicas a partir de qualidades ou de capacidades. Estas devem ser analisadas em processos parciais, e suas reações recíprocas devem ser constatadas. Mas ele próprio admite que nos pontos em que essa análise não é aceitável – no caso da excitabilidade do nervo, por exemplo – a noção de qualidade é inevitável e pode servir de estimulante para a pesquisa do processo correspondente. Roux, em sua mecânica do desenvolvimento (*Entwickelungsmechanik*), é obrigado a admitir certas qualidades ou propriedades do ovo, a utilizar as noções de pré-formação, de regulação etc., e, no entanto, suas pesquisas são voltadas para a explicação causal dos processos normais e anormais de desenvolvimento [55, *11-12*].

Por outro lado, se nos colocarmos do ponto de vista do próprio objeto da pesquisa, devemos constatar um recuo das pretensões do mecanismo físico-químico não apenas em biologia, mas até mesmo em física e química. Em todo caso, são inúmeros os patologistas que respondem afirmativamente ao problema de saber se o aspecto teleológico dos fenômenos biológicos deve ser levado em consideração, e entre eles contam-se especialmente os nomes de Aschoff, Lubarsch, Ziehen, Bier, Hering, R. Meyer, Beitzke, B.

Fischer, Hueck, Roessle, Schwarz. Em relação, por exemplo, às lesões graves do cérebro, como no caso da tabes ou da paralisia geral, Ziehen não sabe até que ponto se trata de processos destrutivos e até que ponto se trata de processos defensivos e reparadores, conformes a uma finalidade, mesmo se não a atingem [55, *12-13*]. É necessário também mencionar o ensaio de Schwarz: *La recherche du sens comme catégorie de la pensée médicale* [A procura do significado como categoria do pensamento médico]. Como categoria da física – no sentido kantiano da palavra categoria – ele designa a causalidade: "A concepção do mundo segundo a física é determinada pela aplicação da causalidade, como categoria, a uma matéria mensurável, dispersa, sem qualidade." Os limites de tal aplicação estão no ponto em que tal dissolução em partes não é possível, no ponto em que aparecem, em biologia, objetos caracterizados por uma uniformidade, uma individualidade, uma totalidade cada vez mais precisas. A categoria competente, aqui, é a de "sentido". "O sentido é, por assim dizer, o órgão pelo qual percebemos, no nosso pensamento, a estrutura, o fato de ter forma; é o reflexo da estrutura na consciência do observador." À noção de sentido Schwarz acrescenta a de finalidade, apesar de esta pertencer a uma outra ordem de valor. Mas elas têm funções análogas tanto no campo do conhecimento quanto no do devir, de onde tiram qualidades comuns: "Assim, percebemos o sentido de nossa própria organização na tendência à autoconservação, e só uma estrutura do meio que seja dotada de sentido nos permite distinguir finalidades nessa mesma organização. É assim que, pela consideração das finalidades, a categoria abstrata do sentido se enche de vida real. No entanto, a consideração das finalidades (como método heurístico, por exemplo) é sempre provisória, um sucedâneo, por assim dizer, à espera de que o sentido abstrato do objeto se torne acessível a nós." Em resumo, em patologia, uma maneira de ver teleológica não é mais rejeitada, em princípio, pela maioria dos cientistas atuais, ao passo que sempre foram empregados, sem que o percebêssemos, termos de conteúdo teleológico [55, *15-16*]. É claro que o fato de levar em consideração os fins biológicos não deve nos dispensar de procurar uma explicação de tipo causal. Nesse sentido, a concepção kantiana da finalidade é ainda atual. Por exemplo, é fato que a ablação das suprarrenais provoca sempre a morte. Afirmar que a cápsula suprarrenal é necessária à vida é um julgamento de valor biológico que não dispensa a pesquisa, em detalhes, das causas pelas quais se obtém um resultado biologicamente útil. No entanto, supondo-se que seja possível uma explicação completa das funções da suprarrenal, o pensamento teleológico que reconhece a necessidade vital da cápsula suprarrenal conservaria ainda seu valor independente, levando-se em consideração justamente sua aplicação prática. A análise e a síntese formam um todo, sem que uma substitua a outra. *É necessário que tenhamos consciência da diferença entre as duas concepções* [55, *17*]. É certo que o termo "teleologia" ainda está por demais carregado de implicações de natureza transcendental para ser empregado de modo proveitoso; "final" já é um termo melhor; porém o que conviria mais ainda seria, talvez, "organísmico", termo empregado por Aschoff, pois exprime bem o fato de se referir à totalidade. Esse modo de se expressar está de acordo com a tendência atual, que é a de colocar de novo em primeiro plano – tanto em patologia como no resto – o organismo total e seu comportamento [55, *17*].

Sem dúvida, Ricker não proscreve de maneira absoluta tais considerações, mas quer eliminá-las totalmente da patologia como ciência da natureza para devolvê-las à filosofia da natureza, que ele chama de biologia, e – quanto à sua aplicação prática – à medicina. Ora, desse ponto de vista o problema é justamente saber se tal distinção é útil em si mesma. Isso foi negado quase unanimemente, e com razão, ao que parece. É assim que Marchand escreve: "Pois é bem verdade que a patologia não é apenas uma ciência natural no que se refere ao objeto de suas pesquisas, mas que sua tarefa é explorar o resultado de suas pesquisas para a medicina prática." Hueck, referindo-se a Marchand, diz que isso seria totalmente impossível sem a valorização e a interpretação teleológica dos processos, que Ricker não aceita. Tomemos como exemplo um cirurgião. O que diria ele se um patologista lhes respondesse, ao enviar-lhe suas constatações, após a biópsia de um tumor, que saber se o tumor é maligno ou benigno é uma questão de filosofia, e não de patologia? O que é que se ganharia com a divisão de trabalho preconizada por Ricker? A medicina prática não conquistaria, de um modo mais amplo, o sólido terreno científico no qual poderia se basear. Não se pode, portanto, seguir Honigmann, que, aprovando as ideias de Ricker para a patologia mas rejeitando-as para o clínico, chega logo à conclusão de que é preciso transferir a fisiologia-patologia e a anatomia da Faculdade de Medicina para a Faculdade de Ciências. O resultado seria condenar a medicina à pura especulação e *privar a fisiologia-patologia de estímulos da maior importância*. Lubarsch estava certo ao dizer: "Para a patologia geral e a anatomia patológica, os perigos residem sobretudo no fato de elas se tornarem excessivamente unilaterais e solitárias; relações mais estreitas entre elas e a clínica, tais como existiam no tempo em que a patologia ainda não tinha se tornado uma especialidade, seriam certamente do maior proveito para ambas as partes" [55, *18*].

* * *

Não há dúvida de que, definindo o estado fisiológico pela frequência dos mecanismos e das estruturas que apresentam, e o estado patológico pela raridade desses mesmos mecanismos e estruturas, Ricker pode, legitimamente, conceber que a um e a outro deve caber o mesmo tratamento heurístico e explicativo. Como achamos que não devíamos admitir a validade de um critério de ordem estatística, não podemos também admitir que a patologia se amolde completamente à fisiologia e se torne *ciência*, embora continuando a ser, no entanto, ciência do *patológico*. Na realidade, todos os que aceitam a redução dos fenômenos biológicos sadios e patológicos a fatos estatísticos são levados, mais cedo ou mais tarde, a reconhecer o seguinte postulado, implícito nesta redução, e que consiste em uma frase de Mainzer, citada por Goldstein: "Não há diferença entre vida sadia e vida mórbida" [46, *267*].

Ao examinarmos a teoria de Claude Bernard, já vimos em que sentido preciso uma tal proposição pode ser defendida. As leis da física e da química não variam segundo a saúde ou a doença. No entanto, se admitirmos, do ponto de vista biológico, que a vida não faz diferença entre esses estados, estaremos nos condenando a não poder nem mesmo distinguir um alimento de um excremento. É claro que o excremento de um ser vivo pode ser alimento para outro ser vivo, mas não para ele mesmo. O que distingue um alimento de um excremento não é uma realidade físico-química, e sim um valor biológico. Da mesma forma, o que distingue o fisiológico do patológico não é uma realidade objetiva de tipo físico-químico, e sim um valor biológico. Como diz Goldstein, quando somos levados a pensar que a doença não é uma categoria biológica, isso já nos deveria fazer duvidar das premissas das quais partimos: "Doença e saúde não seriam noções biológicas! Se não levarmos em conta as condições complexas do homem, essa regra certamente não é válida para o animal, já que, para ele, a doença tantas vezes determina o ser ou o não ser do organismo individual. Basta pensar no papel fatal que a doença desempenha na vida do animal não domesticado, do animal que não goza da proteção do homem. Se a ciência da vida não estivesse em condições de compreender os fenômenos patológicos, surgiriam as mais sérias dúvidas em relação à exatidão de suas categorias fundamentais" [46, 267].

Ricker reconhece, sem dúvida, os valores biológicos; no entanto, recusando-se a incorporar esses valores ao objeto de uma ciência, faz do estudo desses valores uma parte da filosofia. Ora, o que lhe censuraram justamente, segundo Herxheimer e segundo nós mesmos, foi essa inserção da biologia na filosofia.

Como, então, resolver esta dificuldade: se nos colocarmos no ponto de vista estritamente objetivo, não há diferença entre a fisiologia e a patologia; e se procurarmos, nos valores biológicos, uma diferença entre elas, teremos saído do terreno científico?

Como elementos de uma solução, proporíamos as considerações seguintes:

I – No sentido estrito do termo, segundo o uso francês, só há ciência de um objeto se esse objeto admitir a medida e a explicação causal, em suma, a análise. Toda ciência tende, assim, à determinação métrica pelo estabelecimento de constantes ou de invariantes.

II – Esse ponto de vista científico é um ponto de vista abstrato, traduz uma escolha e, portanto, o abandono de outros pontos de vista. Procurar aquilo que a experiência vivida dos homens é na realidade significa não levar em conta o valor que ela é capaz de receber para eles e por eles. Antes da ciência, são as técnicas, as artes, as mitologias e as religiões que valorizam espontaneamente a vida humana. Depois do aparecimento da ciência, são ainda as mesmas funções, mas cujo conflito inevitável com a ciência deve ser resolvido pela filosofia, que é, assim, expressamente, filosofia dos valores.

III – O homem, tendo sido levado a criar para si mesmo métodos e uma necessidade de determinar cientificamente o real, vê forçosamente a ambição de determinação do real estender-se à própria vida. A vida torna-se um objeto de ciência; e tornou-se, de fato, historicamente, já que nem sempre o foi. Acontece, portanto, que a ciência da vida tem a vida como sujeito – já que ela é um empreendimento do homem vivo –, e também como objeto.

IV – Ao procurar determinar as constantes e as invariantes que definem realmente os fenômenos da vida, a fisiologia faz uma autêntica obra de ciência. Mas, procurando qual é o sentido vital dessas constantes, qualificando umas como normais e outras como patológicas, o fisiologista faz mais – e não menos – do que uma obra de ciência no sentido estrito. Não considera mais a vida apenas como uma realidade idêntica a si mesma, mas como um movimento polarizado. Sem o saber, o fisiologista deixa de ver a vida com um olhar indiferente, com o olhar do físico que estuda a matéria; ele considera a vida como ser vivo que a vida atravessa, também, em certo sentido.

V – É que a atividade científica do fisiologista, por mais que, em seu laboratório, ele a conceba como separada e autônoma, conserva uma relação mais ou menos estreita, porém incontestável, com a atividade médica. São os insucessos da vida que chamam – e que sempre chamaram – a atenção para a vida. Todo conhecimento tem origem na reflexão sobre um insucesso da vida. Isso não significa que a ciência seja uma receita dos processos de ação, mas, ao contrário, que o progresso da ciência supõe um obstáculo à ação. É a própria vida, pela diferença que estabelece entre seus comportamentos propulsivos e seus comportamentos repulsivos, que introduz na consciência humana as categorias de saúde e de doença. Essas categorias são biologicamente técnicas e subjetivas, e não biologicamente científicas e objetivas. Os seres vivos preferem a saúde à doença. O médico tomou, explicitamente, o partido do ser vivo; ele está a serviço da vida, e é a polaridade dinâmica da vida que ele expressa, quando fala em normal e em patológico. O fisiologista é, muitas vezes, médico, e é sempre um ser vivo; é por isso que a fisiologia inclui em seus preceitos de base que, se as funções de um ser vivo assumem aspectos que podem ser, todos, igualmente explicados pelo cientista, nem por isso esses aspectos são equivalentes para o próprio ser vivo.

* * *

Em resumo, a distinção entre a fisiologia e a patologia só tem e só pode ter um valor clínico. É por essa razão que achamos, contrariamente a todos os hábitos médicos atuais, que é medicamente incorreto falar em órgãos doentes, tecidos doentes, células doentes.

A doença é um comportamento de valor negativo para um ser vivo individual, concreto, em relação de atividade polarizada com seu meio. Nesse sentido, não é apenas para o homem, mas para qualquer ser vivo, que só existe doença do todo orgânico, apesar de os termos patologia ou doença,[5] por sua relação com *pathos* e com *mal*, indicarem que essas noções se aplicam a todos os seres vivos apenas por regressão simpática a partir da experiência humana vivida. Há doenças do cão e da abelha.

Na medida em que a análise anatômica e fisiológica dissocia o organismo em órgãos e em funções elementares, ela tende a situar a doença no nível das condições anatômicas e fisiológicas parciais da estrutura total ou do comportamento de conjunto. Conforme progride a minúcia da análise, a doença será colocada no nível do órgão – como Morgagni –, no nível do tecido – como Bichat –, no nível da célula – como Virchow. Mas, assim procedendo, esquecemos que, histórica, lógica e histologicamente chegamos até a célula por ordem regressiva, a partir do organismo total, e com o pensamento, ou talvez mesmo o olhar, voltado para ele. Procurouse no tecido ou na célula a solução de um problema levantado pelo organismo inteiro, e que se apresenta primeiro para o doente, e, em seguida, para o clínico. Procurar a doença no nível da célula é confundir o plano da vida concreta – em que a polaridade biológica es-

---

5 Em francês, a palavra *maladie*, cuja tradução é doença, tem o radical *mal* (mal). (N.T.)

tabelece a diferença entre a saúde e a doença – e o plano da ciência abstrata – em que o problema recebe uma solução. Não queremos dizer que uma célula não possa estar doente se, por célula, entendermos um ser vivo unicelular considerado como um todo, como, por exemplo, um protista; mas queremos dizer que a doença de um ser vivo não se situa em determinadas partes do organismo. É claro que é legítimo falar em leucócito doente, na medida em que se tem o direito de considerar o leucócito fora de qualquer relação com o sistema reticuloendotelial e o sistema conjuntivo. Nesse caso, porém, considera-se o leucócito como um órgão, e, mais ainda, como um organismo em situação de defesa e de reação contra um meio. De fato, aqui se coloca o problema da individualidade. O mesmo dado biológico pode ser considerado como uma parte ou como um todo. Achamos que é como um todo que ele pode ser considerado ou não doente.

Células do parênquima renal, pulmonar ou esplênico podem ser consideradas, hoje em dia, como doentes, e doentes de determinada doença, por um anatomopatologista que talvez jamais ponha os pés em um hospital ou uma clínica, apenas porque foram retiradas, ou se parecem com as que foram retiradas – há pouco tempo ou há cem anos, pouco importa –, por um médico, clínico e terapeuta, do cadáver ou do órgão amputado de um homem cujo comportamento ele havia observado. Tanto é que o criador da anatomia patológica, Morgagni, na bela dedicatória ao cirurgião Trew, que se encontra no início de sua obra fundamental, declara que a exploração anatomopatológica tem a obrigação formal de tomar constantemente como ponto de referência a anatomia do ser vivo normal, é claro, mas também, e sobretudo, a experiência clínica [85]. O próprio Virchow, vindo em auxílio de Velpeau, em uma célebre discussão em que os micrógrafos franceses sustentavam, contra Velpeau, o caráter específico do elemento canceroso, proclamou que, apesar de o microscópio ser capaz de servir à clínica, é a clínica que deve informar o microscópio [116]. É verdade que Virchow formulou em outras obras, com a maior clareza, uma teoria da doença parcelar que nossas análises precedentes levam a refutar. Já dizia ele em 1895: "Na minha opinião, a essência da doença é uma parte modificada do organismo ou então uma célula modificada, ou um aglomerado modificado de células (quer se trate de tecido ou órgão)... Na realidade, qualquer parte doente do corpo está em relação parasitária com o resto do corpo sadio ao qual pertence e vive a expensas do organismo" [23, *569*]. Parece que hoje em dia já abandonamos completamente essa patologia atomística, e que se considera a doença muito mais como uma reação do todo orgânico à agressão de um elemento do que como um atributo do próprio elemento. É justamente Ricker o grande contraditor da patologia celular de Virchow, na Alemanha.[6] O que ele chama de "patologia das relações" é justamente a ideia de que a doença não está no nível da célula supostamente autônoma, e sim que, para a célula, a doença consiste nas relações com o sangue e o sistema nervoso, em primeiro lugar, isto é, com um meio interno e um órgão de coordenação, que fazem do funcionamento do organismo um todo [55, *19*]. É de importância secundária que o conteúdo das teorias patológicas de Ricker pareça discutível a Herxheimer e a outros; é o espírito de seu ataque que é interessante. Em resumo, quando alguém fala em patologia objetiva, quando alguém acha que a observação anatômica e histológica, que o teste fisiológico, que o exame bacteriológico são métodos que permitem fazer cientificamente o diagnóstico da doença, até mesmo – segundo alguns – sem nenhum interrogatório nem exploração clínica, esse alguém está sendo vítima, na nossa opinião, da mais grave confusão do ponto de vista filosófico e, às vezes, da mais perigosa, do ponto de vista terapêutico. Um microscópio, um termômetro, um caldo de cultura não podem conhecer uma medicina que o médico porventura ignore. Fornecem, apenas, um resultado. Esse resultado não tem, por si, nenhum valor diagnóstico. Para fazer um diagnóstico é preciso observar o comportamento do doente. Descobre-se então que determinado indivíduo, que hospeda na sua faringe bacilos de Loeffler, não está com difteria. Inversamente, em outro indivíduo, um exame clínico minucioso, conduzido de modo perfeitamente correto, faria pensar na doença de Hodgkin, ao passo que o exame

---

6   Na URSS é A.-D. Speransky, *Fondements de la théorie de la médecine*, 1934 (trad. ingl., 1936; trad. alemã, 1950). Cf. o estudo de Jean Starobinsky: Une théorie soviétique de l'origine nerveuse des maladies, *Critique*, n. 47, abr. 1951.

anatomopatológico de uma biópsia revela a existência de um neoplasma da tireoide. Em matéria de patologia, a primeira palavra, historicamente falando, e a última palavra, logicamente falando, cabem à clínica. Ora, a clínica não é uma ciência e jamais o será, mesmo que utilize meios cuja eficácia seja cada vez mais garantida cientificamente. A clínica é inseparável da terapêutica, e a terapêutica é uma técnica de instauração ou de restauração do normal, cujo fim escapa à jurisdição do saber objetivo, pois é a satisfação subjetiva de saber que uma norma está instaurada. Não se ditam normas à vida, cientificamente. Mas a vida é essa atividade polarizada de conflito com o meio, e que se sente ou não normal, conforme se sinta ou não em posição normativa. O médico optou pela vida. A ciência lhe é útil no cumprimento dos deveres decorrentes dessa escolha. O apelo ao médico parte do doente.[7] É o caso desse apelo patético que faz chamar de patológicas todas as ciências que a técnica médica utiliza em socorro da vida. Por isso é que há anatomia patológica, fisiologia patológica, histologia patológica, embriologia patológica. Sua qualidade de patológica, porém, é uma noção de origem técnica e, por isso, de origem subjetiva. Não há patologia objetiva. Podem-se descrever objetivamente estruturas ou comportamentos, mas não se podem chamá-los de "patológicos" com base em nenhum critério puramente objetivo. Objetivamente, só se podem definir variedades ou diferenças, sem valor vital positivo ou negativo.

---

7   É claro que, nesse caso, não se trata de doenças mentais, em que o desconhecimento da doença por parte dos doentes frequentemente constitui um aspecto essencial da doença.

CONCLUSÃO

Na primeira parte deste estudo, pesquisamos as fontes históricas e analisamos as implicações lógicas de um princípio de patologia que ainda é frequentemente invocado, e segundo o qual o estado mórbido no ser vivo nada mais seria que uma simples variação quantitativa dos fenômenos fisiológicos que definem o estado normal da função correspondente. Julgamos ter demonstrado a limitação e a deficiência de tal princípio. No decorrer da discussão, e à luz dos exemplos apresentados, julgamos ter fornecido alguns argumentos críticos a favor das proposições de método e de doutrina que constituem o objeto da segunda parte, e que resumiríamos do seguinte modo:

É por referência à polaridade dinâmica da vida que se podem chamar de normais determinados tipos ou funções. Se existem normas biológicas, é porque a vida, sendo não apenas submissão ao meio mas também instituição de seu próprio meio, estabelece, por isso mesmo, valores, não apenas no meio, mas também no próprio organismo. É o que chamamos de normatividade biológica.

Não é absurdo considerar o estado patológico como normal, na medida em que exprime uma relação com a normatividade da vida. Seria absurdo, porém, considerar esse normal idêntico ao normal fisiológico, pois trata-se de normas diferentes. Não é a ausência de normalidade que constitui o anormal. Não existe absolutamente vida sem normas de vida, e o estado mórbido é sempre uma certa maneira de viver.

O estado fisiológico identifica-se com o estado são, mais ainda que com o estado normal. É o estado que pode admitir uma mudança para novas normas. O homem é são, na medida em que é normativo em relação às flutuações de seu meio. Na nossa opinião, as constantes fisiológicas têm, dentre todas as constantes vitais possíveis, um valor propulsivo. Ao contrário, o estado patológico expressa a redução das normas de vida toleradas pelo ser vivo, a precariedade do normal estabelecido pela doença. As constantes patológicas têm valor repulsivo e estritamente conservador.

A cura é a reconquista de um estado de estabilidade das normas fisiológicas. Ela estará mais próxima da doença ou da saúde na medida em que essa estabilidade estiver mais ou menos aberta a eventuais modificações. De qualquer modo, nenhuma cura é uma volta à inocência biológica. Curar é criar para si novas normas de vida, às vezes superiores às antigas. Há uma irreversibilidade da normatividade biológica.

O conceito de norma é um conceito original que não pode ser reduzido – e menos ainda, em fisiologia – a um conceito objetivamente determinável por métodos científicos. Portanto, na verdade, não há uma ciência biológica do normal. Há uma ciência das situações e das condições biológicas consideradas normais. Essa ciência é a fisiologia.

A atribuição de um valor de "normal" às constantes cujo conteúdo é determinado cientificamente pela fisiologia reflete a relação da ciência da vida com a atividade normativa da vida e, no que se refere à ciência da vida humana, com as técnicas biológicas de produção e de instauração do normal, mais especificamente com a medicina.

Ocorre com a medicina o mesmo que com todas as técnicas. É uma atividade que tem raízes no esforço espontâneo do ser vivo para dominar o meio e organizá-lo segundo seus valores de ser vivo. É nesse esforço espontâneo que a medicina encontra seu sentido, mesmo não tendo encontrado, antes, toda a lucidez crítica que a tornaria infalível. Eis por que, sem ser ela própria uma ciência, a medicina utiliza os resultados de todas as ciências a serviço das normas da vida.

Portanto, existe medicina, em primeiro lugar, porque os homens se sentem doentes. É apenas em segundo lugar que os homens, pelo fato de existir uma medicina, sabem em que consiste sua doença.

Qualquer conceito empírico de doença conserva uma relação com o conceito axiológico da doença. Não é, portanto, um método objetivo que qualifica como patológico um determinado fenômeno biológico. É sempre a relação com o indivíduo doente, por intermédio da clínica, que justifica a qualificação de patológico. Embora admitindo a importância dos métodos objetivos de observação e de análise na patologia, não parece possível que se possa – com absoluta correção lógica – falar em "patologia objetiva". É claro que a patologia pode ser metódica, crítica, armada de meios experimentais. Essa patologia pode ser considerada objetiva, em relação ao médico que a pratica. Mas a intenção do patologista não faz com que seu objeto seja uma matéria desprovida de subjetividade. Pode-se praticar objetivamente, isto é, imparcialmente, uma pesquisa cujo objeto não pode ser concebido e construído sem referência a uma qualificação positiva e negativa; cujo objeto, portanto, não é tanto um fato mas, sobretudo, um valor.

ÍNDICE BIBLIOGRÁFICO

No texto, as referências entre colchetes incluem dois grupos de algarismos: o primeiro grupo remete às obras numeradas a seguir; o segundo grupo, em itálico, remete aos tomos, páginas ou artigos dessas obras.

[1] ABELOUS (J.-E.). Introduction à l'étude des sécrétions internes. *Traité de physiologie normale et pathologique.* 2. ed. t. IV. Paris: Masson, 1939.

[2] AMBARD (L.). La biologie. *Histoire du monde.* Publicada sob a direção de E. Cavaignac, t. XIII, parte V. Paris: de Boccard, 1930.

[3] BÉGIN (L.-J.). *Principes généraux de physiologie pathologique coordonnés d'après la doctrine de M. Broussais.* Paris: Méquignon-Marvis, 1821.

[4] BERNARD (Cl.). *Leçons de physiologie expérimentale appliquée à la médecine*, 2 vol. Paris: J.-B. Baillière, 1855-1856.

[5] _____. *Leçons sur les propriétés physiologiques et les altérations pathologiques des liquides de l'organisme*, 2 vol. Paris: J.-B. Baillière, 1859.

[6] _____. *Introduction à l'étude de la médecine expérimentale.* Paris: J.-B. Baillière, 1865.

[7] _____. *Rapport sur les progrès et la marche de la physiologie générale en France.* Paris: Imprimerie Impériale, 1867.

[8] _____. *Leçons sur la chaleur animale.* Paris: J.-B. Baillière, 1876.

[9] _____. *Leçons sur le diabète et la glycogenèse animale.* Paris: J.-B. Baillière, 1877.

[10] _____. *Leçons sur les phénomènes de la vie communs aux animaux et aux végétaux*, 2 vol. Paris: J.-B. Baillière, 1878-1879.

[11] _____. *Philosophie* (Manuscrito inédito). Paris: Boivin, 1938.

[12] BICHAT (X.). *Recherches sur la vie et la mort*. Paris: Béchet, 1800 (4. ed. aum. por notas de Magendie, 1822).

[13] _____. *Anatomie générale appliquée à la physiologie et à la médecine*. Paris: Brosson & Chaudé, 1801, nova ed. por Béclard, 1821.

[13 bis] De BLAINVILLE (C.). *Histoire des sciences de l'organisation et de leurs progrès comme base de la philosophie*. Paris: Périssé, 1845. (No t. II, ver Haller; no t. III, ver Pinel, Bichat, Broussais).

[14] BOINET (E.). *Les doctrines médicales. Leur évolution*. Paris: Flammarion, [s.d.].

[15] BORDET (J.). La résistance aux maladies. *Encyclopédie française*, t. VI, 1936.

[16] BOUNOURE (L.). *L'origine des cellules reproductrices et le problème de la lignée germinale*. Paris: Gauthier-Villars, 1939.

[17] BROSSE (Th.). L'énergie consciente, facteur de régulation psychophysiologique. In: *Évolution psychiatrique*, n. 1, 1938 (ver também em Laubry e Brosse [70]).

[18] BROUSSAIS (F.-J.-V.). *Traité de physiologie appliquée à la pathologie*, 2 vol. Paris: Mlle Delaunay, 1822-1823.

[19] _____. *Catéchisme de la médecine physiologique*. Paris: Mlle Delaunay, 1824.

[20] _____. *De l'irritation et de la folie*. Paris: Mlle Delaunay, 1828.

[21] BROWN (J.). *Éléments de médecine*, 1780. Trad. fr. Fouquier, incluindo la Table de Lynch. Paris: Demonville-Gabon, 1805.

[22] CASSIRER (E.). Pathologie de la conscience symbolique. In: *Journal de psychologie*, 1929, p. 289 e 523.

[23] CASTIGLIONI (A.). *Histoire de la médecine*. Trad. fr. Paris: Payot, 1931.

[24] CAULLERY (M.). *Le problème de l'évolution*. Paris: Payot, 1931.

[25] CHABANIER (M.); LOBO-ONELL (C.). *Précis du diabète*. Paris: Masson, 1931.

[26] COMTE (A.). *Examen du Traité de Broussais sur l'irritation*, 1828, apêndice ao *Système de politique positive* (cf. 28), t. IV, p. 216.

[27] _____. Cours de philosophie positive: 40ᵉ leçon. *Considérations philosophiques sur l'ensemble de la science biologique*, 1838. Paris: Schleicher, t. III, 1908.

[28] _____. *Système de politique positive*, 4 vol. Paris: Crès, 1851-1854 (4. ed., 1912).

[29] DAREMBERG (Ch.). *La médecine, histoire et doctrines*. 2. ed. Paris: J.-B. Baillière, 1865, "De la maladie", p. 305.

[30] _____. *Histoire des sciences médicales*, 2 vol. Paris: J.-B. Baillière, 1870.

[31] DÉJERINE (J.). *Sémiologie des affections du système nerveux*. Paris: Masson, 1914.

[32] DELBET (P.). Sciences médicales. In: *De la méthode dans les sciences, I*, por Bouasse, Delbet *et al*. Paris: Alcan, 1909.

[33] DELMAS-MARSALET (P.). *L'électrochoc thérapeutique et la dissolution-reconstruction*. Paris: J.-B. Baillière, 1943.

[34] DONALD C. KING (M.). *Influence de la physiologie sur la littérature française de 1670 à 1870*. Tese de Letras. Paris, 1929.

[35] DUBOIS (R.). *Physiologie générale et comparée*. Paris: Carré & Naud, 1898.

[36] DUCLAUX (J.). *L'analyse physico-chimique des fonctions vitales*. Paris: Hermann, 1934.

[37] DUGAS (L.). *Le philosophe Théodule Ribot*. Paris: Payot, 1924.

[38] EY (H.); ROUART (J.). Essai d'application des principes de Jackson à une conception dynamique de la neuro-phychiatrie. In: *Encéphale*, maio-agosto 1936.

[39] FLOURENS (P.). *De la longévité humaine et de la quantité de vie sur le globe*. Paris: Garnier, 1854 (2. ed., 1855).

[40] FRÉDÉRICQ (H.). *Traité élémentaire de psysiologie humaine*. Paris: Masson, 1942.

[41] GALLAIS (F.). Alcaptonurie. In: *Maladies de la nutrition. Encyclopédie médico-chirurgicale*. 1. ed. 1936.

[42] GENTY (V.). *Un grand biologiste: Charles Robin, sa vie, ses amitiés philosophiques et littéraires*. Teses de Medicina. Lyon, 1931.

[43] GEOFFROY SAINT-HILAIRE (I.). *Histoire générale et particulière des anomalies de l'organisation chez l'homme et les animaux*, 3 vol. e um atlas. Paris: J.-B. Ballière, 1832.

[44] GLEY (E.). Influence du positivisme sur le développement des sciences biologiques en France. In: *Annales internationales d'histoire*. Paris: Colin, 1901.

[45] GOLDSTEIN (K.). L'analyse de l'aphasie et l'étude de l'essence du langage. In: *Journal de psychologie*, 1933, p. 430.

[46] _____. *Der Aufbau des Organismus*. Haia: Nijhoff, 1934.

[47] GOUHIER (H.). *La jeunesse d'A. Comte et la formation du positivisme: III, A. Comte et Saint-Simon*. Paris: Vrin, 1941.

[48] GUARDIA (J.-M.). *Histoire de Ia médecine d'Hippocrate à Broussais et ses successeurs*. Paris: Doin, 1884.

[49] GURWITSCH (A.). Le fonctionnement de l'organisme d'après K. Goldstein. In: *Journal de psychologie*, 1939, p. 107.

[50] _____. La science biologique d'après K. Goldstein. In: *Revue philosophique*, 1940, p. 244.

[51] GUYÉNOT (E.). *La variation et l'évolution*, 2 vol. Paris: Doin, 1930.

[52] _____. La vie comme invention. In: *L'invention*, 9ᵉ Semaine Internationale de Synthèse. Paris: Alcan, 1938.

[53] HALBWACHS (M.). *La théorie de l'homme moyen: essai sur Quêtelet et la statistique morale*. Tese de Letras. Paris, 1912.

[53 bis] HALLION (L.); GAYET (R.). La régulation neuro-hormonale de la glycémie. In: *Les régulations hormonales en biologie, clinique et thérapeutique*. Paris: J.-B. Baillière, 1937.

[54] HÉDON (L.); LOUBATIÈRES (A.). Le diabète expérimental deYoung et le rôle de l'hypophyse dans la pathogenie du diabète sucré. In: *Biologie médicale*, mar.-abr. 1942.

[55] HERXHEIMER (G.). *Krankheitslehre der Gegenwart. Stroemungen und Forschungen in der Pathologie seit 1914*. Dresde-Leipzig: Steinkopff, 1927.

[56] HOVASSE (R.). Transformisme et fixisme: comment concevoir l'évolution?. In: *Revue médicale de France*, jan.-fev. 1943.

[57] JACCOUD (S.). *Leçons de clinique médicale faites à l'Hôpital de la Charité*. Paris: Delahaye, 1867.

[58] _____. *Traité de pathologie interne*. 7. ed. t. III. Paris: Delahaye, 1883.

[59] JASPERS (K.). *Psychopathologie générale*. Trad. fr., nova ed. Paris: Alcan, 1933.

[60] KAYSER (Ch.). (em colaboração com GINGLINGER A.). Établissement de la thermorégulation chez les homéothermes au cours du développement. In: *Annales de physiologie*, n. 4, 1929, t. V.

[61] _____. (em colaboração com BURCKARDT E.; DONTCHEFF (L.). Le rythme nycthéméral chez le pigeon. In: *Annales de physiologie*, n. 2, 1933, t. IX.

[62] _____. (em colaboração com DONTCHEFF L.). Le rythme saisonnier du métabolisme de base chez le pigeon en fonction de la température moyenne du milieu. In: *Annales de physiologie*, n. 2, 1934, t. X.

[63] _____. (em colaboração com DONTCHEFF L.; REISS P.). Le rythme nycthéméral de la production de chaleur chez le pigeon et ses rapports avec l'excitabilité des centres thermorégulateurs. In: *Annales de physiologie*, n. 5, 1935, t. XI.

[63 bis] _____. Les réflexes. In: *Conférences de physiologie médicale sur des sujets d'actualité*. Paris: Masson, 1933.

[64] KLEIN (M.). *Histoire des origines de la théorie cellulaire*. Paris: Hermann, 1936. (Ver também WEISS e KLEIN [119].)

[65] LABBÉ (M.). Etiologie des maladies de la nutrition. In: *Maladies de la nutrition. Encyclopédie médico-chirurgicale*. 1. ed. 1936.

[66] LAGACHE (D.). La méthode pathologique. In: *Encyclopédie française*, t. VIII, 1938.

[67] LALANDE (A.). *Vocabulaire technique et critique de la philosophie*, 2 vol. e um supl. 4. ed. Paris: Alcan, 1938.

[68] LAMY (P.). *L'introduction à l'étude de la médecine expérimentale. Claude Bernard, le naturalisme et le positivisme*. Tese de Letras. Paris: 1928.

[69] _____. Claude *Bernard et le matérialisme*. Paris: Alcan, 1939.

[70] LAUBRY (Ch.); BROSSE (Th.). Documents recueillis aux Indes sur les "Yoguis" par l'enregistrement simultané du pouls, de la respiration et de l'électrocardiogramme. In: *La presse médicale*, 14 out. 1936.

[71] LAUGIER (H.). L'homme normal. In: *Encyclopédie française*, t. IV, 1937.

[72] LERICHE (R.). Recherches et réflexions critiques sur la douleur. In: *La presse médicale*, 3 jan. 1931.

[73] _____. Introduction générale; De la santé à la maladie; La douleur dans les maladies; Où va la médecine?. In: *Encyclopédie française*, t. VI, 1936.

[74] _____. *La chirurgie de la douleur*. Paris: Masson, 1937 (2. ed., 1940).

[75] _____. Neurochirurgie de la douleur. In: *Revue neurologique*, jul. 1937.

[76] _____. *Physiologie et pathologie du tissu osseux*. Paris: Masson, 1939.

[76 bis] LEFROU (G.). *Le noir d'Afrique*. Paris: Payot, 1943.

[77] L'HÉRITIER (Ph.); TEISSIER (G.). Discussion du rapport de J.-B. S. Haldane: l'analyse génétique des populations naturelles. In: *Congrès du Palais de la Découverte*, 1937: *VIII, Biologie*. Paris: Hermann, 1938.

[78] LITTRÉ (E.). *Médecine et médecins*. 2. ed. Paris: Didier, 1872.

[79] LITTRÉ (E.); ROBIN (Ch.). *Dictionnaire de médecine, chirurgie, pharmacie, de l'art vétérinaire et des sciences qui s'y rapportent*. Paris: J.-B. Baillière, 1873 (13. ed. totalment revista).

[80] MARQUEZY (R.-A.); LADET (M.). Le syndrome malin au cours des toxi-infections. Le rôle du système neuro-végétatif. X^E *Congrès des Pédiatres de Langue Française*. Paris: Masson, 1938.

[81] MAURIAC (P.). *Claude Bernard*. Paris: Grasset, 1940.

[82] MAYER (A.). L'organisme normal et la mesure du fonctionnement. In: *Encyclopédie française*, Paris, 1937. t. IV.

[83] MIGNET (M.). Broussais. In: *Notices et portraits historiques et littéraires*. 3. ed. Paris: Charpentier, 1854, t. I.

[84] MINKOWSKI (E.). À la recherche de la norme en psychopathologie. In: *Évolution psychiatrique*, n. 1, 1938.

[85] MORGAGNI (A.). *Recherches anatomiques sur le siège et les causes des maladies*, t. I, Epitre dédicatoire du 31 août 1760. Trad. fr. de Desormeaux e Destouet. Paris: Caille & Ravier, 1820.

[86] MOURGUE (R.). La philosophie biologique d'A. Comte. In: *Archives d'antropologie criminelle et de médecine légale*, out.-nov.-dez. 1909.

[87] _____. La méthode d'étude des affections du langage d'après Hughlings Jackson. In: *Journal de psychologie*, p. 752, 1921

[88] NÉLATON (A.). *Éléments de pathologie chirurgicale*, 2 vol. Paris: Germer-Baillière, 1847-1848.

[89] NEUVILLE (H.). Problèmes de races, problèmes vivants; Les phénomènes biologiques et la race; Caractères somatiques, leur répartition dans l'humanité. In: *Encyclopédie française*, t. VII, 1936.

[90] NOLF (P.). *Notions de physiopathologie humaine*. 4. ed. Paris: Masson, 1942.

[91] OMBREDANE (A.). Les usages du langage. In: *Mélanges Pierre Janet*. Paris: d'Artrey, 1939.

[92] PALES (L.). *État actuel de la paléopathologie. Contribution à l'étude de la pathologie comparative*. Tese de Medicina. Bordeaux, 1929.

[92 bis] PALES; MONGLOND. Le taux de la glycémie chez les noirs en A. E. F. et ses variations avec les états pathologiques. In: *La presse médicale*, 13 maio 1934.

[93] PASTEUR (L.). Claude Bernard. Idée de l'importance de ses travaux, de son enseignement et de sa méthode. In: *Le moniteur universel*, nov. 1866.

[94] PORAK (R.). *Introduction à l'étude du début des maladies*. Paris: Doin, 1935.

[95] PRUS (V.). *De l'irritation et de la phlegmasie, ou nouvelle doctrine médicale*. Paris: Panckoucke, 1825.

[96] QUÊTELET (A.). *Anthropométrie ou mesure des différentes facultés de l'homme*. Bruxelas: Muquardt, 1871.

[97] RABAUD (E.). La tératologie. In: *Traité de physiologie normale et pathologique*, t. XI. Paris: Masson, 1927.

[98] RATHERY (F.). *Quelques idées premières (ou soi-disant telles) sur les maladies de la nutrition*. Paris: Masson, 1940.

[99] RENAN (E.). *L'avenir de la science, Pensées de 1848* (1890). Paris: Calmann-Lécy, nova ed., 1923.

[100] RIBOT (Th.). Psychologie. In: *De la méthode dans les sciences, I*, por Bouasse, Delbet. Paris: Alcan, 1909.

[101] ROEDERER (C.). Le procès de la sacralisation. In: *Bulletins et mémoires de la Société de Médecine de Paris*, 12 mar. 1936.

[102] ROSTAND (J.). *Claude Bernard. Morceaux choisis*. Paris: Gallimard, 1938.

[103] _____. *Hommes de vérité: Pasteur, Cl. Bernard, Fontenelle, La Rochefoucauld*. Paris: Stock, 1942.

[104] SCHWARTZ (A.). L'anaphylaxie. In: *Conférences de physiologie médicale sur des sujets d'actualité*. Paris: Masson, 1935.

[105] _____. Le sommeil et les hypnotiques. In: *Problèmes physiopathologiques d'actualité*. Paris: Masson, 1939.

[106] SENDRAIL (M.). *L'homme et ses maux*. Toulouse: Privat, 1942; reproduzida na *Revue des Deux Mondes*, 15 jan. 1943.

[107] SIGERIST (H.-E.). *Introduction à la médecine*. Trad. fr. Paris: Payot, 1932.

[108] SINGER (Ch.). *Histoire de la biologie*. Trad. fr. Paris: Payot, 1934.

[109] SORRE (M.). *Les fondements biologiques de la géographie humaine*. Paris: Colin, 1943.

[110] STROHL (J.). Albrecht von Haller (1708-1777). Gedenkschrift, 1938. In: *XVIe Internat. Physiologen-Kongress*. Zurique.

[111] TEISSIER (G.). Intervention. In: *Une controverse sur l'évolution. Revue trimestrielle de l'Encyclopédie française*, n. 3, 2. trim., 1938.

[112] TOURNADE (A.). Les glandes surrénales. In: *Traité de physiologie normale et pathologique*, t. IV. 2. ed. Paris: Masson, 1939.

[113] VALLOIS (R.-J.). Les maladies de l'homme préhistorique. In: *Revue scientifique*, 27 out. 1934.

[114] VANDEL (A.). L'évolution du monde animal et l'avenir de la race humaine. In: *La science et la vie*, agosto 1942.

[115] VENDRYÈS (P.). *Vie et probabilité*. Paris: A. Michel, 1942.

[116] VIRCHOW (R.). Opinion sur la valeur du microscope. In: *Gazette hebdomadaire de médecine et de chirurgie*, t. II. Paris: Masson, 16 fev. 1855.

[117] _____. *La pathologie cellulaire*. Trad. fr. Picard. Paris: J.-B. Baillière, 1861.

[118] WEISS (A.-G.); WARTER (J.). Du rôle primordial joué par le neurogliome dans l'évolution des blessures des nerfs. In: *La presse médicale*, 13 mar. 1943.

[119] WEISS (A.-G.); KLEIN (M.). Physiopathologie et histologie des neurogliomes d'amputation, 1943, *Archives de physique biologique*, t. XVII, supl. n. 62.

[120] WOLFF (E.). *Les bases de la tératogenèse expérimentale des vertébrés amniotes d'après les résultats des méthodes directes*. Tese de Ciências. Estrasburgo, 1936.

ÍNDICE DOS NOMES CITADOS

Abelous – 149
Addison – 149
Alembert (d') – 17
Ambrossoli – 36
Aristóteles – 50, 61, 81
Aschoff – 155, 157

Bacon – 11
Banting – 44
Bégin – 23, 24
Beitzke – 155
Benedict – 111, 120, 122
Bergson – 83, 95
Bernard (Cl.) – 5, 12-15, 28, 30-40, 42-49, 51, 52, 56, 59, 60, 64-67, 69, 82, 96, 98, 101, 102, 112, 129, 140, 148, 152, 158
Best – 44
Biasotti – 44
Bichat – 16, 25, 28-30, 40, 81, 101, 124, 161
Bier – 155
Blainville (de) – 30
Blondel (Ch.) – 71
Boedeker – 42
Bordet (J.) – 90
Boule – 120
Bounoure – 5, 93
Brosse (Th.) – 112, 113, 116

Broussais – 13, 15-19, 21-30, 39, 40, 63, 65, 69, 97
Brown (J.) – 17, 25-28, 30
Brown-Séquard – 31, 149
Brunschvicg (L.) – 8
Buffon – 108, 109

Camus – 41
Cannon – 126, 141
Cassirer – 131
Caullery – 93
Chabanier – 43
Chaix – 51
Chevalier (J.) – 31
Chevreul – 31
Comte (A.) – 12-22, 24, 25, 28-32, 39, 40, 59-61, 65, 82, 128, 140
Cullen – 25

Daremberg – 11, 15, 26, 27
Darwin – 94, 95
Déjerine – 150
Delbet (P.) – 152
Delmas-Marsalet – 133
Descartes – 82
Donald C. King (M.) – 15
Dontcheff – 121
Dubois (R.) – 144
Duclaux (J.) – 39

Dugas (L.) – 14
Dumas (G.) – 149
Dumas (J.-B.) – 37

Eijkmann – 11
Ey (H.) – 75, 131-133

Fischer (B.) – 156
Flourens (P.) – 98, 108, 109
Foerster – 135
Frédéricq (H.) – 35
Fromageot – 51

Galileu – 82, 146
Galton – 105
Genty – 13
Geoffroy Saint-Hilaire (I.) – 11, 84-87, 94, 150
Gley (E.) – 31
Glisson – 25
Goldstein (K.) – 4, 49, 74, 125-129, 131, 133, 134, 136-138, 140, 141, 145, 151, 158, 159
Gouhier – 16
Guyénot – 83, 94

Halbwachs – 105, 107, 109, 110
Haller – 12, 25
Harvey – 12, 145, 146
Head – 49, 130
Hédon (L.) – 45
Hegel – 5, 68
Hering – 155
Herxheimer – 153, 154, 159, 163
Honigmann – 158
Houssay – 44
Hueck – 156, 157

Isenschmidt (R.) – 123

Jaccoud (S.) – 35, 36
Jackson (H.) – 49, 129-134
Jaspers (K.) – 72, 76
Juret (A.) – 85

Kayser (Ch.) – 121, 122, 137
Klein (M.) – 13, 135
Koch – 151
Koyré – 67
Labbé (M.) – 116
Lagache (D.) – 5, 71-73
Laguesse – 44
Lalande (A.) – 79, 84
Lamy (P.) – 14, 32, 38
Laplace – 66, 67
Laubry (Ch.) – 112, 113, 116
Laugier (H.) – 103, 125
Lavoisier – 38, 66
Lefrou (G.) – 118
Leriche (R.) – 4, 15, 53-61, 64, 74, 90, 134-136, 138, 149, 151
L'Héritier (Ph.) – 94
Liebig – 37
Lindhard – 122
Littré (E.) – 13, 15, 30, 31, 79, 84, 85
Lobo-Onell – 43
Loubatières (A.) – 45
Lubarsch – 155, 158
Lussana – 36
Lynch – 27

Magendie – 30, 31, 66, 98
Mainzer – 158
Marchand – 155, 157
Marfan – 152
Mauriac (P.) – 38
Mayer (A.) – 103, 112
Mering (von) – 44, 99, 150
Merleau-Ponty – 3, 129

Metchnikoff – 109
Meyer (R.) – 155
Michelangelo – 146
Minkowski (E.) – 44, 71, 73, 74, 99, 150
Molière – 41
Monglond – 117, 118
Montesquieu – 149
Moodie (R.-C.) – 118
Morgagni (A.) – 11, 161, 162
Mosso – 122
Mourgue (R.) – 130
Münsterberg – 154

Nageotte – 134
Naunyn – 150
Naville (E.) – 149
Nélaton (A.) – 127
Newton – 17, 67
Nicolle (Ch.) – 48
Nietzsche – 14
Nolf (P.)   34

Ombredane (A.) – 130, 131
Orfila – 98
Osborne – 122
Ozorio de Almeida – 111

Pales (L.) – 117, 118, 120
Paracelso – 62
Pasteur (L.) – 9, 37, 48, 62
Pavy – 35
Peters – 154
Picks (A.) – 131
Piéron – 122
Pinel – 11, 16
Pirquet (von) – 151
Platão – 12, 29
Porak (R.) – 114-116
Prus (V.) – 65, 97

Quêtelet (A.) – 103-108, 110

Rabaud (E.) – 89
Rathery (F.) – 45
Reininger – 124
Renan (E.) – 13, 14
Ribot (Th.) – 14, 72, 73
Richerand – 13
Roessle – 156
Roger (H.) – 41
Ricker – 153-155, 157-159, 163
Rickert – 154
Robin (Ch.) – 13, 15, 30, 31, 79, 84, 85
Romains (J.) – 41
Rouart (J.) – 131-133
Roux (W.) – 155

Saint-Simon (H. de) – 16
Schwartz (A.) – 48, 99, 149
Schwarz – 156
Sendrail (M.) – 90
Sherrington – 49
Sigerist (H.-E.) – 9, 12, 20, 62, 74, 125, 126, 145, 147, 149
Singer (Ch.) – 146
Sorre (M.) – 108, 111, 116, 117
Soula – 45
Stahl – 62
Sydenham – 11

Taine – 13
Teissier (G.) – 82, 94, 110
Thibaudet – 112
Toulouse – 122
Tournade (A.) – 149
Trew – 162
Trousseau – 13

Valéry – 92, 142

Vallois (R.-J.) – 119
Van Helmont – 62
Varigny (H. de) – 118
Vauvenargues – 130
Velpeau – 162
Vendryès (P.) – 102, 103
Vidal de La Blache – 108
Virchow (R.) – 147, 150, 152, 153, 161, 162, 163
Voelker – 120, 122

Warter (J.) – 136
Weigert – 154
Weiss (A.-G.) – 135, 136
Weizsaecker (von) – 138
Whitehead – 67
Windelband – 154
Woelfflin – 145

Young – 45, 99

Ziehen – 155, 156

II

NOVAS REFLEXÕES REFERENTES AO NORMAL E AO PATOLÓGICO
(1963-1966)

VINTE ANOS DEPOIS...

Em 1943, como professor-delegado[1] da Faculdade de Letras de Estrasburgo, em Clermont-Ferrand, dei um curso sobre *As normas e o normal* (*Les normes et le normal*), ao mesmo tempo que redigia minha Tese de Doutorado em Medicina, defendida em julho do mesmo ano, perante a Faculdade de Medicina de Estrasburgo. Em 1963, como professor da Faculdade de Letras e Ciências Humanas de Paris, dei um curso sobre o mesmo tema. Quis, 20 anos depois, me defrontar com as mesmas dificuldades, mas dispondo de outros meios.

Não seria o caso de retomar exatamente o exame das mesmas questões. Algumas das proposições que, em meu *Ensaio*, havia procurado fundamentar solidamente, em virtude de seu caráter talvez só aparentemente paradoxal, já agora me pareciam óbvias. Não tanto pela força de minha argumentação, mas sobretudo pela engenhosidade de alguns leitores, que conseguiram encontrar, para essas proposições, antecedentes que eu desconhecia. Um jovem colega,[2] competente especialista em Kant, estudando a filosofia kantiana em suas relações com a biologia e a medicina do século XVIII, me chamou a atenção para um texto, desses que geram, ao mesmo tempo, satisfação por um achado feliz, e embaraço por uma ignorância graças à qual julgávamos poder nos atribuir uma certa originalidade. Kant notou, provavelmente por volta do ano 1798: "Recentemente insistiu-se sobre a necessidade de esclarecer

---
1 O cargo é *chargé d'enseignement*. (N.T.)
2 Francis Courtès, professor-assistente na Faculdade de Letras e Ciências Humanas de Montpellier.

o emaranhado do fato político partindo dos deveres do súdito em vez de partir dos direitos do cidadão. Da mesma forma, foram as doenças que deram origem à fisiologia; e não foi a fisiologia, e sim a patologia e a clínica que deram início à medicina. A razão é que, para dizer a verdade, não sentimos o bem-estar, pois este bem-estar é simples consciência de viver, e só seu impedimento suscita a força de resistência. Não há nada de surpreendente, portanto, no fato de Brown começar pela classificação das doenças."

Parecia, portanto, desnecessário procurar novas justificações para a tese que apresenta a clínica e a patologia como o terreno original em que a fisiologia tem suas raízes e como o caminho pelo qual a experiência humana da doença veicula o conceito de normal até o cerne da problemática do fisiologista. Acrescente-se a isso o fato de que novas leituras da obra de Claude Bernard, estimuladas e esclarecidas pela publicação de *Principes de médecine expérimentale*, em 1947, iriam atenuar o rigor com que, a princípio, eu havia julgado a ideia de Claude Bernard sobre as relações entre a fisiologia e a patologia.[3] Essas leituras também me tinham tornado sensível ao fato de Claude Bernard não ter ignorado que a experiência clínica tem obrigatoriamente de preceder a experimentação de laboratório. "Se estivesse lidando com principiantes, eu lhes diria em primeiro lugar: vão ao hospital; é a primeira coisa a conhecer. Pois como se pode analisar, por meio da experimentação, doenças que não se conhecem? Não digo, portanto, para substituir o hospital pelo laboratório. Digo o contrário: vão primeiro ao hospital; no entanto, isso só não é suficiente para chegar à medicina científica ou experimental; é preciso, em seguida, ir ao laboratório para *analisar* experimentalmente aquilo que constatamos pela observação clínica. Não entendo por que motivo me fazem essa objeção, pois muitas vezes disse e repeti que a medicina deve sempre começar por uma *observação clínica* (ver *Introduction*, p. 242), e foi desse modo que ela começou, na Antiguidade."[4] Reciprocamente, tendo restituído a Claude Bernard algo que lhe era devido e que eu lhe ha-

---

3   Cf. *supra*, p. 45-53.
4   *Principes de médecine expérimentale*, p. 170.

via, em parte, contestado, eu tinha de me mostrar – como também o fiz – um pouco menos generoso em relação a Leriche.[5] Por todas essas razões, meu curso de 1963 explorou o assunto traçando caminhos diferentes dos de 1943. Outras leituras estimularam de outro modo minhas reflexões. Não se trata apenas de leituras de trabalhos publicados no intervalo entre meu primeiro ensaio e o presente trabalho. Trata-se também de leituras que eu poderia fazer ou já ter feito na época. A bibliografia de uma questão sempre tem de ser atualizada, mesmo no sentido retroativo. Isso se torna compreensível ao compararmos, aqui mesmo, a bibliografia de 1966 com a de 1943.

Porém, os dois cursos sobre *As normas e o normal* ultrapassavam em extensão o tema de filosofia médica tratado pelo *Ensaio*, e a cujo reexame pretendo ainda me dedicar, nas páginas que se seguem. O sentido dos conceitos de norma e de normal nas ciências humanas, em sociologia, em etnologia, em economia, leva a pesquisas que, quer se trate de tipos sociais, de critérios de inadaptação ou grupo, das necessidades e dos comportamentos de consumo, ou dos sistemas de preferência, se orientam, em última análise, para o problema das relações entre normalidade e generalidade. Se, de início, vou buscar alguns elementos de análise nas lições em que examinei, à minha maneira, alguns aspectos dessa questão, é unicamente para esclarecer, por meio da confrontação das normas sociais e das normas vitais, a significação específica destas últimas. É apenas tendo em vista o organismo que permito a mim mesmo algumas incursões no estudo da sociedade.

Devo confessar que a leitura de estudos posteriores à minha tese de 1943 e de objetivo análogo não me convenceu de ter, naquela época, colocado mal o problema. Todos os que, como eu, tinham em vista a fixação do sentido do conceito de normal experimentaram a mesma dificuldade, e não tiveram outro recurso, diante da polissemia do termo, a não ser fixar, por decisão, o sentido que lhes parecia mais adequado ao projeto teórico ou prático que pedia uma delimitação semântica. Isso significa que justamente aqueles

---
5 Cf. meu artigo La pensée de René Leriche. In: *Revue philosophique* (jul.-set. 1956, p. 313-317).

que procuraram com mais rigor dar ao normal somente o valor de um fato valorizaram simplesmente o fato de necessitarem de uma significação limitada. Hoje em dia, portanto, assim como há cerca de 20 anos, assumo ainda o risco de procurar basear a significação fundamental do normal por meio de uma análise filosófica da vida compreendida como atividade de oposição à inércia e à indiferença. A vida procura ganhar da morte, em todos os sentidos da palavra ganhar e, em primeiro lugar, no sentido em que o ganho é aquilo que é adquirido por meio do jogo. A vida joga contra a entropia crescente.

I   DO SOCIAL AO VITAL

Na *Crítica da razão pura* (metodologia transcendental: arquitetônica da razão pura), Kant distingue os conceitos – quanto à sua esfera de origem e de validade – em *escolásticos* e *cósmicos*, sendo os últimos o fundamento dos primeiros.

A respeito dos dois conceitos, de norma e de normal, poderíamos dizer que o primeiro é escolástico, ao passo que o segundo é cósmico ou popular. É possível que o normal seja uma categoria do pensamento popular porque o povo sente – de maneira profunda, apesar de confusa – que sua situação social não é justa. No entanto, o próprio termo "normal" passou para a língua popular e nela se naturalizou a partir de vocabulários específicos de duas instituições: a instituição pedagógica e a instituição sanitária, cujas reformas, pelo menos no que diz respeito à França, coincidiram, sob a ação de uma mesma causa – a Revolução Francesa. Normal é o termo pelo qual o século XIX vai designar o protótipo escolar e o estado de saúde orgânica. A reforma da medicina como teoria se baseia, por sua vez, na reforma da medicina como prática: está intimamente ligada, na França, assim como também na Áustria, à reforma hospitalar. Tanto a reforma hospitalar como a pedagógica exprimem uma exigência de racionalização que se manifesta também na política, como se manifesta na economia, sob a influência de um maquinismo industrial nascente que levará, enfim, ao que se chamou, desde então, de normalização.

* * *

Assim como uma escola normal é uma escola onde se ensina a ensinar, isto é, onde se instituem experimentalmente métodos pedagógicos, assim também um conta-gotas normal é aquele que está calibrado para dividir um grama de água destilada em 20 gotas, em queda livre, de modo que o poder farmacodinâmico de uma substância em solução possa ser graduado segundo as prescrições de uma receita médica. Da mesma forma, também, uma via férrea normal é, dentre as 21 bitolas de uma via férrea, praticadas em todas as épocas, a via definida pelo afastamento de 1,44 m entre as bordas internas dos trilhos, isto é, aquela que, em determinado momento da história industrial e econômica da Europa, pareceu corresponder melhor ao acordo que se procurava obter entre várias exigências – antes de tudo não concorrentes – de ordem mecânica, energética, comercial, militar e política. Enfim, também, para o fisiologista, o peso normal do homem, levando em conta o sexo, a idade e a estatura, é o peso "que corresponde à maior longevidade previsível".[1]

Nos três primeiros exemplos, o normal parece ser a consequência de uma escolha e de uma decisão exteriores ao objeto assim qualificado, ao passo que, no quarto exemplo, o termo de referência e de qualificação se apresenta manifestamente como intrínseco ao objeto, se é verdade que a duração de um organismo individual é uma constante específica, quando a saúde é preservada.

No entanto, pensando bem, a normalização dos meios técnicos da educação, da saúde, do transporte de pessoas e de mercadorias é a expressão de exigências coletivas cujo conjunto define, em determinada sociedade histórica, seu modo de relacionar sua estrutura, ou talvez suas estruturas, com aquilo que ela considera como sendo seu bem particular, mesmo que não haja uma tomada de consciência por parte dos indivíduos.

Em todos os quatro casos, o que caracteriza um objeto ou um fato dito normal, em referência a uma norma externa ou imanente, é poder ser, por sua vez, tomado como ponto de referência em relação a objetos ou fatos ainda à espera de serem classificados como tais. Portanto, o normal é, ao mesmo tempo, a extensão e a exibição da norma. Ele multiplica a regra, ao mesmo tempo que a indica. Ele requer, portanto, fora de si, a seu lado e junto a si, tudo o que ainda

---

1 Ch. Kayser, Le maintien de l'équilibre pondéral (*Acta neurovegetativa*, v. XXIV, 1-4, 1963. Wien, Springer).

lhe escapa. Uma norma tira seu sentido, sua função e seu valor do fato de existir, fora dela, algo que não corresponde à exigência a que ela obedece.

O normal não é um conceito estático ou pacífico, e sim um conceito dinâmico e polêmico. Gaston Bachelard, que se interessou muito pelos valores sob sua forma cósmica ou popular, e pela valorização segundo os eixos da imaginação, percebeu muito bem que todo valor tem de ser obtido em oposição a um antivalor. É ele que escreve: "A vontade de limpar exige um adversário à altura."[2] Quando se sabe que *norma* é a palavra latina que quer dizer esquadro e que *normalis* significa perpendicular, sabe-se praticamente tudo o que é preciso saber sobre o terreno de origem do sentido dos termos norma e normal, trazidos para uma grande variedade de outros campos. Uma norma, uma regra, é aquilo que serve para retificar, pôr de pé, endireitar. "Normar", normalizar, é impor uma exigência a uma existência, a um dado, cuja variedade e disparidade se apresentam, em relação à exigência, como um indeterminado hostil, mais ainda que estranho. Conceito polêmico, realmente, esse conceito que qualifica negativamente o setor do dado que não cabe na sua extensão, embora dependa de sua compreensão. O conceito de direito,[3] conforme esteja aplicado ao campo da geometria, da moral ou da técnica, qualifica respectivamente como torto, tortuoso ou canhestro tudo o que resiste à aplicação do referido conceito.[4]

Achamos que a razão dessa finalidade e desse uso polêmicos do conceito de norma deve ser procurada na essência da relação normal-anormal. Não se trata de uma relação de contradição e de exterioridade, mas de uma relação de inversão e de polaridade. Depreciando tudo aquilo que a referência a ela própria impede de considerar como normal, a norma cria, por si mesma, a possibilidade de uma inversão dos termos. Uma norma se propõe como um modo

---

2 *La terre et les rêveries du repos*, p. 41-42.
3 Em francês, o adjetivo *droit* significa não apenas *direito*, com todos os sentidos que o termo tem em português, mas também *reto*. (N.T.)
4 Seria possível e frutuoso – mas não é aqui o lugar apropriado – constituir famílias semânticas de conceitos que representam o parentesco do conceito popular de normal e de anormal, por exemplo, a série *torvo, torturado, retorcido* etc., e a série *oblíquo, desviado, través* etc.

possível de unificar um diverso, de reabsorver uma diferença, de resolver uma desavença. No entanto, se propor não é o mesmo que se impor. Ao contrário de uma lei da natureza, uma norma não acarreta necessariamente seu efeito. Isto é, uma norma pura e simples não tem nenhum sentido de norma. A possibilidade de referência e de regulação que ela oferece contém – pelo fato de ser apenas uma possibilidade – a latitude de uma outra possibilidade que só pode ser inversa. Com efeito, uma norma só é a possibilidade de uma referência quando foi instituída ou escolhida como expressão de uma preferência e como instrumento de uma vontade de substituir um estado de coisas insatisfatório por um estado de coisas satisfatório. Assim, qualquer preferência de uma ordem possível é acompanhada – geralmente de maneira implícita – pela aversão à ordem inversa possível. O oposto do preferível, em determinado campo de avaliação, não é o indiferente, e sim aquilo que é repelente ou, mais exatamente, repelido, detestável. Está mais do que claro que uma norma gastronômica não entra em relação de oposição axiológica com uma norma lógica. Em compensação, a norma lógica de prevalência do verdadeiro sobre o falso pode ser invertida de modo a se transformar em norma de prevalência do falso sobre o verdadeiro, assim como a norma ética de prevalência da sinceridade sobre a hipocrisia pode ser transformada em norma de prevalência da hipocrisia sobre a sinceridade. No entanto, a inversão de uma norma lógica não tem como resultado outra norma lógica, e sim, talvez, uma norma estética, assim como a inversão de uma norma ética não tem, como resultado, outra norma ética, e sim, talvez, uma norma política. Em resumo, sob qualquer forma implícita ou explícita que seja, as normas comparam o real a valores, exprimem discriminações de qualidades de acordo com a oposição polar de um positivo e de um negativo. Essa polaridade da experiência de normalização, experiência cientificamente antropológica ou cultural – se é verdade que por natureza se deve entender apenas um ideal de normalidade sem normalização –, baseia a prioridade normal da infração na relação da norma com seu campo de aplicação.

Uma norma, na experiência antropológica, não pode ser original. A regra só começa a ser regra fazendo regra, e essa função de correção surge da própria infração. A idade de ouro e o paraíso são figurações míticas de uma existência inicialmente adequada à sua exigência, de um modo de vida cuja regularidade nada deve à determinação de uma regra, de um estado de não culpabilidade com a inexistência de proibição que ninguém devesse ignorar. Esses dois mitos procedem de uma ilusão de retroatividade segundo a qual o bem original é o mal ulterior contido. A ausência de técnicas acompanha a ausência de regras. O homem da idade de ouro e o homem paradisíaco gozam espontaneamente dos frutos de uma natureza inculta, não solicitada, não corrigida. Nem trabalho, nem cultura, assim é o desejo de regressão integral. Essa formulação, em termos negativos, de uma experiência conforme à norma, sem que a norma tivesse de se manifestar na sua função e por sua função, esse sonho realmente ingênuo de regularidade sem regra significa, no fundo, que o próprio conceito de normal é normativo, impõe normas até mesmo ao universo do discurso mítico que narra a inexistência dessas mesmas normas. É isso que explica o fato de, em muitas mitologias, o evento da idade de ouro marcar o fim de um caos. Como disse Gaston Bachelard: *"A multiplicidade é agitação.* Não há na literatura um único *caos imóvel."*[5] Nas *Metamorfoses* de Ovídio, a terra do caos não dá frutos, o mar do caos não é navegável, as formas não permanecem idênticas a si mesmas. A indeterminação inicial é a determinação ulterior negada. A instabilidade das coisas tem, como correlato, a impotência do homem. A imagem do caos é a imagem de uma regularidade negada, assim como a imagem da idade de ouro é a de uma regularidade selvagem. Caos e idade de ouro são os termos míticos da relação normativa fundamental, termos em relação tal que nenhum dos dois pode deixar de se transformar no outro. O papel do caos é chamar, provocar sua interrupção e tornar-se ordem. Inversamente, a idade de ouro não pode durar, pois a regularidade selvagem é mediocridade; as satisfações são modestas – *aurea mediocritas* – porque não são uma vitória ganha contra o obstáculo da limitação. Quando a regra é seguida sem consciência de uma superação possível, qualquer satisfação é simples. Podemos, porém, nos satisfazer simplesmente com o valor da regra em si? Para apreciar realmente o valor da regra é preciso que

---

5 *La terre et les rêveries du repos*, p. 59.

a regra tenha sido submetida à prova da contestação. Não é apenas a exceção que confirma a regra como regra, é a infração que lhe dá a oportunidade de ser regra fazendo regra. Nesse sentido, a infração é não a origem da regra, mas a origem da regulação. Na ordem do normativo, o começo é a infração. Retomando uma expressão kantiana, proporíamos que a condição de possibilidade das regras é o mesmo que a condição de possibilidade da experiência das regras. A experiência das regras consiste em pôr à prova, em uma situação de irregularidade, a função reguladora das regras.

Aquilo que os filósofos do século XVIII chamavam de estado de natureza é o equivalente supostamente racional da idade de ouro. Assim como Lévi-Strauss, é preciso reconhecer que, ao contrário de Diderot, Rousseau nunca acreditou que o estado de natureza fosse, para a humanidade, uma origem histórica que a exploração do geógrafo proporcionou à observação do etnógrafo.[6] Jean Starobinski, por sua vez, mostrou de maneira muito feliz[7] que o estado de natureza descrito por Rousseau é a imagem do equilíbrio espontâneo entre o mundo e os valores do desejo, estado natural e limitado de felicidade pré-histórica no sentido absoluto do termo, já que é da sua ruptura irremediável que a história jorra como de uma fonte. Portanto, não há, na verdade, nenhum tempo gramatical adequado ao discurso que trata de uma experiência humana normalizada sem representação de normas que, na consciência, estejam ligadas à tentação de contrair o exercício dessas mesmas normas. Porque, ou bem a adequação do fato e do direito passa despercebida e o estado natural seria então um estado de inconsciência, no qual uma tomada de consciência seria inexplicável, ou então a adequação é percebida e o estado natural seria um estado de inocência. Porém, esse estado não pode ser para si mesmo e ao mesmo tempo ser um estado, isto é, uma disposição estática. Ninguém é consciente de sua inocência inocentemente, já que o fato de ter consciência da adequação à regra significa ter consciência das razões da regra que se resumem na necessidade da regra. À máxima socrática, por demais explorada, segundo a qual ninguém é mau tendo consciência disso, deve-se opor

---

6 *Tristes tropiques*, XXXVIII, "Un petit verre de rhum".
7 Aux origines de la pensée sociologique (*Les temps modernes*, dez. 1962).

a máxima inversa, segundo a qual ninguém é bom tendo consciência de o ser. Do mesmo modo, ninguém é são tendo consciência disso. A definição de Leriche: "A saúde é a vida no silêncio dos órgãos" repete o sentido da frase de Kant. "O bem-estar não é sentido, pois é simples consciência de viver."[8] Mas é no furor da culpabilidade, assim como é no grito de sofrimento, que a inocência e a saúde surgem como os termos de uma regressão tão impossível quanto desejada. O anormal, enquanto a-normal, é posterior à definição do normal, é a negação lógica deste. No entanto, é a anterioridade histórica do futuro anormal que provoca uma intenção normativa. O normal é o efeito obtido pela execução do projeto normativo, é a norma manifestada no fato. Do ponto de vista do fato há, portanto, uma relação de exclusão entre o normal e o anormal. Essa negação, porém, está subordinada à operação de negação, à correção reclamada pela anormalidade. Não há, portanto, nenhum paradoxo em dizer que o anormal, que logicamente é o segundo, é existencialmente o primeiro.

* * *

A palavra latina *norma*, que, por intermédio da etimologia, suporta o peso do sentido inicial dos termos norma e normal, é o equivalente do grego ρθος. A ortografia, a ortodoxia, a ortopedia são conceitos normativos *avant la lettre*. Apesar de o conceito de ortologia ser bem menos familiar, não é totalmente inútil saber que Platão lhe deu sua caução,[9] e que a palavra se encontra, mas sem citação de referência, no *Dictionnaire de la langue française* de Littré. A ortologia é a gramática, no sentido que lhe deram os autores latinos e medievais, isto é, a regulamentação do uso da língua.

Se é verdade que a experiência de normalização é uma experiência especificamente antropológica ou cultural, pode parecer normal que a língua tenha oferecido a essa experiência um de seus primeiros campos. A gramática fornece uma matéria inestimável

---

8   Descartes já havia dito: "Apesar de a saúde ser o maior de todos os bens referentes ao corpo, é, no entanto, aquele sobre o qual refletimos menos e a que damos menos valor. O conhecimento da verdade é como a saúde da alma: quando a possuímos, não pensamos mais nela" (Carta a Chanut, 31 de março de 1649).
9   *Sophiste*, 239 b.

para a reflexão sobre as normas. Quando Francisco I, por meio do Édito de Villers-Cotterêt, ordena que todos os atos judiciais do reino sejam redigidos em francês, trata-se de um imperativo.[10] No entanto, uma norma não é um imperativo que deve ser executado sob pena de sanções jurídicas. Quando os gramáticos da mesma época empreendem a tarefa de fixar o uso da língua francesa, trata-se de normas que determinam a referência e definem o erro pelo desvio, pela diferença. A referência é tirada do uso. Em meados do século XVII era esta a tese de Vaugelas: "É ao uso que devemos nos submeter inteiramente, em nossa língua."[11] Os trabalhos de Vaugelas seguem as pegadas dos trabalhos da Academia Francesa, fundada precisamente para o embelezamento da língua. De fato, no século XVII, a norma gramatical é a língua usada pelos burgueses parisienses cultos, de modo que essa norma remete a uma norma política, a centralização administrativa em proveito do poder real. Do ponto de vista da normalização, não há diferença entre o nascimento da gramática no século XVII, na França, e a instituição do sistema métrico no fim do século XVIII. Richelieu, os Convencionais e Napoleão Bonaparte são os instrumentos sucessivos de uma mesma exigência coletiva. Começa-se pelas normas gramaticais, para acabar nas normas morfológicas dos homens e dos cavalos para fins de defesa nacional,[12] passando pelas normas industriais e higiênicas.

A definição de normas industriais supõe uma unidade de plano, de direção do trabalho, de destinação do material fabricado. O verbete "Reparo"[13] da *Enciclopédia* de Diderot e d'Alembert, revisto pelo Corpo Real de Artilharia, expõe admiravelmente os motivos da normalização do trabalho nos arsenais. A normalização é considerada como uma solução para evitar a confusão dos esforços, a singularidade das proporções, a dificuldade e a demora da substituição de peças, a despesa inútil. A uniformização dos desenhos de peças e das tabelas de dimensões, a imposição de padrões

---

10 Cf. Pierre Guiraud, *La grammaire*, Presses Universitaires de France ("Que sais-je?", n. 788), 1958, p. 109.
11 *Remarques sur la langue française* (1647), prefácio.
12 Instituição do recrutamento e da revisão dos recrutas; instituição das coudelarias nacionais e das remontas.
13 Reparo: suporte de boca-de-fogo. (N.T.)

e de modelos têm, como consequência, a precisão das peças separadas e a regularidade da montagem. O verbete "Reparo" contém quase todos os conceitos utilizados em um tratado moderno de normalização, com exceção do termo "norma". Estamos diante do fato sem a palavra que o designa.

A definição de normas higiênicas supõe o interesse que se dá – do ponto de vista político – à saúde das populações considerada estatisticamente, à salubridade das condições de vida, à extensão uniforme dos tratamentos preventivos e curativos elaborados pela medicina. Foi na Áustria que a imperatriz Maria Tereza e o imperador José II conferiram um estatuto legal às instituições de higiene pública, por meio da criação de uma Comissão Imperial de Saúde (*Sanitäts-Hofdeputation*, 1753) e pela promulgação de um *Haupt Medizinal Ordnung*, substituído, em 1770, pelo *Sanitäts-normativ*, ato de 40 regulamentos relativos à medicina, à veterinária, à farmácia, à formação dos cirurgiões, à estatística demográfica e médica. Em matéria de normalização, temos aqui a palavra com o fato por ela designado.

Tanto em um como em outro exemplo, a norma é aquilo que fixa o normal a partir de uma decisão normativa. Como veremos, tal decisão, relativa a esta ou àquela norma, só pode ser entendida no contexto de outras normas. A experiência de normalização, em um dado momento, não pode ser dividida, pelo menos em projeto. Bem o havia compreendido Pierre Guiraud, no caso da gramática, ao afirmar: "A fundação da Academia Francesa por Richelieu em 1635 se enquadra em uma política geral de centralização cujos herdeiros são a Revolução Francesa, o Império e a República... Não seria absurdo achar que a burguesia tomou posse da língua na época em que se apoderara dos meios de produção."[14] Poderíamos dizer a mesma coisa de modo diferente, tentando substituir por um conceito equivalente o conceito marxista de classe ascendente. Entre 1759, data do aparecimento da palavra normal, e 1834, data do aparecimento da palavra normalizado, uma classe normativa conquistou o poder de identificar a função das normas sociais com o uso que ela própria fazia das normas cujo conteúdo determinava. Bom exemplo de ilusão ideológica...

---

14 *Op. cit.*, p. 109.

Deduz-se do exame das relações entre as normas técnicas e as normas jurídicas que, em determinada sociedade e em determinado momento, a intenção normativa não pode ser dividida. No sentido rigoroso e atual do termo, a normalização técnica consiste na escolha e na determinação da matéria, da forma e das dimensões de um objeto cujas características passam a ser, daí por diante, obrigatórias para a fabricação conforme. A divisão do trabalho obriga os empreiteiros a adotar uma homogeneidade de normas, no seio de um conjunto técnico-econômico cujas dimensões estão em constante evolução, tanto em escala nacional quanto internacional. Mas a técnica se desenvolve na economia de uma sociedade. Uma exigência de simplificação pode parecer urgente do ponto de vista técnico, mas pode parecer prematura quanto às possibilidades do momento e do futuro imediato, do ponto de vista industrial e econômico. A lógica da técnica deve ser conciliada com os interesses da economia. De outro ponto de vista, aliás, a normalização técnica deve temer uma rigidez excessiva. O que é fabricado tem, finalmente, que ser consumido. É claro que se pode forçar a lógica da normalização até atingir a normalização das necessidades de consumo por meio do estímulo da publicidade. Ainda assim seria preciso, antes, ter resolvido a questão que consiste em saber se a necessidade é um possível objeto de normalização, ou, então, se ela é o sujeito obrigatório da invenção das normas. Supondo que a primeira das duas afirmações seja a verdadeira, a normalização tem de prever margens de tolerância para os desvios das necessidades, assim como prevê margens de tolerância para os objetos caracterizados por normas; mas, no caso das necessidades, não haverá quantificação. A relação da técnica com o consumo introduz, na unificação dos métodos, dos modelos, dos processos, das provas de qualificação, uma relativa flexibilidade, evocada, aliás, pelo termo normalização, que, em 1930, na França, foi preferido ao termo estandardização, para designar o organismo administrativo encarregado da empresa em âmbito nacional.[15] O conceito de nor-

---

15 Cf. Jacques Maily, *La normalisation* (Paris, Dunod, 1946), p. 157 e segs. Nossa breve exposição sobre a normalização muito deve a esta obra, útil pela clareza da análise e da informação histórica, assim como pelas referências a um estudo do Dr. Hellmich, *Vom Wesen der Normung* (1927).

malização exclui o conceito de imutabilidade e inclui a antecipação da possibilidade de maior flexibilidade. Vemos, assim, como uma norma técnica remete gradativamente a uma ideia da sociedade e de sua hierarquia de valores, como uma decisão de normalização supõe a representação de um conjunto possível das decisões correlativas, complementares ou compensatórias. Esse conjunto deve ser acabado, por antecipação, ou mesmo fechado. A representação dessa totalidade de normas reciprocamente relativas é a planificação. A rigor, a unidade de um Plano seria a unidade de um único pensamento. Mito burocrático e tecnocrático, o Plano é a roupagem moderna da ideia de Providência. Como é bastante claro que uma assembleia de comissários e uma reunião de máquinas têm certa dificuldade em se fazer passar por uma unidade de pensamento, devemos admitir que se possa hesitar em dizer, a respeito do Plano, aquilo que La Fontaine dizia da Providência, isto é, que ela sabe melhor do que nós aquilo de que precisamos.[16] No entanto – e sem ignorar que talvez tenhamos apresentado a normalização e a planificação como estreitamente ligadas à economia de guerra ou à economia de regimes totalitários –, é preciso considerar, antes de tudo, as tentativas de planificação como experiências de constituição de órgãos por meio dos quais uma sociedade poderia presumir, prever e assumir suas necessidades em vez de se limitar a registrá-las e a constatá-las por meio de contas e balanços. De modo que aquilo que, com o nome de racionalização – espantalho que é agitado, com satisfação, pelos partidários do liberalismo, variedade econômica do naturismo –, é apontado como uma mecanização da vida social talvez exprima, ao contrário, a necessidade secreta que a sociedade experimenta de tornar-se o sujeito orgânico de necessidades reconhecidas como tais.

É fácil compreender como, por meio de sua ligação com a economia, a atividade técnica e sua normalização estabelecem relação com a ordem jurídica. Existe um direito de propriedade industrial, uma proteção jurídica às patentes de invenção ou dos modelos registrados. Normalizar um modelo registrado é proceder a uma expropriação industrial. As exigências da defesa nacional

---

16 *Fables*, VI, 4, "Jupiter et le Métayer".

são a razão invocada por muitos Estados para introduzir tais disposições na legislação. Nesse ponto, o universo das normas técnicas comunica com o universo das normas jurídicas. Uma expropriação é feita segundo as normas de direito. Os magistrados que decidem sua realização, os oficiais de justiça encarregados de executar a sentença são pessoas identificadas com sua função em virtude de normas, pessoas estabelecidas em suas funções com delegação de competência. O normal, nesse caso, deriva de uma norma superior por delegação hierarquizada. Em sua *Théorie pure du droit*, Kelsen sustenta que a validade de uma norma jurídica resulta de sua inserção em um sistema coerente, em uma ordem, de normas hierarquizadas, e que tiram seu poder obrigatório de sua referência direta ou indireta a uma norma fundamental. No entanto, há ordens jurídicas diferentes porque há várias normas fundamentais irredutíveis. Apesar de se ter objetado que essa filosofia do direito era incapaz de absorver o fato político no fato jurídico como pretendia fazê-lo, pelo menos se reconheceu, geralmente, que ela teve o mérito de ter destacado a relatividade das normas jurídicas hierarquizadas em uma ordem coerente. De modo que um dos críticos mais convictos de Kelsen chegou a escrever: "O direito é o sistema das convenções e das normas destinadas a orientar cada conduta, no interior de um grupo, de maneira determinada."[17]

Mesmo reconhecendo que o direito, tanto privado quanto público, não tem outra fonte a não ser a fonte política, pode-se admitir que a oportunidade de legislar seja concedida ao Poder Legislativo por uma grande variedade de costumes que cabe ao poder institucionalizar em um todo jurídico virtual. Mesmo na falta do conceito de ordem jurídica, caro a Kelsen, a relatividade das normas jurídicas pode ser justificada. Essa relatividade pode ser mais ou menos estrita. Existe uma tolerância de não relatividade, o que não significa uma falta de relatividade. Na realidade, a norma das normas continua a ser a convergência. E como poderia ser de outra forma, se o direito "nada mais é do que a regulação da atividade social"[18]?

Para resumir, a partir do exemplo – escolhido intencionalmente – da normalização mais artificial, a normalização técnica, podemos

---

17 Julien Freund, *L'essence du politique* (Paris, Sirey, 1965), p. 332.
18 *Ibid.*, p. 293.

perceber um caráter invariante da normalidade. As normas são relativas umas às outras em um sistema, ao menos potencialmente. Sua correlatividade em um sistema social tende a fazer desse sistema uma organização, isto é, uma unidade em si, senão por si, e para si. Um filósofo, pelo menos, percebeu e localizou o caráter orgânico das normas morais na medida em que elas são, em primeiro lugar, normas sociais. Foi Bergson, analisando, em *Les deux sources de la morale et de la religion*, o que ele chama de "o todo da obrigação".

* * *

A correlatividade das normas sociais: técnicas, econômicas, jurídicas, tende a fazer de sua unidade virtual uma organização. Não é fácil dizer o que é o conceito de organização em relação ao conceito de organismo, se se trata de uma estrutura mais geral que o organismo, ao mesmo tempo mais formal e mais rica, ou se, em relação ao organismo considerado como um tipo fundamental de estrutura, se trata de um modelo singularizado por tantas condições restritivas que não poderia ter mais consistência do que uma metáfora.

Deve-se constatar em primeiro lugar que, em uma organização social, as regras de ajustamento das partes, a fim de formar uma coletividade mais ou menos lúcida quanto à sua finalidade própria, são exteriores ao complexo ajustado, quer essas partes sejam constituídas de indivíduos, de grupos ou de empresas com objetivo limitado. As regras devem ser representadas, aprendidas, rememoradas, aplicadas. Ao passo que, em um organismo vivo, as regras de ajustamento das partes entre si são imanentes, presentes sem ser representadas, atuantes sem deliberação nem cálculo. Não há, nesse caso, desvio, distância, nem intervalo de tempo entre a regra e a regulação. A ordem social é um conjunto de regras com as quais seus servidores ou seus beneficiários, de qualquer modo, seus dirigentes têm de se preocupar. A ordem vital é constituída por um conjunto de regras vividas sem problemas.[19]

---

[19] Cf. Bergson, *Les deux sources de la morale et de la religion*: "Humana ou animal, uma sociedade é uma organização: ela implica uma coordenação e geralmente também uma subordinação dos elementos uns aos outros: ela oferece, portanto, um conjunto de regras ou de leis, que pode ser simplesmente vivido ou, além disso, representado" (p. 22).

O inventor do termo e do primitivo conceito de *sociologia*, Augusto Comte, nas lições do *Cours de philosophie positive* relativas ao que ele chamava, na época, de física social, não hesitou em utilizar os termos organismo social para designar a sociedade, definida como um *consenso* de partes coordenadas segundo dois aspectos: a sinergia e a simpatia, cujos conceitos são tirados da medicina de tradição hipocrática. Organização, organismo, sistema, *consenso* são indiferentemente utilizados por Comte para designar o estado de sociedade.[20] Já nessa época, A. Comte distinguia a sociedade do poder, entendendo por poder o órgão e o regulador da ação comum espontânea,[21] órgão distinto, mas não separado do corpo social; órgão racional e artificial, mas não arbitrário da "evidente harmonia espontânea que sempre deve reinar entre o conjunto e as partes do sistema social".[22] Assim, a própria relação entre a sociedade e o governo é uma correlação, e a ordem política aparece como o prolongamento voluntário e artificial "dessa ordem natural e involuntária para a qual tendem necessariamente, sempre e sob qualquer aspecto, as diversas sociedades humanas".[23]

Só no *Système de politique positive* é que veremos Comte limitar o alcance da analogia por ele aceita no *Cours* e acentuar as diferenças que não permitem considerar como equivalentes a estrutura de um organismo e a estrutura de uma organização social. Na *Statique sociale* (1852), no quinto capítulo, "Théorie positive de l'organisme social", Comte insiste sobre o fato de que a natureza composta do organismo coletivo difere profundamente da indivisível constituição do organismo. Apesar de serem funcionalmente concorrentes, os elementos do corpo social podem ter existência separada. Desse ponto de vista, o organismo social apresenta algumas características do mecanismo. Além disso, e do mesmo ponto de vista, "de acordo com sua natureza composta, o organismo coletivo possui, em alto grau, a notável aptidão que o organismo individual apresenta apenas em estado rudimentar, e que é a facul-

---

20 *Cours de philosophie positive*, 48ᵉ Leçon (ed. Schleicher, t. IV, p. 170).
21 *Ibid.*, p. 177.
22 *Ibid.*, p. 176.
23 *Ibid.*, p. 183.

dade de adquirir novos órgãos, mesmo essenciais".[24] Consequentemente, a regulação, a integração ao todo das partes sucessivamente relacionadas é uma necessidade social específica. Regular a vida de uma sociedade, família ou cidade é inseri-la em uma sociedade ao mesmo tempo mais geral e mais elevada por estar mais próxima da única realidade social concreta, a Humanidade ou Ser Supremo. A regulação social é a religião, e a religião positiva é a filosofia, poder espiritual, arte geral da ação do homem sobre si mesmo. Essa função de regulação social deve ter um órgão distinto, o sacerdócio, cujo poder temporal é apenas auxiliar. Regular, do ponto de vista social, é fazer prevalecer o espírito de conjunto. De modo que todo organismo social, se for de dimensões inferiores ao Ser Supremo, é regulado de fora e de cima. O regulador é posterior àquilo que ele regula: "Com efeito, só se poderiam regular poderes preexistentes; salvo nos casos de ilusão metafísica, em que pensamos que os estamos criando à medida que os definimos."[25]

Diremos, de outra forma – e certamente não o diremos melhor –, que uma sociedade é, ao mesmo tempo, máquina e organismo. Seria unicamente máquina se os fins da coletividade pudessem não apenas ser rigorosamente planificados, mas também executados em conformidade com um programa. Sob esse aspecto, certas sociedades contemporâneas de economia socialista tendem, talvez, para um modo de funcionamento automático. No entanto, é preciso reconhecer que essa tendência encontra, ainda, nos fatos – e não apenas na má vontade de executantes céticos – obstáculos que obrigam os organizadores a apelarem para os recursos da improvisação. Pode-se mesmo pôr em dúvida que uma sociedade, qualquer que ela seja, possa, ao mesmo tempo, mostrar-se lúcida na fixação de seus fins e eficaz na utilização de seus meios. Em todo caso, com exceção das sociedades arcaicas e das sociedades primitivas, nas quais o fim está determinado pelo rito e pela tradição, assim como o comportamento do organismo animal está determinado em um modelo inato, uma das tarefas de qualquer organização social consiste em descobrir seus fins possíveis, fato este que bem parece

---

24 *Système de politique positive*, II, p. 304.
25 *Ibid.*, p. 335.

revelar que essa sociedade não tem, na verdade, finalidade intrínseca. No caso da sociedade, a regulação é uma necessidade à procura de seu órgão e de suas normas de exercício.

No caso do organismo, ao contrário, a própria necessidade revela a existência de um dispositivo de regulação. A necessidade de alimentos, de energia, de movimentação, de repouso requer, como condição para seu aparecimento, sob a forma de inquietação e de procura, que o organismo, em determinado estado de fato, tome como referência um estado ideal de funcionamento, determinado sob a forma de uma constante. A regulação orgânica ou homeostase assegura, em primeiro lugar, a volta à constante quando o organismo dela se afastou, em consequência das variações de sua relação com o meio. Assim como a necessidade tem como sede o organismo considerado como um todo, mesmo quando se manifesta e se satisfaz por meio de um aparelho, assim também sua regulação exprime a integração das partes ao todo, mesmo quando se exerce por meio do sistema nervoso e endócrino. É essa a razão pela qual, no interior do organismo, não há propriamente distância entre os órgãos, não há exterioridade das partes. O anatomista toma conhecimento de um organismo por meio de uma espécie de amostragem em extensão. Mas o próprio organismo não vive do modo espacial pelo qual é percebido. A vida de um ser vivo é, para cada um de seus elementos, a ação imediata da copresença de todos.

Os fenômenos da organização social são como que uma imitação da organização vital, no sentido em que Aristóteles diz que a arte imita a natureza. Imitar, no caso, não é copiar, e sim procurar reencontrar o sentido de uma produção. A organização social é, antes de tudo, invenção de órgãos, órgãos de procura e de recebimento de informações, órgãos de cálculo e mesmo de decisão. Sob a forma ainda bem sumariamente racional que tomou nas sociedades industriais, a normatividade pede a planificação, que, por sua vez, requer a elaboração de estatísticas de todos os tipos, e sua utilização por meio de calculadoras eletrônicas. É tentador, e talvez mesmo legítimo, atribuir hoje em dia algumas das funções exercidas pelo cérebro – talvez, aliás, as menos intelectuais – às máquinas de calcular, na organização técnico-econômica a cujo serviço se encontram. Mas isso só tem sentido se pudermos explicar, sem ser por metáfora, o funcionamento de um circuito de neurônios corticais a partir do modelo de funcionamento de um analisador eletrônico transistorizado. Quanto à identificação analógica da informação social por estatísticas com a informação vital por receptores sensoriais, ela é, ao que se sabe, mais antiga. Foi Gabriel Tarde o primeiro que, em 1890, na sua obra *Les lois de l'imita*tion, tentou estabelecer essa identificação.[26] Segundo ele, a estatística é uma soma de elementos sociais idênticos. A difusão de seus resultados faz com que sua "informação" e o fato social que está se realizando sejam simultâneos. Podem-se, portanto, conceber um serviço de estatística e sua função como um órgão sensorial social, embora, por enquanto, ele não passe de uma espécie de olho embrionário. É preciso notar que a análise proposta por Tarde baseia-se na concepção da psicologia da época a respeito da função de um receptor sensorial, como o olho ou o ouvido; segundo essa concepção, as qualidades sensíveis, como a cor ou o som, sintetizam em uma unidade específica os componentes de um excitante que o físico desmembra em um grande número de vibrações. De modo que Tarde podia dizer que "nossos sentidos fazem por nós, cada um separadamente e de seu ponto de vista especial, a estatística do universo exterior".

Mas a diferença entre a maquinaria social de recepção e de elaboração da informação, de um lado, e o órgão vivo, de outro, persiste, no entanto, no fato de o aperfeiçoamento de uma e de outra, no decurso da história do homem e da evolução da vida, ter se operado segundo modos inversos. A evolução biológica dos organismos se processou pela integração mais rigorosa dos órgãos e funções de relacionamento com o meio, por uma interiorização mais autônoma das condições de existência daquilo que Claude Bernard chamou de meio interno. Ao passo que a evolução histórica das sociedades humanas consistiu no fato de as coletividades de extensão inferior à espécie terem multiplicado e, de certo modo, espalhado seus modos de ação na exterioridade espacial, suas insti-

---
[26] P. 148-155 da obra citada. É interessante lembrar que, no fim do século XIX, o serviço de informações do exército francês, lamentavelmente implicado no caso Dreyfus, tinha o nome de serviço de estatística.

tuições, na exterioridade administrativa, acrescentando máquinas aos instrumentos, estoques às reservas, arquivos às tradições. Na sociedade, a solução de cada novo problema de informação e de regulação é buscada, senão obtida, por meio da criação de organismos ou de instituições "paralelas" àqueles cuja insuficiência – por esclerose e rotina – explode em determinado momento. Portanto, a sociedade tem sempre de resolver um problema sem solução, que é o problema da convergência das soluções paralelas. Em face disso, o organismo vivo se coloca precisamente como a simples realização, ou a realização, com simplicidade, de tal convergência. Como disse Leroi-Gourhan: "Do animal ao homem, tudo acontece, em suma, como se fosse acrescentado cérebro sobre cérebro, e cada uma das formações desenvolvidas por último acarretasse uma coesão cada vez mais sutil de todas as formações anteriores, que continuam a desempenhar seu papel."[27] Inversamente, o mesmo autor mostra que "toda a evolução humana concorre para colocar fora do homem aquilo que, no resto do mundo animal, corresponde à adaptação específica",[28] o que no fundo significa que a exteriorização dos órgãos da tecnicidade é um fenômeno unicamente humano.[29] Não é, portanto, impossível considerar a existência de certa distância entre os órgãos sociais como um caráter específico da sociedade humana, entendendo-se como órgãos sociais os meios técnicos coletivos de que o homem dispõe. Na medida em que a sociedade é uma exterioridade de órgãos é que o homem pode deles dispor, por representação, e, portanto, por escolha. De modo que propor o modelo do organismo para as sociedades humanas, em sua procura de uma organização cada vez maior, é, no fundo, sonhar com uma volta não só às sociedades arcaicas, mas, até mesmo, às sociedades animais.

Portanto, quase não é preciso insistir, agora, sobre o fato de que os órgãos sociais – apesar de serem reciprocamente fim e meio uns para os outros, em um todo social – não existem uns pelos outros e pelo todo em virtude de uma coordenação de causalidades. A

---

27 *Le geste et la parole: technique et langage* (Paris, 1964), p. 114.
28 *Le geste et la parole: la mémoire et les rythmes* (Paris, 1965), p. 34.
29 *Ibid.*, p. 63.

exterioridade das máquinas sociais na organização não é diferente, em si, da exterioridade das partes em uma máquina. A regulação social tende, portanto, para a regulação orgânica e a imita, mas nem por isso deixa de ser composta mecanicamente. Para poder identificar a composição social com o organismo social, no sentido próprio desse termo, seria preciso poder falar nas necessidades e normas de uma sociedade como se fala nas necessidades e normas de vida de um organismo, isto é, sem sombra de ambiguidade. As necessidades e normas da vida de um lagarto ou de um carapau em seu *habitat* natural se exprimem pelo próprio fato de esses animais estarem naturalmente vivos nesse *habitat*. Mas basta que um indivíduo questione as necessidades e as normas dessa sociedade e as conteste – sinal de que essas necessidades e normas não são as de toda a sociedade – para que se perceba até que ponto a necessidade social não é imanente, até que ponto a norma social não é interna, até que ponto, afinal de contas, a sociedade, sede de dissidências contidas ou de antagonismos latentes, está longe de se colocar como um todo. Se o indivíduo levanta a questão da finalidade da sociedade, não seria porque a sociedade é um conjunto mal unificado de meios, por falta justamente de um fim com o qual se identificaria a atividade coletiva permitida pela estrutura? Para apoiar esse ponto de vista, poderíamos invocar a análise de etnógrafos sensíveis à diversidade dos sistemas de normas culturais. "Nenhuma sociedade, diz Lévi-Strauss, é fundamentalmente boa, mas também nenhuma é fundamentalmente má; todas oferecem certas vantagens a seus membros, levando em conta um resto de iniquidade cuja importância parece aproximadamente constante, e que corresponde, talvez, a uma inércia específica que se opõe, no plano da vida social, aos esforços de organização."[30]

---

30 *Tristes tropiques*, cap. XXXVIII.

II SOBRE AS NORMAS ORGÂNICAS NO HOMEM

Do ponto de vista da saúde e da doença, e, consequentemente, do ponto de vista da reparação dos acidentes, da correção das desordens, ou, falando popularmente, dos remédios para os males, há a seguinte diferença entre um organismo e uma sociedade: é que, no caso do organismo, o terapeuta dos males sabe, de antemão e sem hesitação, qual é o estado normal que deve ser instituído, ao passo que, no caso da sociedade, ele o ignora. Em um pequeno livro, *Ce qui cloche dans le monde*,[1] G. K. Chesterton denunciou, com o nome de "erro médico", a frequente propensão dos escritores políticos e dos reformadores para determinar o estado de mal social antes de propor os remédios para esse mal. A refutação viva, brilhante e irônica daquilo que ele chama de um sofisma baseia-se neste axioma: "Apesar de poder haver dúvida sobre o modo pelo qual o corpo foi danificado, não há nenhuma dúvida sobre a forma segundo a qual se deve restaurá-lo... A ciência médica se contenta com o corpo humano normal e procura apenas restaurá-lo."[2] Se não há hesitação sobre a finalidade de um tratamento médico, o mesmo não ocorre, diz Chesterton, quando se trata de problemas sociais. Pois a determinação do mal supõe a definição prévia do estado social normal, e a procura dessa definição divide aqueles que a ela se dedicam. "O problema social é exatamente o contrário do problema médico. Nós não divergimos a respeito da natureza exata da doença, como fazem os médicos,

---

1 [O que está errado no mundo] Tradução francesa, publicada em 1948 (Gallimard), da obra *What is wrong with the world*, publicada em 1910.
2 *Op. cit.*, p. 10-11.

apesar de concordarem a respeito da natureza da saúde."[3] É sobre o próprio bem social que se discute na sociedade, o que faz com que uns considerem justamente como mal aquilo que outros procuram como sendo a saúde![4]

Há algo de sério nesse humor. Afirmar que "nenhum médico procura produzir uma nova espécie de homem, com olhos ou membros dispostos de modo diferente"[5] significa reconhecer que a norma de vida de um organismo é fornecida pelo próprio organismo, e está contida na sua existência. E é verdade que nenhum médico pensa em prometer a seus doentes nada mais que a volta ao estado de satisfação vital do qual a doença os afastou.

Mas pode acontecer que haja mais humor na realidade que nos humoristas. No próprio momento em que Chesterton elogiava os médicos por aceitarem que o organismo lhes fornecesse a norma de sua atividade restauradora, certos biólogos começavam a conceber a possibilidade de aplicar a genética à transformação das normas da espécie humana. Com efeito, datam do ano 1910 as primeiras conferências de H. J. Müller – geneticista célebre por suas experiências de mutações provocadas – sobre a obrigação social e moral do homem de hoje de intervir sobre si mesmo a fim de se elevar, de modo geral, ao nível intelectual mais alto, isto é, em suma, a obrigação de vulgarizar o gênio por meio da eugenia. Tratava-se, em suma, não de um desejo individual, mas de um programa social; a sorte que esse programa teve, a princípio, pareceu a Chesterton a mais perfeita confirmação de seu paradoxo. Em *Hors de la nuit*,[6] Müller propunha, como ideal social a ser realizado, uma coletividade sem classes, sem desigualdades sociais, em que as técnicas de conservação do material seminal e de inseminação artificial permitiria às mulheres – educadas racionalmente para se sentirem honradas com tal dignidade – carregar em seu ventre filhos

---

3   *Ibid.*, p. 12.
4   Comentamos mais demoradamente essas reflexões de Chesterton em nossa conferência: Le problème des régulations dans l'organisme et dans la société [O problema das regulações no organismo e na sociedade] (*Cahiers de l'Alliance Israélite Universelle*, n. 92, set-out. 1955).
5   *Op. cit.*, p. 11.
6   Tradução francesa, por J. Rostand (Gallimard, 1938), da obra *Out of the night* (1935).

de homens geniais, como Lenin ou Darwin.[7] Ora, foi precisamente na URSS, onde o livro foi escrito, que o manuscrito de Müller, levado ao conhecimento da alta cúpula a quem o autor pensava que a obra pudesse agradar, foi severamente julgado, e o geneticista russo que tinha servido de intermediário caiu em desgraça.[8] A uma sociedade sem classes não poderia convir um ideal social baseado em uma teoria de hereditariedade como a genética, que confirma a desigualdade humana ao criar técnicas destinadas a corrigi-la.

Sem esquecer, portanto, que a genética oferece aos biólogos justamente a possibilidade de conceber e de aplicar uma biologia formal e, por conseguinte, de superar as formas empíricas da vida, criando seres vivos experimentais, segundo normas diferentes, admitimos que, até agora, a norma de um organismo humano consiste em sua coincidência consigo mesmo, até o dia em que essa norma passa a consistir na coincidência desse organismo com o cálculo de um geneticista eugenista.

* * *

Se as normas sociais pudessem ser percebidas tão claramente quanto as normas orgânicas, seria loucura dos homens não se conformarem com elas. Como os homens não são loucos e como não existem sábios, segue-se que as normas sociais têm de ser inventadas, e não observadas. O conceito de sabedoria era um conceito que tinha sentido para os filósofos gregos, porque eles concebiam a sociedade como uma realidade de tipo orgânico, tendo uma norma intrínseca, uma saúde própria, regra de moderação, de equilíbrio e de compensação, réplica e imitação, na escala humana, da lei universal que, da totalidade dos seres, fazia um *cosmos*. Um biólogo contemporâneo, Cannon, revelou como que um reflexo da identificação dos conceitos jurídicos com os conceitos médicos, no pensamento grego arcaico, quando deu o título *La sagesse du corps* [A sabedoria do corpo] à obra na qual expõe a teoria das re-

---

7 *Op. cit.*, p. 176.
8 Cf. Julian Huxley, *La génétique soviétique et la science mondiale* (Stock, 1950), p. 206.

gulações orgânicas, da homeostasia.[9] Falar em sabedoria do corpo significa dar a entender que o corpo vivo está em estado permanente de equilíbrio controlado, de desequilíbrio que, logo que se esboça, é contrariado, de estabilidade mantida contra as influências perturbadoras de origem externa; em resumo, quer dizer que a vida orgânica é uma ordem de funções precárias e ameaçadas, mas constantemente restabelecidas por um sistema de regulações. Atribuindo ao corpo uma sabedoria, Starling e Cannon reimportavam para a fisiologia um conceito que outrora a medicina exportara para a política. No entanto, Cannon não podia resistir à tentação de alargar, por sua vez, o conceito de homeostasia, de modo a lhe conferir o poder de esclarecer os problemas sociais, dando como título a seu último capítulo: relação entre a homeostasia biológica e a homeostasia social. A análise dessas relações, porém, é um emaranhado de lugares-comuns de sociologia liberal e de política parlamentar relativos à alternância entre conservatismo e reformismo, alternância esta que Cannon considera como a consequência de um dispositivo de compensação entre as duas tendências. Como se essa alternância, em vez de ser a consequência de um dispositivo inerente – mesmo em estado rudimentar – de qualquer estrutura social, não fosse, na realidade, a expressão da eficácia relativa de um regime inventado para canalizar e amortecer os antagonismos sociais de uma máquina política que as sociedades modernas adotaram para diferir – sem poder impedi-las, afinal – a transformação de suas incoerências em crise. Observando as sociedades da era industrial, podemos indagar se seu estado de fato permanente não seria a crise e se isso não seria um sintoma óbvio da ausência de um poder de autorregulação nessas mesmas sociedades.

As regulações para as quais Cannon inventou o termo geral *homeostasia*[10] são do tipo das que Claude Bernard havia reunido sob a denominação constantes do meio interno. São normas do funcio-

---

9 O título *La sagesse du corps* foi tirado por Cannon da obra do ilustre fisiologista inglês Starling. A tradução francesa de Z. M. Bacq foi publicada pelas Éditions de la Nouvelle Critique, 1946.
(O original de Cannon intitula-se *The wisdom of the body*, Nova Iorque, Norton, 1932. As citações são da tradução francesa. (N.T.))

10 *Op. cit.*, p. 19.

namento orgânico, como a regulação dos movimentos respiratórios sob a ação da taxa de ácido carbônico dissolvido no sangue, a termorregulação no animal de temperatura constante etc. Sabe-se, hoje em dia, algo de que Claude Bernard podia apenas suspeitar, isto é, que outras formas de regulação devem ser levadas em consideração no estudo das estruturas orgânicas e da gênese dessas estruturas. A embriologia experimental contemporânea encontrou seus problemas fundamentais na existência das regulações morfológicas que, durante o desenvolvimento embrionário, conservam ou restabelecem a integridade da forma específica, e prolongam sua ação organizadora na reparação de certas mutilações. De modo que se podem classificar em três tipos o conjunto das normas graças às quais os seres vivos se apresentam como um mundo distinto: normas de constituição, normas de reconstituição e normas de funcionamento.

Essas diferentes normas suscitam um mesmo problema para os biólogos, que é o problema de sua relação com os casos singulares que fazem aparecer, em relação ao caráter específico normal, uma distância ou um desvio deste ou daquele caráter biológico, estatura, estrutura de órgão, composição química, comportamento etc. Se é o organismo individual que propõe por si mesmo a norma para sua restauração, em caso de malformação ou de acidente, o que é que estabelece como norma a estrutura e as funções específicas que não poderiam ser percebidas a não ser enquanto manifestadas pelos indivíduos? A termorregulação difere do coelho para a cegonha, do cavalo para camelo. Mas como dar conta das normas próprias a cada uma dessas espécies, por exemplo, dos coelhos, sem anular as diferenças ligeiras e fragmentárias que dão aos indivíduos sua singularidade?

O conceito de *normal* em biologia se define objetivamente pela frequência do caráter assim qualificado. Para indivíduos de uma determinada espécie, do mesmo sexo e idade, o peso, a estatura, a maturação dos instintos são os caracteres que marcam, efetivamente, o mais numeroso dos grupos distintivamente formados pelos indivíduos de uma população natural e que uma mensuração revela serem idênticos. Foi Quêtelet que observou, por volta de 1843, que a distribuição das estaturas humanas podia ser representada pela lei de erros estabelecida por Gauss, forma-limite da lei binominal e que distinguiu os dois conceitos de média gaussiana ou média verdadeira e de média aritmética, a princípio confundidas na teoria do homem médio. A distribuição dos resultados de medida aquém e além do valor médio garante que a média gaussiana é uma média verdadeira. Os desvios são tanto mais raros quanto maiores. Em nosso *Ensaio* (Parte II, 2) havíamos tentado conservar, para o conceito de norma, uma significação análoga à do conceito de tipo que Quêtelet tinha sobreposto à sua teoria do homem médio, depois da descoberta da média verdadeira. Significação análoga, isto é, semelhante quanto à função, mas diferente quanto ao fundamento. Quêtelet considerava a regularidade expressa pela média, pela maior frequência estatística, como o efeito, a consequência, nos seres vivos, de sua sujeição a leis de origem divina. Tínhamos procurado mostrar que a frequência pode ser explicada por regulações de uma ordem totalmente diferente da conformidade a uma legislação sobrenatural. Tínhamos interpretado a frequência como o critério atual ou virtual da vitalidade de uma solução adaptativa.[11] É provável que nossa tentativa não tenha atingido seu objetivo, já que foi criticada por sua falta de clareza e por ter concluído indevidamente que havia melhor adaptação havendo maior frequência.[12] Na realidade, há adaptação e adaptação, e o sentido em que a palavra é tomada, nas objeções que nos foram feitas, não é o mesmo sentido que lhe havíamos dado. Existe uma forma de adaptação que é especialização para uma determinada tarefa em um meio estável, mas que fica ameaçada por qualquer acidente que modifique esse meio. E existe uma outra forma de adaptação que é independente em relação às pressões de um meio estável e, por conseguinte, pode superar as dificuldades de viver, dificuldades essas que resultam de uma alteração do meio. Ora, tínhamos definido a normalidade de uma espécie por uma certa tendência à variedade, "uma espécie de seguro contra a especialização excessiva sem reversibilidade e sem flexibilidade, o que vem a ser uma adaptação bem-sucedida". Em matéria de adaptação, o perfeito ou acabado significa o começo do fim das espécies. Na época, nos inspiramos

---

11 Cf. *supra*, p. 101-104.
12 Duyckaerts, *La notion de normal en psychologie clinique* (Vrin, 1954), p. 157.

em um artigo do biólogo Albert Vandel, que desenvolveu, depois, as mesmas ideias em seu livro *L'homme et l'évolution*.[13] Retomemos, no entanto, nossa análise.

Quando se define o normal pelo mais frequente, cria-se um obstáculo à compreensão do sentido biológico dessas anomalias às quais os geneticistas deram o nome de mutações. Com efeito, na medida em que, no mundo animal ou vegetal, uma mutação pode constituir a origem de uma nova espécie, vemos uma norma nascer de um desvio em relação a uma outra. A norma é a forma de desvio que a seleção natural conserva. É a concessão que a destruição e a morte fazem ao acaso. No entanto, sabe-se muito bem que as mutações são mais frequentemente restritivas do que construtivas; que, quando são duráveis, frequentemente são superficiais e que, quando são consideráveis, acarretam uma certa fragilidade, uma diminuição da resistência orgânica. De modo que devemos reconhecer que as mutações têm o poder de diversificar as espécies, muito mais que o poder de explicar a gênese dessas mesmas espécies.

Segundo uma lógica rigorosa, uma teoria mutacionista da gênese das espécies só poderia definir o normal como aquilo que é temporariamente viável. Mas, de tanto considerar os seres vivos apenas como mortos em perspectiva, não levamos em conta a orientação adaptativa do conjunto dos seres vivos, considerados na continuidade da vida, subestimamos esse aspecto da evolução que é a variação dos modos de vida para a ocupação de todos os lugares vagos.[14] Há, portanto, um sentido da palavra adaptação que, em determinado momento, e em relação a uma espécie e seus mutantes, permite estabelecer uma distinção entre seres vivos ultrapassados e seres vivos progressivos. A animalidade é uma forma de vida que se caracteriza pela mobilidade e pela predação. Desse ponto

---

13 Gallimard, 1. ed., 1949; 2. ed., 1958. A tese da evolução por dicotomia (cisão de um grupo animal em ramo inovador e ramo conservador) é retomada por Vandel em seu artigo sobre O evolucionismo de Teilhard de Chardin (L'évolutionnisme de Teilhard de Chardin. In: *Études philosophiques*, 1965, n. 4, p. 459.

14 "Segundo a terminologia de Darwin, os lugares vagos, em determinado local, são não tanto os espaços livres mas, sobretudo, sistemas de vida (*habitat*, modo de alimentação, de ataque, de proteção) que são teoricamente possíveis nesse local, mas ainda não são praticados" (Du développement à l'évolution au XIXe siècle, por Canguilhem, Lapassade, Piquemal, Ulmann. In: *Thalès*, XI, 1960, p. 32).

de vista, a visão é uma função que não pode ser considerada inútil à mobilidade em ambiente claro. Uma espécie animal cega e cavernícola pode ser considerada adaptada à obscuridade, e pode-se conceber sua aparição, por mutação, a partir de uma espécie dotada de boa visão, e sua conservação pelo fato de ter encontrado e ocupado um meio que, se não é adequado, pelo menos não é contraindicado. Nem por isso se deixa de considerar a cegueira como uma anomalia, não no sentido de ser uma raridade, mas no sentido em que implica, para os seres vivos interessados, um retrocesso, uma eliminação em caso de impasse.

Há uma grande dificuldade em explicar a norma específica em biologia, apenas pelo encontro de séries causais independentes, uma biológica e a outra geográfica; e parece-nos que um dos sinais dessa dificuldade é o aparecimento, em 1954, na genética das populações, do conceito de homeostasia genética, devido a Lerner.[15] O estudo do arranjo dos genes e do aparecimento de genes mutantes nos indivíduos de populações naturais e experimentais, relacionado com o estudo dos efeitos da seleção natural, fez com que se chegasse à conclusão de que o efeito seletivo de um gene ou de um certo arranjo dos genes não é constante, que depende, sem dúvida, das condições do meio, mas também de uma espécie de pressão exercida sobre qualquer um dos indivíduos pela totalidade genética representada pela população. Mesmo nos casos de afecções humanas, por exemplo, na anemia de Cooley, frequente na área do Mediterrâneo, sobretudo na Sicília e na Sardenha, observou-se uma superioridade seletiva dos indivíduos heterozigotos sobre os homozigotos. Em animais de criação essa superioridade pode ser medida experimentalmente. Essas medidas confirmam e coincidem, nesse ponto, com antigas observações de criadores acerca da revigoração das raças por meio da hibridação. Os heterozigotos são mais fecundos. Para um gene mutante de caráter letal, um heterozigoto goza de uma vantagem seletiva não apenas em relação ao mutante homozigoto, mas até mesmo em relação ao

---

15 Fomos buscar a parte mais fundamental de nossa informação sobre a homeostasia genética no excelente estudo de Ernest Bösiger, Tendances actuelles de la génétique des populations, publicado no relatório da XXVI Semana de Síntese (*La biologie, acquisitions récentes*, Aubier, 1965).

homozigoto normal. Daí o conceito de homeostasia genética. Na medida em que a sobrevivência de uma população é favorecida pela frequência de heterozigotos, pode-se considerar como uma regulação a relação proporcional entre fecundidade e heterozigose. O mesmo ocorre, segundo J. B. S. Haldane, em relação à resistência de uma espécie a certos parasitas. Uma mutação bioquímica pode proporcionar ao mutante uma capacidade de resistência superior. A diferença bioquímica individual, em uma espécie, torna essa mesma espécie mais apta à sobrevivência, à custa de mudanças que exprimem morfológica e fisiologicamente os efeitos da seleção natural. Ao contrário da humanidade, que, segundo Marx, só levanta os problemas que pode resolver, a vida multiplica, de antemão, soluções para os problemas de adaptação que poderão surgir.[16]

Em resumo, as leituras e reflexões que fizemos desde a publicação de nosso *Ensaio* de 1943 não nos levaram a pôr em dúvida a interpretação, então proposta, do fundamento biológico dos conceitos originais da biometria.

* * *

Não nos parece, também, que devamos modificar profundamente nossa análise das relações entre a determinação das normas estatísticas e a apreciação da normalidade ou da anormalidade deste ou daquele desvio individual. No *Ensaio*, tínhamo-nos baseado em estudos de André Mayer e Henri Laugier. Dentre os numerosos artigos sobre o mesmo assunto, publicados desde então, dois nos chamaram a atenção.

O primeiro desses artigos é de autoria de A. C. Ivy: What is normal or normality? (1944).[17] O autor distingue quatro acepções do conceito de normal: 1ª) coincidência entre um fato orgânico e

---

16 Poder-se-ia mesmo dizer com A. Lwoff: "O organismo vivo não tem problemas; na natureza não há problemas, só há soluções" (Le concept d'information dans la biologie moléculaire. In: *Le concept d'information dans la science contemporaine*, Les Éditions de Minuit, 1965, p. 198).
17 *Quartely Bull. Northwestern Univ. Med. School*, Chicago, 1944, 18, 22-32, Spring-Quarter. Este artigo nos foi indicado e enviado pelos professores Charles Kayser e Bernard Metz.

um ideal que estabeleça, por decisão, o limite inferior ou superior de certas exigências; 2ª) a presença, em um indivíduo, de caracteres (estrutura, função, composição química) cuja medida é fixada convencionalmente pelo valor central de um grupo homogêneo quanto à idade, sexo etc.; 3ª) a situação de um indivíduo em relação à média para cada caráter considerado, uma vez que a curva de distribuição foi elaborada, que o desvio fixo foi calculado e o número de desvios padrão foi estabelecido; 4ª) a consciência da ausência de *handicap*. O uso do conceito de normal exige que se defina inicialmente a acepção segundo a qual a palavra está sendo tomada. O autor só leva em consideração, para seu estudo, os sentidos n. 3 e 4, com subordinação do último ao precedente. Ele procura demonstrar o interesse que há em estabelecer o desvio padrão das medidas de estrutura, de funções, de constituintes bioquímicos, em um grande número de indivíduos, especialmente quando o desvio dos resultados é grande, e considerar como normais os valores representados por 68,26% de uma população examinada, isto é, os valores que correspondem à média, mais ou menos um desvio padrão. São os indivíduos cujos valores se situam fora dessa faixa de 68% que levantam difíceis problemas de apreciação quanto à sua relação com a norma. Por exemplo: toma-se a temperatura de 10.000 estudantes aos quais se pergunta se estão se sentindo febris ou não; elabora-se a distribuição das temperaturas e calcula-se, para cada grupo de temperatura idêntica, a correlação entre o número total de indivíduos e o número de indivíduos que dizem estar com febre. Quanto mais a correlação for próxima de 1, tanto maior a probabilidade de o indivíduo estar em estado patológico, do ponto de vista infeccioso. Em 50 indivíduos com 100°F só há 14% de probabilidade de que um indivíduo normal do ponto de vista subjetivo (isto é, que não esteja se sentindo febril) esteja normal do ponto de vista bacteriológico.

    O interesse do estudo de Ivy reside não tanto nessas indicações de estatística clássica mas, sobretudo, na simplicidade com que o autor reconhece as dificuldades da coincidência de conceitos como o normal fisiológico e o normal estático. O estado de plenitude fisiológica (*the healthful condition*) é definido como estado de equilíbrio das funções integradas de tal modo que proporcionam ao indivíduo grande margem de segurança, certa capacidade de resistência em uma situação crítica ou em uma situação adversa. O estado normal de uma função consiste em não interferir com outras; mas pode-se objetar a essas proposições que, em consequência de sua integração, a maioria das funções interfere. Se devemos considerar que uma função é normal enquanto não levar uma outra à anormalidade, a questão não terá sido descabida? De qualquer modo, a confrontação desses conceitos fisiológicos com o conceito de norma estatística definida (isto é, o estado de 68% de indivíduos em um grupo homogêneo) revela a incapacidade desse mesmo grupo para resolver um problema concreto de patologia. Para um velho, o fato de apresentar funções compreendidas nos 68% correspondentes à sua idade não basta para qualificá-lo como normal, na medida em que se define o normal fisiológico pela margem de segurança no exercício das funções. Com efeito, o envelhecimento se traduz dessa margem. No fim das contas, uma análise como a de Ivy apresenta o interesse de confirmar, a partir de outros exemplos, a insuficiência do ponto de vista estatístico – insuficiência esta, aliás, muitas vezes reconhecida antes dele – quando é preciso decidir sobre o que é normal ou não para determinado indivíduo.

A necessidade de retificar e de tornar mais flexível o conceito de normal estatístico pela experiência que o fisiologista adquire acerca da variabilidade das funções também está destacada no artigo de John A. Ryle, The meaning of normal (1947).[18] O autor, professor de medicina social na Universidade de Oxford, procura, em primeiro lugar, demonstrar que certos desvios individuais em relação às normas fisiológicas nem por isso são índices patológicos. É normal que exista uma variabilidade fisiológica; essa variabilidade é necessária à adaptação e, portanto, à sobrevivência. O autor examinou 100 estudantes em boa saúde, isentos de dispepsia, nos quais efetuou medidas da acidez gástrica. Constatou que 10% dos estudantes apresentaram algo que se poderia considerar como uma hipercloridria patológica, tal como é observada em casos de úlcera duodenal, e que 4% apresentaram uma acloridria total, sintoma até então considerado como indicador de anemia perniciosa progressiva. O autor acha

---

18 *The Lancet*, 1947, I, 1; o artigo está reproduzido em *Concepts of medicine*, editado por Brandon Lush (Pergamon Press, 1961).

que todas as atividades fisiológicas mensuráveis se mostram suscetíveis de uma variabilidade análoga, que podem ser representadas pela curva de Gauss, e que, para uso da medicina, o normal deve estar compreendido entre os limites determinados por um desvio padrão de um e de outro lado da mediana. Não existe, porém, nenhuma linha de separação nítida entre as variações inatas compatíveis com a saúde e as variações adquiridas, que são os sintomas de uma doença. A rigor, pode-se considerar que um desvio fisiológico extremo em relação à média constitui ou contribui para constituir uma predisposição para este ou aquele acidente patológico.

John A. Ryle relaciona como se segue as atividades de ordem médica para as quais o conceito de "normal bem compreendido" corresponde a uma necessidade: 1º) definição do patológico; 2º) definição de níveis funcionais a serem visados em um tratamento ou uma reeducação; 3º) escolha do pessoal empregado na indústria; 4º) detecção das predisposições às doenças. É preciso notar – pois é muito importante – que as três últimas necessidades dessa enumeração dizem respeito aos critérios de perícia, capacidade, incapacidade, risco de mortalidade.

Ryle distingue, enfim, dois tipos de variações em relação à norma, sobre a anormalidade das quais pode acontecer que se tenha de decidir, a fim de tomar certas decisões de ordem prática: variações que afetam um mesmo indivíduo conforme o tempo, variações, em determinado momento, de um indivíduo para outro, em uma espécie. Esses dois tipos de variações são essenciais para a sobrevivência. A adaptabilidade depende da variabilidade. Mas o estudo da adaptabilidade deve sempre levar em conta todas as circunstâncias. Não basta, no caso, proceder a medidas e a testes de laboratório; é preciso estudar também o meio físico e o meio social, a nutrição, o modo e as condições de trabalho, a situação econômica e a educação das diferentes classes, pois, sendo o normal considerado como o índice de uma aptidão ou de uma adaptabilidade, é preciso sempre indagar em relação a que circunstância e para que finalidade se deve determinar a adaptabilidade e a aptidão. Tomemos um exemplo: o autor faz o relatório dos resultados de uma pesquisa sobre o volume da tireoide em jovens de 11 a 15 anos, em regiões em que o teor de iodo da água potável tenha sido dosado com precisão. O normal é a tireoide exteriormente inaparente. A tireoide aparente parece indicar uma deficiência mineral específica. Porém, como poucas crianças com tireoide aparente acabam apresentando um bócio, pode-se sustentar que uma hiperplasia clinicamente identificável exprime um avançado grau de adaptação, e não a primeira etapa de uma doença. Tendo em vista que a tireoide é sempre menor nos islandeses, e que, inversamente, na China há regiões em que 60% dos habitantes têm bócio, parece que se pode falar em padrões nacionais de normalidade. Em resumo, para definir o normal, é preciso tomar como ponto de referência os conceitos de equilíbrio e de adaptabilidade, é preciso levar em conta o meio externo e o trabalho que o organismo ou suas partes devem efetuar.

O estudo que acabamos de resumir é interessante, sem intolerância em matéria de metodologia, levando-nos a admitir que as preocupações de perícia e de avaliação prevalecem sobre as preocupações de medida no sentido estrito do termo.

Quando se trata de normas humanas, esse estudo reconhece que essas normas são determinadas como possibilidade de agir de um organismo em situação social, e não como funções de um organismo encarado como mecanismo vinculado ao meio físico. A forma e as funções do corpo humano não são apenas a expressão de condições impostas à vida pelo meio, mas a expressão dos modos de viver socialmente adotados no meio. Em nosso *Ensaio*, mencionamos observações que permitiam considerar como provável um emaranhado de influências da natureza e da cultura na determinação de normas orgânicas humanas, em virtude da relação psicossomática.[19] Na ocasião, nossas conclusões talvez tenham parecido temerárias. Parece-nos, hoje em dia, que o desenvolvimento dos estudos de medicina psicossomática e psicossocial, sobretudo nos países anglo-saxões, tenderia a confirmá-las. Um renomado especialista em psicologia social, Otto Klineberg, em um estudo sobre as tensões relativas à *entente* internacional,[20] destacou as causas de ordem psicossomática e psicossocial dos vários tipos de reações e

---

19 Cf. *supra*, p. 120-126.
20 *Tensions affecting international understanding. A survey of research*, Nova Iorque, Social Science Research Council, 1950, p. 46-48. Esta obra foi indicada por Robert Pagès.

de distúrbios que provocam modificações – aparentemente duráveis – de constantes orgânicas. Os chineses, os hindus e os filipinos apresentam uma pressão sistólica média de 15 a 30 pontos inferior à dos americanos. No entanto, a pressão sistólica média de americanos que passaram muitos anos na China baixou, durante esse período, de 118 para 109. Da mesma forma, pôde-se notar, por volta de 1920-1930, que a hipertensão era muito rara na China. Apesar de considerá-la "excessivamente simplista", Klineberg cita a afirmação feita por um médico americano, por volta de 1929: "Se permanecemos na China durante bastante tempo, aprendemos a aceitar as coisas, e nossa pressão sanguínea baixa. Os chineses, na América do Norte, aprendem o protesto e a não aceitação, e sua pressão sanguínea sobe." Supor que Mao Tsé-Tung mudou tudo isso não é fazer ironia, mas apenas aplicar o mesmo método de interpretação dos fenômenos psicossociais a outros dados políticos e sociais.

O conceito de adaptação, e o conceito de relação psicossomática ao qual leva sua análise, quando se trata do homem, pode ser retomado e, por assim dizer, reelaborado em função de teorias de patologia que diferem quanto a suas observações de base, mas convergem quanto a seu espírito. No homem, o relacionamento das normas fisiológicas com a diversidade dos modos de reação e de comportamento que dependem, por outro lado, de normas culturais, se prolonga, naturalmente, pelo estudo das situações patogênicas especificamente humanas. No homem, ao contrário do animal de laboratório, os estímulos ou agentes patogênicos jamais são recebidos pelo organismo como fatos físicos em estado bruto, mas são também experimentados pela consciência como sinais de tarefas ou de provas a serem realizadas.

Hans Selye foi um dos primeiros que – quase ao mesmo tempo que Reilly, na França – se dedicou ao estudo das síndromes patológicas não específicas, das reações e dos comportamentos característicos – em toda doença considerada em seu início – do fato geral de "se sentir doente".[21] Uma agressão (isto é, uma esti-

---

21 Cf. Selye, D'une révolution en pathologie (*La Nouvelle nouvelle revue française*, 1º de março de 1954, p. 409). A obra principal de Selye é *Stress* (Montreal, 1950). Antes desta, Le syndrome général d'adaptation et les maladies de l'adaptation (*Annales d'endocrinologie*, 1946, n. 5 e 6).

mulação brusca) não específica, provocada por qualquer estímulo: corpo estranho, hormônio purificado, traumatismo, dor, emoção reiterada, fadiga inevitável etc., desencadeia, em primeiro lugar, uma reação de alarme, reação esta que também não é específica e que consiste essencialmente na excitação global do simpático acompanhada por uma secreção de adrenalina e de noradrenalina. Em suma, o alarme coloca o organismo em estado de urgência, de defesa indeterminada. A essa reação de alarme sucede ou um estado de resistência específica, como se o organismo, tendo identificado a natureza da agressão, adaptasse sua resposta ao ataque e atenuasse sua suscetibilidade inicial à agressão, ou então um estado de esgotamento, quando a intensidade e a continuidade da agressão excedem as capacidades de reação. Essas são as três fases da síndrome geral de adaptação, segundo Selye. Portanto, a adaptação é por ele considerada como a função fisiológica por excelência. Propomos defini-la como a impaciência orgânica das intervenções ou provocações indiscretas do meio, quer seja um meio cósmico (ação dos agentes físico-químicos) ou humano (emoções). Se por fisiologia entende-se a ciência das funções do homem normal, é preciso reconhecer que essa ciência se baseia no postulado de que o homem normal é o homem na natureza. Como disse um fisiologista, Bacq: "A paz, a preguiça, a indiferença psíquica são trunfos importantes para a conservação de uma fisiologia normal."[22] Mas talvez a fisiologia humana seja sempre mais ou menos uma fisiologia aplicada, fisiologia do trabalho, do esporte, do lazer, da vida em elevadas altitudes etc., isto é, estudo biológico do homem em situações culturais geradoras de agressões variadas.[23] Nesse sentido, encontraríamos nas teorias de Selye uma confirmação do fato de que é por seus desvios que se reconhecem as normas.

---

22 *Principes de physiopathologie et de thérapeutique générales* (3. ed., Paris, Masson, 1963), p. 232.
23 Cf. Charles Kayser: "O estudo da hiperventilação em altitude elevada e durante o esforço levou a uma séria revisão de nossos conceitos sobre a importância dos mecanismos reflexos na regulação da respiração. A importância do débito cardíaco no mecanismo circulatório só apareceu com toda a nitidez quando se estudaram desportistas e sedentários realizando uma prova de esforço. O esporte e o trabalho levantam um conjunto de problemas puramente fisiológicos que deveremos tentar elucidar" (*Physiologie du travail et du sport*. Paris, Hermann, 1947, p. 233).

Pelo nome de doenças da adaptação é preciso compreender todas as espécies de distúrbios da função de resistência às perturbações, as doenças da função de resistência ao mal. Assim chamamos as reações que ultrapassam seus objetivos, que continuam em seu impulso e perseveram quando depois de cessada a agressão. É o caso de afirmar, como F. Dagognet: "O doente cria a doença pelo próprio excesso de sua defesa e pela intensidade de uma reação que o esgota e o desequilibra mais do que o protege. Os remédios que anulam ou estabilizam têm precedência sobre todos os que estimulam, favorecem ou sustentam."[24]

Não nos compete tomar partido sobre o problema que consiste em saber se as observações de Selye e as de Reilly e de sua escola são idênticas, e se os mecanismos humorais invocados por um e os mecanismos neurovegetativos invocados pelos outros se completam ou não.[25] De uma e de outra tese consideramos apenas sua convergência a respeito do seguinte ponto: a prevalência da noção de síndrome patogênica sobre a noção de agente patogênico, a subordinação da noção de lesão à noção de perturbação das funções. Em uma lição que teve enorme repercussão, contemporânea das primeiras pesquisas de Reilly e de Selye, P. Abrami havia chamado a atenção para o número e a importância dos distúrbios funcionais, ora capazes de diversificar lesões idênticas, do ponto de vista da sintomatologia clínica, ora capazes, sobretudo, de, com o tempo, dar origem a lesões orgânicas.[26]

Estamos já bastante longe da sabedoria do corpo. Com efeito, poderíamos pôr em dúvida essa sabedoria, estabelecendo uma analogia entre as doenças da adaptação e todos os fenômenos de anafilaxia, de alergia, isto é, todos os fenômenos de hiper-reatividade do organismo contra uma agressão à qual ele está sensibilizado. Nesse caso, a doença consiste no exagero da resposta orgânica, na violência e na obstinação da defesa, como se o organismo visasse mal,

---

24 *La raison et les remèdes*. Paris, Presses Universitaires de France, 1964, p. 310.
25 Cf., sobre esse assunto, Philippe Decourt, Phénomènes de Reilly et syndrome général d'adaptation de Selye (*Études et Documents*, I), Tânger, Hesperis, 1951.
26 Les troubles fonctionnels en pathologie (Aula inaugural do curso de patologia médica). In: *La Presse médicale*, n. 103, 23 de dezembro de 1936. Este texto nos foi indicado por François Dagognet.

calculasse mal. O termo "erro" ocorreu naturalmente aos patologistas para designar um distúrbio cuja origem tem de ser procurada na própria função fisiológica, e não no agente externo. Identificando a histamina, Sir Henry Dale a havia considerado como um produto da "autofarmacologia orgânica". Pode-se, por conseguinte, deixar de classificar como erro um fenômeno fisiológico que leva ao que Bacq chama de: "Este verdadeiro suicídio do organismo por substâncias tóxicas que ele estoca em seus próprios tecidos."[27]

---

27 *Op. cit.*, p. 202.

III UM NOVO CONCEITO EM PATOLOGIA: O ERRO

Em nosso *Ensaio*, confrontamos a concepção ontológica da doença, que a entende como o oposto qualificativo da saúde, e a concepção positivista, que a deriva quantitativamente do estado normal. Quando a doença é considerada como um mal, a terapêutica é tida como uma revalorização; quando a doença é considerada como uma falta ou um excesso, a terapêutica consiste em uma compensação. Opusemos, à concepção de Claude Bernard sobre a doença, a existência de afecções como a alcaptonúria, cujo sintoma não é de modo algum derivável do estado normal, e cujo processo – metabolismo incompleto da tirosina – não tem relação quantitativa com o processo normal.[1] Hoje em dia, é preciso reconhecer que, mesmo naquela época, nossa argumentação poderia ter sido mais sólida se fosse mais fartamente alimentada de exemplos, levando em conta o albinismo e a cistinúria.

Essas doenças do metabolismo por bloqueio das reações em um estágio intermediário já em 1909 receberam, de Sir Archibald Garrod, o nome impressionante de erros natos do metabolismo.[2] Distúrbios bioquímicos hereditários, essas doenças genéticas podem, no entanto, não se manifestar logo ao nascer, mas a longo prazo ou ocasionalmente, como a carência do organismo humano em uma diástase (glicose-6-fosfatase-desidrogenase), que não se expressa por nenhum distúrbio se o portador não for levado a introduzir favas em sua alimentação, ou a ingerir primaquina para combater a malária. Há meio século, a medicina só conhecia uma

---

1   Cf. *supra*, p. 45.
2   *Inborn errors of metabolism* (Londres, H. Frowde, 1909).

meia dúzia dessas doenças, que podiam ser consideradas como raridades. Isso explica por que o conceito de erro inato de metabolismo não tenha sido um conceito usual em patologia, na época em que começamos nossos estudos médicos. Hoje em dia, conhecem-se mais de cem doenças bioquímicas hereditárias. A identificação e o tratamento de algumas dessas doenças, que são especialmente penosas, como a fenilcetonúria ou idiotia fenilpirúvica, permitem grandes esperanças em relação à extensão da explicação genética das doenças. A etiologia de doenças esporádicas ou endêmicas, como o bócio, constitui o objeto de revisões no sentido da pesquisa de anomalias bioquímicas de natureza genética.[3] Compreende-se, assim, que o conceito de erro inato do metabolismo, apesar de não ter se tornado propriamente um conceito vulgar, seja, no entanto, hoje em dia, um conceito usual. Importaram-se para o campo dos fenômenos bioquímicos os termos "anomalia" e "lesão", tirados da linguagem da patologia morfológica.[4]

No início, o conceito de erro bioquímico hereditário se baseava na engenhosidade de uma metáfora; ele se baseia, hoje em dia, na solidez de uma analogia. Na medida em que os conceitos fundamentais da bioquímica dos aminoácidos e das macromoléculas são conceitos tirados da teoria da informação, tais como código ou mensagem, na medida em que as estruturas da matéria da vida são estruturas de ordem linear, o negativo da ordem é a interversão, o negativo da sequência é a confusão, e a substituição de um arranjo por outro é o erro. A saúde é a correção genética e enzimática. Estar doente é ter sido feito falso, ser falso, não no sentido de um bilhete falso ou de um amigo falso, mas no sentido de um costume falso ou de um verso falso. Já que as enzimas são os mediadores pelos quais os genes dirigem as sínteses intracelulares de proteínas, já que a informação necessária a essa função de direção e de supervisão está inscrita nas moléculas de ácido desoxirribonucleico no nível do cromossomo, essa informação deve ser transmitida como uma mensagem do núcleo ao citoplasma, e aí deve ser interpretada,

---

3 Cf. M. Tubiana, Le goitre, conception moderne (*Revue française d'études cliniques et biologiques*, maio de 1962, p. 469-476).

4 Sobre uma classificação das doenças genéticas, cf. P. Bugard, *L'état de maladie*, Parte IV (Paris, Masson, 1964).

para que seja reproduzida, recopiada, a sequência de aminoácidos constitutiva da proteína a ser sintetizada. Mas, qualquer que seja o modo de interpretação, não existe interpretação que não implique um equívoco possível. A substituição de um aminoácido por outro cria a desordem por ininteligência da ordem dada. Por exemplo, no caso da anemia de hemácias falciformes, isto é, deformadas em forma de foice por retração consecutiva a uma baixa da pressão de oxigênio, a hemoglobina é que é anormal, pela substituição do ácido glutâmico pela valina, na cadeia de aminoácidos da globulina.

A introdução do conceito de erro na patologia é um fato de grande importância por dois motivos: em primeiro lugar, por manifestar uma transformação na atitude do homem em relação à doença – e não, como se poderia supor, por provocar essa transformação – e, em segundo lugar, por supor que esteja estabelecido um novo *status* na tentação de denunciar a confusão estabelecida entre pensamento e natureza, de protestar contra o fato de se atribuir à natureza os processos do pensamento, de protestar que o erro é próprio do julgamento, que a natureza pode ser testemunha, mas nunca juiz etc. Aparentemente, com efeito, tudo acontece como se o bioquímico e o geneticista atribuíssem aos elementos do patrimônio hereditário seu saber de químico e de geneticista, como se as enzimas pudessem ou devessem conhecer as reações de acordo com as quais a química analisa sua ação, e pudessem, em certos casos ou em certos momentos, ignorar uma delas ou ler errado o enunciado de uma dessas reações. Não se deve esquecer, porém, de que a teoria da informação não pode ser dividida, e que ela diz respeito tanto ao próprio conhecimento quanto a seus objetos, à matéria ou à vida. Nesse sentido, conhecer é se informar, aprender a decifrar ou a decodificar. Não há, portanto, diferença entre o erro da vida e o erro do pensamento, entre o erro da informação informante e o erro da informação informada. É a primeira que fornece a chave da segunda. Do ponto de vista filosófico, portanto, diríamos que se trata de um novo tipo de aristotelismo com a condição, é claro, de não confundir a psicobiologia aristotélica com a tecnologia moderna das transmissões.[5]

---

5   A respeito dessa questão, cf. R. Ruyer, *La cybernétique et l'origine de l'information*, 1954, e G. Simondon, *L'individu et sa genèse physico-biologique*, 1964, p. 22-24.

É também aristotélica, sob certos aspectos, essa noção de erro na composição bioquímica deste ou daquele constituinte do organismo. O monstro, segundo Aristóteles, é um erro da natureza que se enganou quanto à matéria. Na patologia molecular atual, o erro gera, sobretudo, o vício da forma, mas, no entanto, é um erro da natureza que se enganou quanto à matéria. Na patologia molecular atual, o erro gera, sobretudo, o vício da forma, mas, no entanto, é como microanomalia, micromonstruosidade que os erros bioquímicos hereditários são considerados. E assim como um certo número de anomalias morfológicas congênitas são interpretadas como fixação do embrião em um estágio do desenvolvimento, que, normalmente, deveria ser ultrapassado, assim também um certo número de erros metabólicos são interpretados como interrupção ou cessação de uma sequência de reações químicas.

Em uma tal concepção da doença, o mal é realmente radical. Ele se manifesta no nível do organismo considerado como um todo em conflito com um meio ambiente, mas provém das próprias raízes da organização, no nível em que ela ainda é apenas estrutura linear, no ponto em que começa não o reino, mas a ordem do ser vivo. A doença não é uma queda que sofremos, um ataque ao qual cedemos, é um vício originário de forma macromolecular. Se a organização é, originariamente, uma espécie de linguagem, a doença geneticamente determinada deixa de ser maldição para ser mal-entendido. Uma hemoglobina pode transmitir informações erradas, assim como um manuscrito pode também transmitir informações erradas. Mas, neste caso, trata-se de uma palavra que não remete a nenhuma boca, de uma escrita que não remete a nenhuma mão. Não há, portanto, má intenção por trás do defeito. Ser doente é ser mau, não como um menino mau, mas como um terreno mau. A doença deixa de ter qualquer relação com a responsabilidade individual. Não há mais imprudência, não há mais excesso a recriminar, nem mesmo responsabilidade coletiva, como em caso de epidemia. Os seres vivos são o resultado das próprias leis da multiplicação da vida, os doentes são o resultado da panmixia, do amor e do acaso. Tudo isso faz de nós seres únicos, como já foi dito muitas vezes para nos consolar de sermos feitos de bolinhas sorteadas na urna da hereditariedade mendeliana. Únicos, certamente, mas também, às vezes, deficientemente formados. Quando se trata apenas de erro de metabolismo da fructose, por *déficit* de aldolase hepática, o caso não é tão grave assim.[6] É mais grave quando se trata de hemofilia, por defeito da síntese de uma globulina. E como encontrar palavras adequadas para expressar a gravidade do erro do metabolismo do triptofano, que determina, segundo J. Lejeune, a trissomia mongoloide?

* * *

O termo "erro" mobiliza menos a afetividade do que os termos "doença" e "mal"; sem razão, no entanto, se é verdade que o erro está na origem do fracasso. É por isso que a introdução da ilusão teórica no vocabulário da patologia talvez dê a algumas pessoas a esperança de um progresso no sentido da racionalidade dos valores vitais negativos. De fato, a erradicação do erro, quando obtida, é irreversível, ao passo que a cura de uma doença constitui, às vezes, uma porta aberta a uma outra doença; daí o paradoxo das "doenças que é perigoso curar".[7]

No entanto, pode-se sustentar que a noção de erros orgânicos inatos não é nada tranquilizadora. É preciso muita lucidez, aliada a uma grande coragem, para não preferir uma ideia da doença em que possa ainda haver algum sentimento de culpabilidade individual a uma explicação da doença que pulveriza e dissemina sua causalidade no genoma familiar, em uma herança que o herdeiro não pode recusar, já que a herança e o herdeiro são uma só e mesma coisa. No entanto, é preciso admitir que a noção de erro, como conceito de patologia, é polissêmica. Essa noção consiste, originariamente, em uma confusão de fórmula, no falso considerado como verdadeiro, mas é reconhecida como tal através das conclusões de uma pesquisa suscitada pela dificuldade de viver, ou pela dor, ou pela morte de alguém. Relacionada com a recusa da morte, da dor, da dificuldade de viver, isto é, com as razões de ser da medicina, o erro de leitura enzimática é experimentado pelo homem que sofre suas consequências como um erro de pi-

---
6 Cf. S. Bonnefoy, *L'intolérance héréditaire au fructose* (Tese de Doutorado em Medicina, Lyon, 1961).
7 *Traité des maladies qu'il est dangereux de guérir*, por Dominique Raymond (1757). Nova edição aumentada com notas de M. Giraudy, Paris, 1808.

lotagem sem erro do piloto. Em poucas palavras, o emprego do termo que designa o erro lógico não consegue exorcisar completamente da semântica médica os traços da angústia experimentada diante da ideia de que é preciso admitir uma anormalidade originária.

Menos tranquilizadora é a ideia que devemos ter da resposta médica aos erros hereditários, quando formamos essa ideia como uma ideia e não como um desejo. Por definição, um tratamento não pode pôr termo àquilo que não é consequência de um acidente. A hereditariedade é o nome moderno da substância. Concebe-se que seja possível neutralizar os efeitos de um erro de metabolismo fornecendo constantemente ao organismo o produto de reação indispensável ao exercício de determinada função, exercício este do qual o organismo é privado por uma cadeia incompleta de reações. E é o que se consegue fazer no caso da oligofrenia fenilpirúvica. No entanto, compensar durante a vida toda a carência de um organismo é apenas perpetuar uma situação de deficiência. A solução real para uma heresia é a extirpação. Por que, então, não sonhar com uma caça aos genes heterodoxos, com uma inquisição genética? E, enquanto isso não acontece, por que não privar os genitores suspeitos da liberdade de gerar à vontade? Sabe-se que esses sonhos não são apenas sonhos para alguns biólogos filiados a uma tendência filosófica – se assim se pode dizer – bastante diferente. Mas, sonhando esses sonhos, entramos em um outro mundo, limítrofe do admirável mundo novo de Aldous Huxley, do qual foram eliminados os indivíduos doentes, suas doenças singulares e seus médicos. Imagina-se a vida de uma população natural como um saquinho de loto, e cabe aos funcionários designados pela ciência da vida verificar a regularidade dos números que ele contém, antes de se permitir aos jogadores tirá-los para colocá-los nos cartões. Na origem desse sonho, há a intenção generosa de poupar a seres vivos inocentes e impotentes o peso atroz de representar os erros da vida. Na meta de chegada desse sonho, encontra-se a polícia dos genes, encoberta pela ciência dos geneticistas. No entanto, não se deve deduzir daí a obrigação de adotar uma permissividade genética, mas apenas a obrigação de relembrar à consciência médica que sonhar com remédios absolutos é, muitas vezes, sonhar com remédios piores que o mal.

Um Novo Conceito em Patologia: o Erro

* * *

As doenças por malformações químicas inatas são numerosas quanto a suas variedades, mas cada uma delas é pouco difundida. Se não fosse assim, o conceito de sabedoria do corpo poderia parecer bem pouco pertinente. Aliás, poderíamos refutar essa afirmação dizendo que os erros da organização não contradizem a sabedoria dos organismos, isto é, dos casos em que a organização é bem-sucedida. Ocorre hoje em dia com a organização o mesmo que ocorria antigamente com a finalidade. Sempre se invocaram, contra a finalidade, os derrotados, a desarmonia dos organismos ou a rivalidade entre as espécies vivas, macroscópicas ou microscópicas. Mas, apesar de esses fatos constituírem objeções a uma finalidade real, ontológica, eles são, pelo contrário, argumentos a favor de uma finalidade possível, operacional. Se existisse uma finalidade perfeita, consumada, um sistema completo de relações de conveniência orgânica, o próprio conceito de finalidade não teria nenhum sentido como conceito, como projeto e modelo para pensar a vida, pela simples razão de que não haveria motivo para pensar nem razão para o pensamento, não havendo nenhuma defasagem entre a organização possível e a organização real. O pensamento da finalidade exprime a limitação de finalidade da vida. Se esse conceito tem um sentido, é porque ele é o conceito de um sentido, o conceito de uma organização possível, e, portanto, não garantida.

De fato, a explicação da relativa raridade das doenças bioquímicas provém do fato de que as anomalias hereditárias do metabolismo permanecem muitas vezes latentes, como disposições não ativadas. Não havendo encontros aleatórios com determinado componente do meio em que se vive, com determinado efeito da concorrência vital, essas anomalias podem permanecer para sempre ignoradas por seus portadores. Assim como nem todos os germes patogênicos determinam uma infecção em qualquer hospedeiro, em qualquer circunstância, do mesmo modo nem todas as lesões bioquímicas constituem a doença de alguém. Pode até mesmo acontecer que, em certos contextos ecológicos, essas lesões confiram uma certa superioridade àqueles que se deveriam chamar, então, de seus beneficiários. Por exemplo, no homem, o *deficit* em glicose-6-fosfato-desidrogenase só foi diagnosticado quando medicamentos antimaláricos (primaquina) foram administrados a populações negras dos Estados Unidos. Ora, segundo o Dr. Henri Péquignot: "Quando se estuda o modo como uma afecção enzimática, que é uma afecção genética, pôde se manter na população negra, compreendemos que esses indivíduos resistiram muito mais porque os 'doentes' portadores desse distúrbio são particularmente resistentes à malária. Seus antepassados da África negra eram pessoas 'normais' em relação aos outros que eram inadaptados, já que os negros resistiam à malária, ao passo que os outros morriam."[8]

Apesar de reconhecer que o valor eventual de certos erros bioquímicos inatos provém de uma relação entre o organismo e o meio, assim como o valor de sintoma de certos lapsos ou atos falhos provém, segundo Freud, da relação com uma determinada situação, abstemo-nos de definir o normal e o patológico simplesmente por sua relação com o fenômeno da adaptação. Durante o último quarto de século, esse conceito tem recebido uma tal extensão – às vezes descabida – em psicologia e em sociologia que, mesmo em biologia, só pode ser utilizado do ponto de vista mais crítico possível. A definição psicossocial do normal a partir do adaptado implica uma concepção da sociedade que o identifica sub-repticiamente e abusivamente com o meio, isto é, com um sistema de determinismos, apesar de essa sociedade ser um sistema de pressões que, antes de qualquer relação entre o indivíduo e ela, já contém normas coletivas para a apreciação da qualidade dessas relações. Definir a anormalidade a partir da inadaptação social é aceitar mais ou menos a ideia de que o indivíduo deve aderir à maneira de ser de determinada sociedade, e, portanto, adaptar-se a ela como a uma realidade que seria, ao mesmo tempo, um bem. Em virtude das conclusões de nosso primeiro capítulo, parece-nos lícito poder rejeitar esse tipo de definição sem ser taxado de anarquismo. Se as sociedades são conjuntos mal unificados de meios, podemos negar-lhes o direito de definir a normalidade pela atitude de subordinação

---

[8] *L'inadaptation, phénomène social* (Pesquisa e debates do C.C.I.F.), Fayard, 1964, p. 39. Como se pode ver pela contribuição do Dr. Péquignot ao debate, já citado, sobre a inadaptação, ele não identifica anormal com inadaptado, e nossas reservas críticas, nas linhas seguintes, não se referem a ele.

que elas valorizam com o nome de adaptação. No fundo, transportado para o terreno da psicologia e da sociologia, esse conceito de adaptação volta à sua acepção original. É um conceito popular de descrição da atividade técnica. O homem adapta seus instrumentos e, indiretamente, seus órgãos e seu comportamento a determinada matéria, a determinada situação. No século XIX, no momento de sua introdução em biologia, o conceito conservou, no campo de onde se originou, a significação de uma relação de exterioridade, de desafio entre uma forma orgânica e um meio ambiente que lhe é adverso. Esse conceito foi, em seguida, teorizado a partir de dois princípios inversos, um teleológico e outro mecanicista. Segundo o primeiro deles, o ser vivo se adapta de acordo com a procura de satisfações funcionais; segundo o outro, o ser vivo é adaptado pela ação de necessidades de ordem mecânica, físico-química, ou biológica (os outros seres vivos da biosfera). Na primeira interpretação, a adaptação é a solução de um problema de ideal a ser atingido conciliando os dados reais do meio com as exigências do ser vivo; na segunda interpretação, a adaptação exprime um estado de equilíbrio cujo limite inferior define, para o organismo, o pior, que é o risco de morte. Mas tanto em uma quanto em outra teoria, o meio é considerado como um fato físico, e não como um fato biológico, como um fato constituído e não como um fato a ser constituído. Ao passo que, se considerarmos a relação organismo-meio como consequência de uma atividade verdadeiramente biológica, como a procura de uma situação na qual o ser vivo, em vez de sofrer influências, recolhe as influências e as qualidades que correspondem a suas exigências, então os meios nos quais os seres vivos estão colocados estão delimitados por eles, centrados neles. Nesse sentido, o organismo não está jogado em um meio ao qual ele tem de se dobrar, mas, ao contrário, ele estrutura seu meio ao mesmo tempo que desenvolve suas capacidades de organismo.[9]

Isso é verdade especialmente no que se refere aos meios em que a vida se desenvolve e aos modos de vida próprios do homem nos grupos técnico-econômicos que, em determinado meio geográfico, são caracterizados não tanto pelas atividades que lhes são ofe-

---

9   Cf. nosso estudo Le vivant et son milieu. In: *La connaissance de la vie.*

recidas mas, sobretudo, pelas atividades que eles escolhem. Nessas condições, o normal e o anormal são determinados não tanto pelo encontro de duas séries causais, independentes – o organismo e o meio –, mas, sobretudo, pela quantidade de energia de que o agente orgânico dispõe para delimitar e estruturar esse campo de experiências e de empreendimentos a que chamamos nosso meio. Mas – perguntar-se-á – como acharíamos a medida dessa quantidade de energia? Essa medida deve ser procurada apenas na história de cada um de nós. Cada um de nós fixa suas normas ao escolher seus modelos de exercício. A norma do corredor de fundo não é a mesma do *sprinter*. Cada um de nós muda suas próprias normas, em função da idade e de suas normas anteriores. A norma do antigo *sprinter* não é mais sua norma de campeão. É normal, isto é, conforme à lei biológica do envelhecimento, que a redução progressiva das margens de segurança acarrete a diminuição dos níveis de resistência às agressões do meio. As normas de um velho seriam consideradas como deficiências do mesmo homem, quando adulto. Esse reconhecimento da relatividade individual e cronológica das normas não representa um ceticismo diante da multiplicidade, e sim tolerância diante da variedade. No *Ensaio* de 1943, chamamos de normatividade a capacidade biológica de questionar as normas usuais por ocasião de situações críticas, e propusemos medir a saúde pela gravidade das crises orgânicas superadas pela instauração de uma nova ordem fisiológica.[10]

* * *

Em páginas admiráveis e comoventes da *Naissance de la clinique*,[11] Michel Foucault mostrou como Bichat fez "o olhar médico girar sobre si mesmo" para pedir, à morte, explicação da vida.[12] Não sendo fisiologista, não temos a pretensão de crer que pedimos à doença explicação para a saúde. Está tão claro que é isso que teríamos desejado fazer, que não podemos negá-lo; ao mesmo tempo,

---
10 Cf. *supra*, p. 150-151.
11 *O nascimento da clínica*, publicado pela Editora Forense Universitária. (N.T.)
12 *Op. cit.*, p. 148.

porém, alegramo-nos por ter encontrado, na obra do Dr. Péquignot, a absolvição para nossa ambição de outrora: "No passado, todas as pessoas que tentaram construir uma ciência do normal, sem fazer observações a partir do patológico considerado como o dado imediato, fracassaram, muitas vezes de modo ridículo."[13] Inteiramente convencidos do fato analisado *supra*, de que o conhecimento da vida, assim como o conhecimento da sociedade, supõe a prioridade da infração sobre a regularidade, gostaríamos de terminar essas novas reflexões sobre o normal e o patológico esboçando uma patologia paradoxal do homem normal, mostrando que a consciência da normalidade biológica inclui a relação com a doença, o recurso à doença, como a única pedra de toque que essa consciência reconhece e, portanto, exige.

Em que sentido devemos compreender a doença do homem normal? Não no sentido de que somente o homem normal pode ficar doente, como apenas o ignorante pode se tornar sábio. Não no sentido de que podem acontecer ligeiros acidentes que perturbem – sem no entanto alterá-lo – um estado de regularidade e de equilíbrio: o resfriado, a cefaleia, um prurido, uma cólica, qualquer acidente sem valor de sintoma, alerta sem alarme. Por doença do homem normal deve-se compreender o distúrbio que, com o tempo, se origina da permanência do estado normal, da uniformidade incorruptível do normal, a doença que nasce da privação de doenças, de uma existência quase incompatível com a doença. É preciso admitir que o homem normal só sabe que é normal em um mundo em que nem todo homem o é, e sabe, por conseguinte, que é capaz de ficar doente, assim como um bom piloto sabe que é capaz de encalhar seu barco, ou como um homem educado sabe que é capaz de cometer uma gafe. O homem normal se sente capaz de adoecer, mas experimenta a certeza de afastar essa eventualidade. Tratando-se da doença, o homem normal é aquele que experimenta a certeza de poder frear, nele mesmo, um processo que, em outros, iria até o fim da linha. Portanto, para que o homem normal possa se considerar como tal, e crer na sua normalidade, precisa não do antegosto da doença, mas de sua sombra projetada.

---

13 *Initiation à la médecine* (Paris, Masson, 1961), p. 26.

Pouco a pouco, surge um mal-estar pelo fato de não se estar doente em um mundo em que há doentes. E se isso ocorresse não por sermos mais fortes que a doença ou mais fortes do que os outros, mas simplesmente por não ter havido oportunidade de a doença se manifestar? E se, afinal, quando chegasse a ocasião, nós nos mostrássemos tão fracos, ou talvez mais desprotegidos ainda do que os outros? Assim nasce, no homem normal, uma inquietação por ter permanecido normal, uma necessidade da doença como maneira de testar a saúde, isto é, como sua prova, uma procura inconsciente da doença, uma provocação à doença. A doença do homem normal é o aparecimento de uma falha na sua confiança biológica em si mesmo.

Nosso esboço de patologia é, evidentemente, uma ficção. A análise que essa patologia substitui pode ser rapidamente reconstituída, com a ajuda de Platão. "Na minha opinião, dizer que o médico se enganou, que o calculador ou o gramático se enganaram são apenas maneiras de falar; na realidade, nenhum deles, na minha opinião, enquanto merece o nome que lhe damos, jamais se engana; pois ele só se engana na medida em que sua arte o abandona, e, nesse ponto, ele não é mais artista."[14] Apliquemos ao paciente o que foi dito *supra* a respeito do médico. Diremos que o homem são só se torna doente enquanto são. Nenhum homem são fica doente, pois ele só é doente quando sua saúde o abandona e, nesse momento, ele não é mais são. O homem dito são não é, portanto, são. Sua saúde é um equilíbrio conquistado à custa de rupturas incoativas. A ameaça da doença é um dos elementos constitutivos da saúde.

---

14 *La République*, 340 d (trad. Chambray, Les Belles Lettres).

EPÍLOGO

Nossa concepção do normal é, sem dúvida, muito arcaica. No entanto, ela é, ao mesmo tempo – como alguns críticos observaram em 1943 –, uma concepção da vida que só se pode formar quando se é jovem, e talvez por isso mesmo seja uma concepção arcaica. Uma observação que não nos era dirigida encantou-nos, e pedimos licença para aplicá-la à nossa obra: "A noção deste ideal que é o normal se confundiu com o estado anterior eufórico do indivíduo que tinha acabado de cair doente... A única patologia então constatada era uma patologia de indivíduos jovens."[1] E sem dúvida era necessária a temeridade da juventude para nos julgarmos à altura de um estudo de filosofia médica sobre as normas e o normal. A dificuldade de uma tal empresa nos faz estremecer. Temos consciência disso, atualmente, ao terminar estas poucas páginas de continuação. Por esta confissão, o leitor poderá avaliar o quanto, com o tempo, e de acordo com nosso discurso sobre as normas, reduzimos nossas próprias normas.

---

1   H. Péquignot, *Initiation à la médecine*, p. 20.

BIBLIOGRAFIA

Além das obras e artigos citados em referência, nas páginas precedentes, a lista a seguir inclui alguns outros textos que alimentaram nossa reflexão.

ABRAMI (P.). Les troubles fonctionnels en pathologie (aula inaugural do Curso de Patologia Médica da Faculdade de Medicina de Paris). *La presse médicale*, 23 dez. 1936.

AMIEL (J.-L.). Les mutations: notions récentes. In: *Revue française d'études cliniques et biologiques*, X, p. 687-690, 1965.

BACHELARD (G.). *La terre et les rêveries du repos*. Paris: Corti, 1948.

BACQ (Z. M.). *Principes de physiopathologie et de thérapeutique générales*. 3. ed. Paris: Masson, 1963.

BALINT (M.). *Le médecin, son malade et la maladie*. Trad. fr. Paris: Presses Universitaires de France, 1960.

BERGSON (H.). *Les deux sources de la morale et de la religion* (1932). 20. ed. Paris: Alcan, 1937.

BERNARD (Cl.). *Introduction à l'étude de la médecine expérimentale* (1865). Paris: Delagrave, 1898.

_____. *Principes de médecine expérimentale*. Paris: Presses Universitaires de France, 1947.

BONNEFOY (S.). *L'intolérance héréditaire au fructose*. Tese de Medicina. Lyon, 1961.

BÖSIGER (E.). Tendances actuelles de la génétique des populations. In: *La biologie, acquisitions récentes* (XXVIe Semaine Internationale de Synthèse). Paris: Aubier, 1965.

BRISSET (Ch.); LESTAVEL et al. *L'inadaptation, phénomène social* (Pesquisas e debates do C.C.I.F.). Paris: Fayard, 1964.

BUGARD (P.). *L'état de maladie*. Paris: Masson, 1964.

CANGUILHEM (G.). *La connaissance de la vie* (1952). 2. ed. Paris: Vrin, 1965.

_____. Le problème des régulations dans l'organisme et dans la société. In: *Cahiers de l'Alliance Israélite Universelle*, n. 92, set.- out. 1955.

_____. La pensée de René Leriche. In: *Revue philosophique*, jul.-set. 1956.

_____. Pathologie et physiologie de la thyroïde au XIXe siècle. In: *Thalès*. Paris: Presses Universitaires de France, IX, 1959.

CANGUILHEM (G.); LAPASSADE (G.); PIQUEMAL (J.); ULMANN (J.). Du développement à l'évolution au XIXe siècle. In: *Thalès*. Paris: Presses Universitaires de France, XI, 1962.

CANNON (W. B.). *La sagesse du corps*. Paris: Éditions de la Nouvelle Revue Critique, 1946.

CHESTERTON (G. K.). *Ce qui cloche dans le monde*. Paris: Gallimard, 1948.

COMTE (A.). *Cours de philosophie positive*, t. III (1838), 48ª Lição. Paris: Scleicher, 1908.

_____. *Système de politique positive*, t. II (1852), cap. V. Paris: Société Positive, 1929.

COURTÈS (F.). La médecine militante et la philosophie critique. In: *Thalès*. Paris: Presses Universitaires de France, IX, 1959.

DAGOGNET (F.). Surréalisme thérapeutique et formation des concepts médicaux. In: *Hommage à Gaston Bachelard*. Paris: Presses Universitaires de France, 1957.

_____. La cure d'air: essai sur l'histoire d'une idée en thérapeutique. In: *Thalès*. Paris: Presses Universitaire de France, X, 1960.

_____. *La raison et les remèdes*. Paris: Presses Universitaires de France, 1964.

DECOURT (Ph.). Phénomènes de Reilly et syndrome général d'adaptation de Selye (*Études et Documents*, I). Tânger: Hesperis, 1951.

DUYCKAERTS (F.). *La notion de normal en psychologie clinique*. Paris: Vrin, 1954.

FOUCAULT (M.). *La naissance de la clinique*. Paris: Presses Universitaires de France, 1962.

FREUND (J.). *L'essence du politique*. Paris: Sirey, 1965.

GARROD (S. A.). *Innborn errors of metabolism*. Londres: H. Frowde, 1909.

GOUREVITCH (M.). *À propos de certaines attitudes du public vis-à-vis de la maladie*. Tese de Medicina. Paris, 1963.

GRMEK (M.-D.). La conception de la santé et de la maladie chez Claude Bernard. In: *Mélanges Koyré*. Paris: Hermann, I, 1964.

GROTE (L. R.). Über den Normbegriff im ärztlichen Denken. In: *Zeitschrift für Konstitutionslehre*. Berlim: Springer, III, 5, 24 jun. 1922.

GUIRAUD (P. J.). *La grammaire*. Paris: Presses Universitaires de France ("Que sais-je?", n. 788), 1958.

HUXLEY (J.). *La génétique soviétique et la science mondiale*. Paris: Stock, 1950.

IVY (A. C.). What is normal or normality? In: *Quarterly Bull*. Northwestern Univ. Med. School, 18, Chicago, 1944.

JARRY (J.-J.); AMOUDRU (C.); CLAEYS (C.); QUINOT (E.). La notion de "Norme" dans les examens de santé. In: *La presse médicale*, 12 fev. 1966.

KAYSER (Ch.). *Physiologie du travail et du sport*. Paris: Hermann, 1947.

_____. Le maintien de l'équilibre pondéral (*Acta neurovegetativa*, XXIV, 1-4). Viena: Springer, [s.d.] .

KLINEBERG (O.). *Tensions aflecting international understanding. A survey of research*. Nova Iorque: Social Science Research Council, 1950.

LEJEUNE (J.). Leçon inaugurale du cours de génétique fondamentale. In: *Semaine des hôpitaux*, 8 maio 1965.

LEROI-GOURHAN (A.). *Le geste et la parole*: I – *Technique et langage*; II – *La mémoire et les rythmes*. Paris: A. Michel, 1964 e 1965.

LESKY (E.). *Österreichisches Gesundheitswesen im Zeitalter des aufgeklärten Absolutismus*. Viena: R. M. Rohrer, 1959.

LÉVI-STRAUSS (C.). *Tristes tropiques*. Paris: Plon, 1955.

LWOFF (A.). Le concept d'information dans la biologie moléculaire. In: *Le concept d'information dans la science contemporaine*. Paris: Les Éditions de Minuit, 1965.

MAILY (J.). *La normalisation*. Paris: Dunod, 1946.

MÜLLER (H. J.). *Hors de la nuit*. Paris: Gallimard, 1938.

PAGÈS (R.). Aspects élémentaires de l'intervention psycho-sociologique dans les organisations. In: *Sociologie du travail*, V, 1. Paris: Éd. du Seuil, 1963.

PÉQUIGNOT (H.). *Initiation à la médecine*. Paris: Masson, 1961.

PLANQUES (J.); GREZES-RUEFF (Ch.). Le problème de l'homme normal. In: *Toulouse médical*, ano 54, n. 8, ago.-set. 1953.

RAYMOND (D.). *Traité des maladies qu'il est dangereux de guérir* (1757). Nova edição por Giraudy. Paris, 1808.

ROLLESTON (S. H.). *L'âge, la vie, la maladie*. Paris: Doin, 1926.

RUYER (R.). *La cybernétique et l'origine de l'information*. Paris: Flammarion, 1954.

RYLE (J. A.). The meaning of normal. In: *Concepts of medicine, a collection of essays on aspects of medicine*. Oxford-Londres-Nova Iorque-Paris: Pergamon Press, 1961.

SELYE (H.). Le syndrome général d'adaptation et les maladies de l'adaptation. In: *Annales d'endocrinologie*, n. 5 e 6, 1964.

_____. *Stress*. Montreal: [s.n.], 1950.

_____. D'une révolution en pathologie. In: *La Nouvelle nouvelle Revue française*, 1º mar. 1954.

SIMONDON (G.). *L'individu et sa genèse physico-biologique*. Paris: Presses Universitaires de France, 1964.

STAROBINSKI (J.). Une théorie soviétique de l'origine nerveuse des maladies. In: *Critique*, 47, abr. 1951.

_____. Aux origines de la pensée sociologique. In: *Les temps modernes*, dez. 1962.

STOETZEL (J.). La maladie, le malade et le médecin: esquisse d'une analyse psychosociale. In: *Population*, XV, 4, ago.-set. 1960.

TARDE (G.). *Les lois de l'imitation*. Paris: Alcan, 1890.

TUBIANA (M.). Le goitre, conception moderne. In: *Revue française d'études cliniques et biologiques*, maio 1962.

VALABREGA (J.-P.). *La relation thérapeutique: malade et médecin*. Paris: Flammarion, 1962.

VANDEL (A.). *L'homme et l'évolution*. Paris: Gallimard, 1949 (2. ed., 1958).

_____. L'évolutionnisme de Teilhard de Chardin. In: *Études philosophiques*, 4, 1965.

WIENER (N.). The concept of homeostasis in medicine. In: *Concepts of medicine* (ver em RYLE).

_____. L'homme et la machine. In: *Le concept d'information dans la science contemporaine*. Paris: Les Éditions de Minuit, 1965.

ÍNDICE DOS NOMES CITADOS

Abrami (P.) – 221
Alembert (d') – 194, 244
Aristóteles – 202, 226

Bachelard (G.) – 189, 191
Bacq (Z. M.) – 209, 220, 222
Bergson (H.) – 199
Bernard (C.) – 184, 203, 209, 210, 214, 223

Bichat (X.) – 232
Bösiger (E.) – 213
Brown (J.) – 184
Bugard (P.) – 224

Cannon (W. B.) – 208, 209
Chesterton (G. K.) – 206, 207
Comte (A.) – 200
Courtès (F.) – 183

Dagognet (F.) – 221
Dale (S. H.) – 222
Decourt (Ph.) – 221
Descartes (R.) – 193
Diderot (D.) – 192, 194
Duyckaerts (F.) – 211

Foucault (M.) – 232
Freund (J.) – 198

Garrod (S. A.) – 223
Guiraud (P.) – 194, 195

Haldane (J. B. S.) – 214
Huxley (A.) – 228
Huxley (J.) – 208

Ivy (A. C.) – 214-216

Kant (E.) – 183, 187, 193
Kayser (Ch.) – 188, 214, 220
Kelsen (H.) – 198
Klineberg (O.) – 218, 219

La Fontaine – 197
Lapassade (G.) – 212
Laugier (H.) – 214
Lejeune (J.) – 227
Leriche (R.) – 185, 193
Leroi-Gourhan (A.) – 204
Lévi-Strauss (C.) – 192, 205
Littré (E.) – 192
Lwoff (A.) – 214

Maily (J) – 196
Marx (K.) – 214
Mayer (A.) – 214
Metz (B.) – 214
Müller (H. J.) – 207, 208

Ovídio – 191

Pagès (R.) – 218
Péquignot (H.) – 230, 233, 235
Piquemal (J.) – 212
Platão – 193, 234

Quêtelet (A.) – 210, 211
Raymond (D.) – 227
Reilly (J.) – 219, 221
Rousseau (J. J.) – 192
Ruyer (R.) – 225
Ryle (J. A.) – 216, 217

Selye (H.) – 219-221
Simondon (G.) – 225
Starling (E. S.) – 209
Starobinski (J.) – 192

Tarde (G.) – 203
Tubiana (M.) – 224

Ulmann (J.) – 212

Vandel (A.) – 212
Vaugelas – 194

POSFÁCIO

A FILOSOFIA DA CIÊNCIA DE GEORGES CANGUILHEM

Epistemologia e História das Ciências

Pierre Macherey

Apresentação de Louis Althusser

Pela primeira vez, temos à mão uma visão sistemática dos trabalhos de G. Canguilhem, apresentada no artigo que vamos ler.[1] O nome deste filósofo e historiador das ciências, diretor do Instituto da História das Ciências da Universidade de Paris, é bem conhecido por todos aqueles que, em filosofia e nas ciências, se interessam pelas *novas* pesquisas sobre a epistemologia e a história das ciências. Seu nome e sua obra irão logo conhecer um público muito mais amplo. É justo que a revista fundada por Langevin dê acolhida ao primeiro estudo aprofundado que lhe é consagrado na França.

Epistemologia (ou filosofia das ciências), história das ciências. Essas disciplinas não são novas. Por que falar de *novas* pesquisas, e que novidade *radical* esperar de uma reflexão que já tem um longo passado e um importante número de trabalhos em seu ativo? Será que nem todo cientista se interessa, desde que seja um pouco curioso, pela *história* da sua ciência; será que nem todo cientista se coloca, mesmo que de forma simples, questões fundamentais sobre a razão de ser dos problemas, dos conceitos, dos métodos de sua ciência, questões filosóficas (epistemológicas) sobre sua própria ciência? Não existem excelentes obras, muito eruditas, sobre a história de cada ciência, e, por exemplo, os próprios matemáticos que assinam sob o nome de Bourbaki a grande obra matemática dos últimos 20 anos não tiveram o cuidado de dar, em todas as suas obras, uma nota *histórica* prévia ao tratamento de todos os problemas? Quanto à filosofia das ciências, ela remonta às origens da filosofia: de Platão a Husserl e Lenin (em *Materialismo e empirocriticismo*),

---
1 O texto de Pierre Macherey foi publicado originalmente na revista *La pensée* (1972).

passando pela filosofia cartesiana, pela filosofia racionalista do século XVIII, Kant e Hegel, e Marx, a filosofia das ciências é muito mais do que uma parte da filosofia entre outras: ela é a sua parte *essencial*, na mesma medida em que, pelo menos desde Descartes, a ciência, as ciências existentes (a matemática com Descartes, depois a física no século XVIII, depois a biologia e a história no século XIX, depois a matemática, a física e a lógica matemática e a história desde então) servem de *guia* e de *modelo* a toda reflexão filosófica. A filosofia marxista-leninista recolheu o melhor dessa herança: ela requer uma teoria da história das ciências e uma epistemologia que remetam uma à outra em uma profunda unidade.

É justamente essa *unidade* que se constitui atualmente em problema e dificuldade. São muito raras as obras, seja de história das ciências, seja de epistemologia, que nos propõem essa *unidade*. Mais frequentemente, o historiador narra a "história" de uma ciência narrando a sucessão das descobertas, ou – no melhor dos casos – a sucessão das teorias, para mostrar o progresso realizado, fazer ver como toda teoria responde aos problemas insolúveis da teoria precedente etc. Por isso sugere-se que o progresso ou "história" de uma ciência depende seja dos acasos das descobertas, seja da necessidade de responder às questões que ficaram anteriormente sem resposta. Por isso os historiadores das ciências nos indicam que eles fazem da *história* de que nos falam uma determinada ideia (raramente enunciada, mas real) que é: ou a ideia de uma história *contingente* (uma sucessão de acasos geniais: as descobertas), ou a ideia de uma história *lógica*, quero dizer, movida pela *lógica*, que quer que toda ciência progrida *respondendo* às *questões* que ficaram sem resposta no estado precedente da ciência – como se, pelo contrário, o progresso real de uma ciência não se fizesse com bastante frequência refutando-se as *questões* que ficaram em suspenso e propondo-se *outras questões*. As duas concepções da história que acabamos de designar (contingente, lógica) são concepções idealistas. É no século XVIII, com os enciclopedistas, d'Alembert, Diderot, Condorcet e seus discípulos, que encontramos os mais puros exemplos dessas concepções, que são, ainda hoje, geralmente aceitas.

No fundo, as histórias das ciências mais divulgadas não passam, na maioria das vezes, de simples crônicas científicas, ou, ao contrário das filosofias (idealistas) da história, buscando no desenvolvimento das ciências algo que justifique, pelo seu "exemplo", os "valores" ideológicos trazidos por essas filosofias. Muito frequentemente, da mesma maneira, a parte, essencial a toda a filosofia racionalista crítica (idealista) moderna, a partir de Descartes, que a filosofia, de um modo amplo, consagra às ciências, não passa da justificação, no exemplo da estrutura e dos problemas de uma ciência, das teses ideológicas que toda filosofia idealista defende e propõe.

Há alguns anos, sob o efeito de uma conjuntura teórica precisa (reencontro das questões teóricas colocadas, a partir de problemas científicos reais e de problemáticas diferentes, mas relativamente convergentes: as de Marx-Lenin, Husserl, Hegel – e até mesmo, paradoxalmente, mas realmente para quem conhece essas "artimanhas" da história, a problemática de Nietzsche –, sem esquecer tudo o que provém de válido hoje do modelo linguístico), a velha concepção tanto da história das ciências como da filosofia das ciências (epistemologia) é novamente questionada. Caminhos *novos* foram abertos, na epistemologia, por Cavaillès, G. Bachelard e J. Vuillemin, e, na história das ciências, por G. Canguilhem e M. Foucault.

A *primeira novidade* dessas pesquisas tem a ver com uma exigência elementar, e, no entanto, até o aparecimento desses autores, frequentemente negligenciada: o respeito escrupuloso pela realidade da ciência real. Os novos epistemólogos se parecem com os etnólogos, que fazem "pesquisa de campo": eles vão ver à ciência de perto, e não aceitam falar daquilo que ignoram, ou do que não conhecem senão de segunda ou terceira mão (infelizmente era o caso de Brunschivcg), ou percebem de fora, isto é, de longe. Essa simples exigência de honestidade e de conhecimento científico, *vis-à-vis* à realidade de que se fala, subverteu os problemas da epistemologia clássica. Os epistemólogos modernos simplesmente descobriram que *as coisas não se passam na ciência* como se acreditava e, em particular, como muitos filósofos acreditavam.

A *segunda novidade* dessas pesquisas tem a ver com esta outra exigência elementar: que é por direito impossível tomar uma simples crônica ou uma filosofia da história (ou seja, uma concepção ideológica da história, do progresso da história, do progresso da Razão etc.) como a *História*. Aí também os novos historiadores da história fizeram pesquisa de campo. Eles estudaram detalhadamente, à custa de um enorme trabalho de pesquisa (porque tiveram que se servir de documentos convenientemente *desconhecidos*, aqueles que seus predecessores se negaram a usar porque não lhes serviam para suas demonstrações..., aqueles que tinham sido enterrados no esquecimento oficial, porque contraditórios com as verdades oficiais), a realidade mesma da história real. E eles também descobriram que, na história, *as coisas não se passavam tampouco como se acreditava*. Marx fizera, em sua época, a mesma experiência com aquilo que todo o mundo, no entanto, considerava como a parte mais "científica" da história: a economia política inglesa – e, claro, com as concepções ideológicas da história, do "motor" da história e do papel respectivo da economia, da política e das ideias. Os novos historiadores da ciência, que algumas vezes estão longe de se dizerem marxistas (G. Canguilhem conhece muito bem Marx, mas invoca, em seus trabalhos, outros mestres, de Comte[2] a Cavaillès e Bachelard), fizeram, em seu trabalho de pesquisa, a mesma experiência. E eles começam a nos apresentar seus resultados.

Resultados importantes: que simplesmente estão em vias de alterar as velhas concepções tradicionais, empiristas, positivistas, idealistas, da epistemologia e da história.

---

2   G. Canguilhem não desaprovaria este admirável texto de A. Comte: "... Não apenas as diversas partes de cada ciência, que se é levado a separar de acordo com uma ordem *dogmática*, se desenvolveram, na realidade, simultaneamente e sem a influência umas das outras, motivo pelo qual se tenderia a preferir a ordem *histórica*; mas, considerando em seu conjunto o desenvolvimento efetivo do espírito humano, vê-se, além disso, que as diferentes ciências, de fato, foram se aperfeiçoando ao mesmo tempo e mutuamente; vê-se mesmo que os progressos das ciências e os das artes têm dependido uns dos outros, por inúmeras influências recíprocas, e, finalmente, que todos têm estado muito estreitamente ligados ao desenvolvimento geral da sociedade humana. Esse vasto encadeamento é de tal modo real que frequentemente, para conceber a generalização efetiva de uma teoria científica, o espírito é levado a considerar o aperfeiçoamento de alguma *arte que não tem com ela nenhuma ligação racional, ou mesmo algum progresso particular na organização social, sem o qual essa descoberta não poderia ter lugar*. Veremos a seguir inúmeros exemplos disso. Resulta então daí que *não se pode conhecer a verdadeira história de cada ciência, isto é, a formação real das descobertas de que ela se compõe, senão estudando, de maneira geral e direta, a história da humanidade.* É por isso que todos os documentos recolhidos até aqui sobre a história da matemática, da astronomia, da medicina (...), por mais preciosos que sejam, não podem ser vistos senão como *materiais*" (Augusto Comte, *Curso de filosofia positiva*, 2ª Lição (trechos escolhidos), Ed. Gouhier, Aubier, p. 115).

Primeiro resultado: a distinção entre a realidade do trabalho científico real e sua interpretação espontaneamente "positivista" (é preciso entender essa palavra no seu sentido ideológico, que é ligeiramente distinto do termo *positivismo*, com que Comte batizou a sua concepção idealista da história humana e da história das ciências). A ciência não aparece mais como a simples constatação de uma *verdade* nua e dada, que *seria encontrada* ou revelada, mas como a produção (que também tem uma história) de conhecimentos, produção dominada por elementos complexos, tais como as teorias, os conceitos, os métodos, e as múltiplas relações internas, que ligam organicamente esses elementos diferentes. Conhecer o trabalho real de uma ciência supõe o conhecimento de todo esse conjunto orgânico complexo.

Segundo resultado: esse conhecimento supõe um outro conhecimento, o do devir real, da história desse conjunto orgânico de teoria-conceitos-métodos, e dos seus resultados (aquisições, descobertas científicas) que, ao mesmo tempo que vêm integrar-se ao conjunto, modificam-no em sua forma ou em sua estrutura. Por isso a história, a verdadeira história das ciências, aparece como inseparável de toda epistemologia, como sua condição essencial. Mas a história que esses pesquisadores descobrem é também uma história nova, que não traz mais a marca idealista das anteriores filosofias da história, que abandona acima de tudo o velho esquema idealista de um progresso mecânico (acumulativo: d'Alembert, Diderot, Condorcet etc.) ou dialético (Hegel, Husserl, Brunschvicg) *contínuo*, sem rupturas, sem paradoxos, sem recuos, sem saltos. Uma nova história aparece: a do devir da razão científica, despojada, porém, desse simplismo idealista tranquilizador que fazia com que – da mesma forma que um benefício não se perde nunca mas encontra sempre a sua recompensa – uma questão científica não ficasse nunca sem resposta, mas que encontrasse sempre *sua* resposta. A realidade tem um pouco mais de imaginação: existem questões que jamais terão respostas porque são questões imaginárias, que não correspondem a problemas reais; há respostas imaginárias, que deixam sem verdadeira resposta o problema real que elas eludem; há ciências que se dizem ciências e não passam de impostura científica de uma ideologia social; há ideologias não científicas que, em encontros paradoxais, produzem verdadeiras descobertas – como se vê o faiscar do fogo nascido do choque de dois corpos estranhos. Por isso mesmo toda a complexa realidade da história, em todas as suas determinações econômicas, sociais, ideológicas, entra em jogo na inteligência da própria história científica. As obras de Bachelard, de Canguilhem e de Foucault são a prova disso.

Diante desses resultados por vezes muito surpreendentes (G. Canguilhem *demonstrou* também que a teoria do reflexo havia nascido historicamente no seio da teoria *vitalista*, e não, como todo o mundo acreditava, para atender às necessidades da (boa?) causa, no seio da ideologia *mecanicista* do século XVII), o mais grave erro que se cometeria seria acreditar que eles nos lançam em alguma variante do *irracionalismo*. Seria o erro proveniente de um juízo leviano, mas que teria pesadas consequências. Na verdade, essa nova epistemologia e a nova história das ciências a que ela serve de base constituem a forma científica de uma concepção verdadeiramente *racional* de seu objeto. Que o racionalismo tenha podido ser idealista, que ele possa conhecer também, em seu velho domínio de eleição, uma mutação que o leve às margens do materialismo e da dialética, não é algo que possa surpreender ou inquietar o marxismo. Lenin, em textos que são por todos conhecidos, já o havia anunciado há meio século.

Louis Althusser

* * *

"A história de uma ciência não poderia ser uma simples coleção de biografias, nem, com maior razão, um quadro cronológico amenizado por anedotas. Ela deve ser também uma história da formação, da deformação e da retificação dos conceitos científicos..."[3]

(...) É dessa impaciência, desse desejo de tornar transparentes uns em relação aos outros os momentos do tempo que a história das ciências deve nos curar. Uma história benfeita, seja ela qual for, é aquela que logrou tornar sensível a opacidade e a espessura do tempo...

---

3   *Introduction au traité de physiologie de Kayser*, p. 18.

(...) Eis aí o elemento realmente histórico de uma pesquisa, na medida em que a história – sem ser, por outro lado, miraculosa ou gratuita – é totalmente diferente da lógica, que é capaz de explicar o acontecimento que ocorreu, mas incapaz de deduzi-lo antes do momento de este existir."[4]

A obra epistemológica e histórica de G. Canguilhem impressiona, antes de tudo, pela sua especialização.[5]

A reflexão nela é tão rigorosa e continuamente relacionada a objetos precisos que, finalmente, se deve indagar sobre o *status* de uma pesquisa tão concreta e *adaptada*: porque, mesmo sendo erudita, contém um ensinamento geral, e, não tendo senão uma função de conhecimento dos detalhes, ela tem um alcance de *verdade*. Daí este paradoxo: o que é que se questiona por meio de uma série de estudos, cuja consistência parece não se dever senão aos objetivos que se propõe, entre os quais, contudo, se manifesta uma surpreendente convergência? Um primeiro inventário nos situa diante de uma diversidade radical. Diversidade de assuntos, em primeiro lugar: a enfermidade, o meio ambiente, o reflexo, os monstros, as funções da glândula tireoide. Diversidade de temas, em seguida: dentro de cada obra e de cada artigo encontra-se uma multiplici-

---

4   *Pathologie et physiologie de la thyroïde au XIXe siècle* (*Thalès*, 1958), p. 78, 91.
5   Aos dois títulos já mencionados é preciso acrescentar três livros:
    – *Essai sur quelques problèmes concernant le normal et le pathologique* (Tese de Medicina, 1943);
    – *La connaissence de la vie* (Flammarion);
    – *La formation du concept de réflexe* (PUF), e depois alguns artigos, entre os quais essencialmente:
        – Note sur la situation faite à la philosophie biologique en France (*Revue de Métaphysique et de Morale*, 1947);
        – Qu'est-ce que la psychologie? (*id.*, 1958);
        – Une épistémologie concordataire (In: *L'hommage à Bachelard*, PUF);
        – L'histoire des sciences dans l'oeuvre épistémologique de G. Bachelard (*Annales*, Universidade de Paris, 1963);
        – o artigo sobre Les fonctions de la thyroïde (*Thalès*, 1958);
        – o artigo sobre La psychologie animale et la psychologie humaine d'après Darwin (*Revue d'histoire des sciences*, 1961);
        – La diffusion scientifique (*Revue de l'enseignement supérieur*, n. 3, 1961);
        – G. Bachelard et les philosophes (*Sciences*, mar.-abr. 1963);
        – Scientific change (Simpósio sobre História da Ciência, Oxford, 1961), a participação em um número de *Thalès* sobre *A história da ideia de evolução*, redigida coletivamente (1960), e na *Histoire des sciences* dirigida por Taton (PUF).

dade de níveis a ponto de poder-se pensar na possibilidade de se fazerem várias leituras ao mesmo tempo, para aí buscar e encontrar uma teoria da ciência, uma teoria da história das ciências e, finalmente, a própria história das ciências e das técnicas, na realidade de seus caminhos. Isso sem que jamais um nível seja substituído, como pretexto, pelo outro: não se encontra, a *propósito* do reflexo ou da tireoide, utilizados como ilustrações, uma reflexão sobre a história das ciências. As diferentes linhas que se podem isolar resultam necessariamente semelhantes, e é essa *unidade* que é preciso pensar, já que a ligação dos diferentes níveis indica a coerência de uma reflexão, seus objetos e seus métodos.

Mas como abordar essa *unidade*? Para começar, há dois caminhos possíveis: pode-se procurar um conteúdo *comum*, uma problemática comum, um objeto comum ou uma indagação comum. E é pelo lado do objeto que se é naturalmente atraído: porque qualquer reflexão sobre a ciência, seja ela histórica ou essencial, parece extrair sua coerência da existência, da presença *de fato* de uma ciência constituída. Mas, se a ciência é o objeto procurado, é preciso saber como definir esse objeto: somos então levados de novo e diretamente a uma teoria da ciência, ao problema da existência de direito da ciência, da sua legalidade, problema que deve ser resolvido dentro da própria ciência, ou seja, por uma epistemologia. Esse problema, contudo, pressupõe outro: é a existência *de fato* da ciência que coloca a questão *de direito*, questão que não é mais intrínseca ao desenvolvimento da ciência, mas sim uma outra questão, colocada à ciência, e não mais colocada pela ciência. Somos então levados novamente da problemática do objeto à da questão: ou seja, vai-se descrever o fenômeno científico como uma *atitude*, como uma *tomada de posição* dentro de um debate. E isso porque a ciência não determina completamente as condições desse debate, porque ela não o assume totalmente, ficando apenas *uma parte* no processo, possível também de ser questionada *de fora*. É também porque a ciência é uma *tomada de posição*, que se torna possível, *reciprocamente, tomar-se posição em relação a ela*.

Os livros de G. Canguilhem colocam-nos, de fato, diante de uma obra essencialmente *polêmica*, não restrita à descrição do seu objeto, mas obcecada sempre pela problemática de uma avaliação, que se empenha menos nos *resultados* que na formulação de uma determinada questão: *O que quer a ciência?* Na medida em que a ciência, na particularidade do seu acontecimento, na sua realidade discursiva, elabora uma atitude, as formas de uma problemática, na medida mesmo em que a reflexão sobre a ciência é, ela própria, a busca de uma atitude, a formalização de uma questão. Para dar conta de uma história das ciências, não se tratará então de fazer a descrição de uma descrição; aliás, é somente uma determinada *tomada de partido ideológica* da ciência sobre si mesma que a leva a não ser senão a descrição de um universo *de objetos*, tomada de partido que também deve ser *julgada*. Toda a filosofia das ciências consiste, pois, em colocar uma questão sobre uma questão. Não se precisaria parar no inventário de um certo número de descobertas, mas colocar-se a cada instante, por meio da descrição rigorosa do acontecimento que o seu aparecimento constitui, a questão principal do seu *sentido*, da sua razão de ser. Ou ainda, e essa terminologia se esclarecerá em seguida: não se fará uma *teoria sobre teorias*, o que seria tão somente apossar-se de um determinado número de resultados, mas proceder-se-á a uma conceitualização dos conceitos, que constitui o próprio esforço para dar conta de um movimento, de um processo, voltando-se à questão que o ilumina como origem.

Um modo de proceder como esse está tradicionalmente ligado a uma forma de investigação determinada: a exposição *histórica*. Através da diversidade dos assuntos e pontos de vista, objeto ou questão não se apresentam jamais senão na discursividade de uma sucessão, de um desenrolar. Parece, desde o princípio, que os fenômenos não adquirem sentido senão refletidos em sua história.[6] Desenrolar, história são ainda somente nomes, genéricos demais e até ambíguos: desenrolar parece significar desenvolvimento, portanto o aparecimento progressivo do que estaria contido na origem assim como em um germe. Sem temor de atribuir-lhe duplo sentido, poder-se-ia provisoriamente contentar-se com a palavra "processo" em vez da palavra "progresso", pois esta se encontra afetada por juízos históricos de

---

6 Ver, por exemplo, *La formation du concept de réflexe*, em que se demonstra que os problemas epistemológicos se reportam sempre a problemas históricos. E também em *La connaissance de la vie*, p. 16-17: é somente a história que dá o sentido de um "fato experimental" (a versão de laboratório da contração muscular); passando por Swammerdam, uma demonstração condensada em sua apresentação pedagógica nos remete a Galeno.

valor. Essa hesitação sobre a *palavra* não é arbitrária: ela responde à necessidade de *denominar* uma forma *paradoxal*. Efetivamente, a exposição histórica subverte-se em G. Canguilhem: raramente se apresenta na sua ordem imediata (sucessão cronológica, que terminaria confundindo a história das ciências com a de um acontecimento contínuo); mais frequentemente, ela é transcrita de um modo muito elaborado, na maioria das vezes mais *inesperado* ainda do que o inverso exato da sua ordem natural: o exemplo mais surpreendente disso é o artigo Meio ambiente da obra *Conhecimento da vida* (em que se parte de Newton para ir até o século XX; daí volta-se à Antiguidade, e segue-se de novo a ordem histórica até Newton); no capítulo referente a Comte, em *O normal*, a partir de Comte volta-se a Broussais, depois a Brown, isto é, um século atrás. Quer se trate de uma história reflexiva ou de uma história subvertida, encontra-se uma *distorção paradoxal* da *sucessão imediata*. Antes de dar-nos o segredo de um sentido, para nós isso será antes de tudo um indicador de método: tal maneira de escrever a história sugere, primeiramente, uma intenção crítica. O primeiro ponto será então saber como criticar a maneira vulgar de escrever a história das ciências.

A história tal como se faz: sua crítica

Não nos estenderemos sobre o "estilo" histórico no entanto mais divulgado: o das enumerações, dos recenseamentos, dos inventários. Pode-se demoli-lo facilmente atacando-o em duas das suas determinações, absurdamente contraditórias, mas cuja junção não é de forma alguma improvisada: ela confirma a falta de firmeza das suas intenções. Amontoado de fatos (mas a noção de fato científico, em tal contexto – o amontoado –, perde todo o sentido), a recensão *em forma de crônica* dá a ilusão de que existe acúmulo de aquisições: não se encontra senão uma pálida linha que obstáculo algum vem obscurecer, que não conhece a regressão ou a explosão. Mas, inversamente, esse acúmulo, na medida em que parece evidente, implica não tanto uma *teleologia* (luz ainda demasiado forte), mas a ideia de um *acaso*. A linha da narração não é senão a forma dada a uma *descontinuidade radical*: induzidas uma a uma, alinham-se as aportações que não aportam nada a ninguém. História puramente *contingente*, que coleta datas, biografias e anedotas, mas que afinal não dá conta de nada, sobretudo do *status* histórico de uma ciência constituída.

Contra uma história assim arbitrária, que, no fundo, não passa de uma história indiferente, deve ser possível – e é necessário – escrever uma história *interessada*. É dentro dessa exigência que vai se travar o debate: por aí a crítica de uma forma de escrever a história, tornada como modelo, cujo *responsável* parece ser o primeiro interessado em escrever uma história da ciência: *o cientista*. Ver-se-á que o cientista, muito interessado nessa operação, erra o alvo: em vez de escrever uma história, ele dá forma a lendas, a *sua lenda*, reorganizando o passado ao esmagá-lo com sua presença, submetendo o elemento histórico às normas da sua paixão fundamental: a lógica da *sua ciência*, ou seja, da ciência *atual*. O que é preciso saber é se é possível escrever uma outra história, que se preocupe em evidenciar um verdadeiro sentido, respeitando-se, ao mesmo tempo, a *realidade* dos acontecimentos passados, uma história que revele a ciência como constituição e como descoberta.

Vamos partir, portanto, da história das ciências tal como ela se mostra na e pela ciência. Seu lugar está bem definido no interior da obra científica: está inteiramente colocado no capítulo introdutório, consagrado ao "histórico" do problema estudado no resto do livro.[7] O cientista não tem contas a prestar à história ao termo do seu processo, mas sim uma *conta a saldar* com ela primeiramente. Os exemplos abundam: o mais visível é o de Du Bois Reymond: o histórico que ele traça do problema do reflexo, não no capítulo introdutório, mas em um discurso oficial.[8] Aí se vê completamente que elementos determinam esse retorno *factual* ao passado: uma cronologia cheia de furos, entre os quais se deslizam os elogios retrospectivos, não gratuitamente distribuídos. Essa história é manifestamen-

---
7 É preciso, portanto, insistir na ruptura representada pelo tratado de Kayser com uma velha tradição: a introdução aí é tratada *por ela mesma*, por um *historiador das ciências*, e não por um fisiologista.
8 Pela comemoração da morte de Johannes Müller em 1858: citado em *La formation du concept de réflexe*, p. 139.

te FALSA; pior ainda, *sequer é uma história*. É possível designá-la por três de seus traços essenciais: é analítica, regressiva e estática.

Analítica: em um primeiro sentido, porque ela isola uma linha particular e não o *histórico* de um problema determinado (o que coloca outras questões) – contenta-se com um tratamento *parcial* desse problema. Quando Gley e Dastre fazem a história da questão das secreções internas, "um e outro desligam as experiências fisiológicas das circunstâncias históricas da sua instituição, recortam-nas e religam-nas umas às outras, não convocando a clínica e a patologia senão para confirmar ou verificar hipóteses dos fisiologistas"; nesse pedaço de história, então, a fisiologia não desempenha um papel principal (ela tem um papel de "exploração, e não de fundamentação").[9] Abreviando o desvio, o campo dentro do qual se desenvolve uma problemática particular, impede-se a compreensão da lógica própria do seu movimento. Mas esta não passa ainda de uma primeira forma de divisão: no fundo, acha-se a vontade de desempatar o interior da própria história, utilizando-se os critérios dados pelo *estado atual* de uma ciência. A investigação de um passado coincide, então, com um trabalho de decomposição; trata-se de descobrir retrospectivamente parcelas, germes de verdade, e livrá-las das margens de erro. A invenção da descoberta científica não é nunca então o que suas condições de aparecimento a *determinavam*, mas o aparecimento puro daquilo que *devia ser*. No limite, denunciam-se as invenções *falhas*, reconstituindo-se a verdadeira solução de um problema a partir de seus elementos: a isso se chega, por exemplo, se "passarmos em revista os conhecimentos de toda espécie e origem, nos quais parece que J. Müller poderia encontrar, com vistas à unificação de que era seguramente capaz, os pressentimentos do que, 60 anos mais tarde, deveria ser o conteúdo de um tratado comum de fisiologia sobre a tireóide".[10] Mas a declaração de Müller em seu *Handbuch* – "ignora-se qual é a função da tireóide" – *omite* o objeto que prioritariamente deve deter a atenção do historiador das ciências – não em uma *confissão* de ignorância, mas com a vontade de dizer precisamente o que ele

---

9   Artigo citado sobre "Les fonctions de la thyroïde", p. 87.
10 *Id.*, p. 78.

sabe, que comanda exatamente o *conteúdo* da sua ignorância. As verdades científicas desfilam, *tiradas de seu contexto real*, fazendo crer ao mesmo tempo na continuidade de uma explicação e na persistência de um ocultamento: as paragens da ignorância retardam a marcha do conhecimento; fala-se, nesse caso, de uma "viscosidade do progresso".[11] A verdade de tal representação da história reside no reverso exato da descrição que se dá: *mostra-se a passagem do falso ao verdadeiro somente sob condição de pressupor-se o verdadeiro já de partida*. Supõe-se, de início, confessadamente ou não, uma *idade de ouro* científica, na qual se lê a totalidade da ciência com todo o direito, como que de maneira transparente, sem que seja necessária a intervenção de um trabalho e de um debate; uma inocência do verdadeiro, após o que a história não é senão decadência, obscurecimento, crônica de uma luta vã. O segredo dessa história é, portanto, uma reflexão puramente mítica, nem por isso desprovida de sentido, pois o mito tem uma função precisa: projetar um começo que renega toda temporalidade, porque a precede radicalmente, o *estado atual da ciência*.

A exposição é *regressiva*, visto que reconstitui verdades a partir do verdadeiro (dado pela atualidade da ciência, refletida no começo mítico). Mais do que exata, essa história escolheu ser reflexiva. Esse ponto é importante, porque a outra história, escrita por G. Canguilhem, que será construída sobre as ruínas desta, será também *reflexiva*: veremos que, a partir do método recorrente, pode ser instituída uma outra representação do fato histórico. A regressão na história dos cientistas é específica, porque confunde seu movimento com o da análise: a retrospecção é, ao mesmo tempo, recorte; o desdobramento das teorias não é, de fato, senão um surgimento reconstituído a partir da teoria final.

Finalmente, a exposição é *estática*, porque nela nenhuma duração é mais possível: tudo é representado no *presente* da teoria, que serve de ponto de partida e de referência. Uma vez montado o cenário (o estado atual de uma teoria) enganosamente, impossível escaparmos ao teatro, e as intrigas que se representam são apenas simulações. Da mesma forma que o começo não é senão um reflexo

---

11 *Id.*

mítico, o tempo dessa história não passa de disfarce de uma lógica. Para retomarmos uma das imagens usadas por G. Canguilhem, as teorias precedentes não passam de *repetições* daquela que vem por último, no sentido *teatral* da palavra bem como em seu sentido vulgar de *recapitulação*.[12] Porque no começo e no fim deve-se encontrar a mesma coisa, *entre os dois momentos não se passa nada*. As noções vêm e vão embora, mas não ocorreria a ninguém perguntar-se sobre esse desfile: as coisas não existem então senão porque foi sempre próprio de sua índole existirem, e termina-se falando de "noções velhas como o mundo".[13] Nada aparece, nada nasce, não há senão o "desenvolvimento" de uma passagem.

Permanece-se então na *ciência atualmente constituída*: a história não passa de seu desdobramento inverso, a dedução em espelho, retrospectiva. Dentro dessa perspectiva, é impossível falar da *formação real* de uma ciência, de uma teoria (mas justamente vamos ver que não são as teorias que se "formam"): não há, precedendo o último estágio, senão uma *pré-história artificial*, após a qual tudo está por fazer. O exemplo mais característico dessa *deformação* é dado pelo conceito de reflexo em suas relações com o cartesianismo.[14] O conceito científico de reflexo, amadurecido, permite fazer uma teoria do movimento involuntário, independentemente de toda psicologia da sensibilidade: ele parece inscrever-se naturalmente em um contexto de inspiração mecanicista, e nada tão natural como procurar suas origens em Descartes. De fato, no artigo 36 do *Tratado das paixões*, no *Tratado do homem*, encontra-se mesmo a *palavra*, ou a sombra da *palavra*, e uma observação que corresponde ao que foi tomado desde então para designar como fenômeno reflexo. Ora, um estudo atento da fisiologia cartesiana mostra, primeiramente, que se trata de *outra coisa que um fenômeno reflexo* nos textos utilizados; segundo, que o conjunto da teoria cartesiana (concepção dos espíritos animais, da estrutura dos nervos, do papel do coração) tornava *impossível* a formulação do conceito de reflexo. O que há então é *uma lenda*, mas uma

---

12 Artigo La psychologie darwinienne, p. 85.
13 *La formation du concept de réflexe*, p. 148.
14 É um dos temas centrais do livro sobre o reflexo.

lenda tenaz, verdadeiramente constitutiva e *simbólica* de uma determinada maneira de escrever a história, ou, melhor dizendo, de *reescrevê-la*. O exemplo é suficiente para mostrar que se trata de uma historiografia, de uma história orientada, apologética, e nem sempre por razões que concernem à ciência ou à história: Du Bois Reymond usa Descartes com o intuito de escamotear Prochaska, e se o professor da Universidade de Berlim risca da história o cientista tcheco *é para afirmar a supremacia nacionalista de uma ciência "forte" sobre a ciência de uma minoria.*

Mais do que uma ciência que escreve sua história, vê-se aí um cientista que redige suas Memórias (o que se faz projetando seu presente em um passado). Mas o exemplo do reflexo não é apenas demonstrativo, ele nos leva a penetrar nas razões desse desvio e permite descrever a sua forma exata: porque o *conceito* de reflexo, uma vez acabado (aperfeiçoado), *parece* adquirir pleno direito a um lugar na *teoria* mecanicista. Será preciso, contudo, ver se esse lugar é exclusivo com relação a qualquer outro; mas a história segundo o cientista transporta o conceito para uma outra teoria, harmônica com a primeira: o movimento dessa história fictícia se dá, por conseguinte, entre duas teorias, ou mesmo entre duas formas de uma mesma teoria. O conceito aí não é senão *mediação*, biombo para essa operação de substituição; efetivamente, percebe-se que ele é esquecido como tal, a ponto de ser reconhecido *aí onde não está*. Por outro lado, essa historiografia não é um puro fantasma, um simples fenômeno de projeção; apoia-se em dados reais, utilizados ou explorados por ela como pretextos: ela se refere sobretudo a certos protocolos de observação julgados como "suficientes"; a presença de um mesmo fenômeno parece ser suficiente para confirmar a permanência do conceito (por exemplo: o reflexo palpebral aparentemente se encontra nas observações reproduzidas por Descartes; pelo menos o que mais tarde foi reconhecido como reflexo palpebral é, efetivamente, observado e descrito por Descartes). O mecanismo da deformação é então o seguinte: *tomam-se fenômenos por conceitos e conceitos por teorias; de saída, há uma confusão organizada de níveis*. Uma verdadeira representação da história, pelo contrário, deve distinguir rigorosamente o que se relaciona com a observação dos fenômenos, com a experimentação, o conceito e a teoria.

É que é muito difícil fazer a *distinção entre o conceito e a teoria* porque, na aparência, ela não corresponde a *operações separadas*. Não se podem apresentar, no momento, senão determinações ainda aproximadas. Um conceito é uma palavra mais sua definição; o conceito tem uma história; em um certo momento dessa história, diz-se que ele é formado: quando ele permite instituir um protocolo de observação,[15] e quando passa pela prática de uma sociedade.[16] Uma *teoria* consiste na elaboração geral do que, por enquanto, será chamado de aplicações do conceito. Enquanto o caminho da história real *vai do conceito ao fenômeno através de duas mediações estreitamente solidárias – experimentação e teoria –*, a história vista pelos cientistas *funda-se em uma concepção hierárquica dos níveis*, da observação à teoria, que permite ao mesmo tempo as operações de substituição (fenômeno = conceito = teoria) e a concepção da história como um *encadeamento* das teorias: parte-se das teorias – e se permanece nas teorias –, que se religam umas às outras porque constituem o *elemento mais acabado* da prática científica. Modo de proceder tipicamente idealista.

A ideia de um encadeamento implica a dependência em relação a uma lógica, que é a da última teoria, já que a última teoria é a razão de todas as outras. G. Canguilhem substitui o *encadeamento* das *teorias* pela *filiação dos conceitos*. Da mesma forma será recusado todo critério interno que não possa ser dado senão por uma teoria científica. O objetivo de G. Canguilhem é, pois, conferir todo seu valor à ideia de uma história das ciências, buscando identificar, por trás da ciência que encobre sua história, a história real que governa e constitui a ciência. Trata-se, portanto, de perseguir a história *de fora* da própria ciência, o que é uma maneira de expres-

---

15 Ver *La formation du concept de réflexe*, p. 161: "Em 1850, o conceito de reflexo é inscrito nos livros e no laboratório, sob a forma de aparelhos de exploração e de demonstração, montados para ele, e que não o teriam sido sem ele. O reflexo deixa de ser somente *concept* [conceito] para se tornar *percept* [o percebido]..." (Os grifos e as explicações entre colchetes são do tradutor. (N.T.).)

16 Ao mesmo tempo que aparece o martelo que revela o reflexo rotular, a palavra passa para a linguagem corrente: a difusão do conceito coincide com sua vulgarização. E, nesse momento, começa uma outra parte da sua história, que é menos a da sua deformação do que o atestado da sua inadaptação crescente àquilo que se quer fazê-lo dizer: é o começo de sua revisão (*inverso da formação*).

sar que essa história é, de fato, a passagem de um "não se sabe que" a um "sabe-se". Diremos ainda que é o esforço para se pensar a ciência em seu corpo real, o conceito, e não tanto em sua legalidade ideal. Modo de proceder propriamente dialético ou materialista.

Nascimentos e aventuras dos conceitos

Prévia a qualquer elaboração, a orientação que se propõe leva a considerar a história, daqui em diante, como uma sucessão de acontecimentos *reais*, e não como o desenrolar de intrigas *fictícias* ou como um monte de acidentes esparsos; o método de pesquisa será, portanto, necessariamente empírico e crítico: deve estar aberto a toda possibilidade de informações, tanto mais porque ele está diante de um material essencialmente travestido. É preciso, portanto, descrever a formação do conceito por meio de um certo número de etapas originais, específicas, em que a observação se inspira mais em uma lógica da biologia do que em uma lógica formal ou filosófica. Cada conceito tem, pois, sua história própria, na qual sempre se encontram, entretanto, dois momentos essenciais: o momento do *nascimento* e aquele no qual ele recebe sua *consistência* própria (já não se fala mais de coerência, porque todos os estados de um conceito possuem, por direito, sua própria coerência); diz-se então do conceito que ele é *formado*: para o conceito de reflexo, pode-se dizer que essa segunda etapa é concluída em 1800.[17] Essas duas articulações são charneiras, marcas; elas não constituem, de modo algum, divisões ou resultados.

1. O tema do *nascimento* nos leva a uma dupla exigência metódica: os conceitos não são dados de maneira eterna; a questão do seu *aparecimento* precede legitimamente e contesta, portanto, a da

---

17 Ele traz, então, sua definição completa, na qual se pode encontrar – como nas estratificações – toda a história que o separa de seu nascimento. Cf. *La formation du concept de réflexe*, p. 131: "O movimento reflexo (Willis) é aquele que, imediatamente provocado por uma sensação antecedente (Willis), é determinado segundo leis físicas (Willis, Astruc, Unzer, Prochaska), [e em relação com os instintos (Whytt, Prochaska)], pela reflexão (Willis, Astruc, Unzer, Prochaska) das impressões sensitivas em motrizes (Whytt, Unzer, Prochaska) no nível da medula espinhal (Whytt, Prochaska, Legallois), com ou sem consciência concomitante (Prochaska)."

sua *prefiguração*. Com o nascimento, descreve-se também o aparecimento de um modo de pensar científico, independentemente de toda elaboração teórica: a teoria pode coincidir, coexistir com o conceito, mas não o determina. Ou ainda: um conceito não exige, para aparecer, um *pano de fundo teórico predeterminado*; ocorre que o conceito de reflexo não tem sua origem no contexto mecanicista, para onde foi transposto retrospectivamente, mas surgiu, com a obra de Willis, dentro de uma doutrina de inspiração dinamista e vitalista. O nascimento de um conceito é, portanto, um *começo absoluto*: *as teorias*, que são como que a "consciência" dele, *não vêm senão depois*, e muitas excrescências teóricas podem-se enxertar em um mesmo conceito. A indiferença do conceito nascente no contexto teórico desse nascimento[18] lhe dá sua primeira determinação, que é, para ele, a promessa de uma história verdadeira: a *polivalência teórica*. A aventura do conceito estará, por um lado, na sua passagem de um contexto teórico a outro.

É preciso descrever mais precisamente o conceito em seu nascimento, e as condições desse nascimento. O conceito, conforme já se disse, começa por ser tão somente uma palavra e sua definição. A definição é aquilo que permite *identificar* o conceito: ela o especifica entre os conceitos e como conceito. No interior da sucessão dos níveis de que já falamos, a definição tem, portanto, um valor discriminatório: "Não se pode tomar como o equivalente de uma noção nem uma teoria geral, à semelhança da explicação cartesiana do movimento involuntário, nem – com mais razão – uma lembrança de observações, muitas delas bem anteriores a nosso autor";[19] a concepção cientificista da história, ao contrário, *elimina a noção ou conceito, confundindo teoria e observação*. Mas, ao mesmo tempo que ela distingue a função que lhe é própria, a definição eleva o conceito acima da sua realidade imediata, valorizando a *linguagem* de que ele parece estar inteiramente constituído: da palavra ela faz uma noção.[20] Desvelar o aparecimento de uma noção equivale a le-

---

18 Ver *Introduction au traité de physiologie de Kayser*, p. 18-20: "...os próprios problemas que não nascem necessariamente no terreno onde encontram sua solução".
19 *La formation du concept de réflexe*, p. 41.
20 Sobre a importância da palavra e a análise a que se precisa submetê-la para ver se ela sustenta realmente um conceito, portanto, sobre a dupla atitude diante do papel da

var a ciência à sua matéria-prima imediata: a *linguagem*, sem perder de vista as condições práticas da sua produção, que permitem saber se se trata ou não de simples *palavras*. Assim, será possível descrever a invenção do conceito, evidenciando seus *instrumentos* reais: e trata-se de algo diferente de uma psicologia intelectual. Esses instrumentos são de duas espécies, e será preciso estudá-los em separado: a linguagem e o campo prático.

Primeiro o *campo prático*: ele intervém no nível da experimentação, pelo papel efetivamente motor das *técnicas* que têm a ver com ciências diferentes da que está em obra; esse papel é determinante sem ser forçosamente dirigido. Mesmo no momento da observação, a ciência só se constitui se ela for solicitada por exigências que é incapaz de encontrar nela própria, e que tornam evidentes seus fenômenos cruciais: na história da fisiologia, esse papel é desempenhado pela clínica, por intermédio da patologia. O caso das funções da tireoide é particularmente demonstrativo desse tipo de interferências: "Nesse domínio, a fisiologia tem sido tributária da patologia e da clínica quanto à significação de suas primeiras pesquisas experimentais, e a clínica tem sido tributária de aquisições teóricas ou técnicas de origem extramédica."[21] O estudo desses encontros é capital: se a sua particularidade parece ter a ver, na maioria das vezes, com o anedótico, trata-se de *anedota determinante, esclarecedora*, já que permite medir a exata profundidade de um campo científico. Esse conhecimento tem um duplo valor: o desvio pode ser apreciado como um *obstáculo* na medida em que – através dele – duas linhas tiverem maior dificuldade de

---

linguagem (interesse e cautela), duas citações que se completam.
(Artigo citado sobre a tireoide, p. 80): "Certamente, as palavras não são os conceitos que elas veiculam, e não se sabe nada mais sobre as funções da tireóide até que se tenha restituído, em uma etimologia correta, o sentido de uma comparação de morfologista. Mas não resulta indiferente à história da fisiologia saber que quando Starling lançou, pela primeira vez, em 1905, o termo *hormônio*, a partir da sugestão de W. Hardy, foi após consultar um de seus colegas, filólogo de Cambridge, W. Vesey."
(Último artigo sobre Bachelard): "As mesmas palavras não representam os mesmos conceitos. É preciso reconstituir a síntese na qual o conceito se encontra inserido, ou seja, ao mesmo tempo o contexto conceitual e a intenção diretriz das experiências ou observações."

21 Artigo citado sobre a tireoide, p. 78-79.

se encontrar; mas a profundidade de campo anuncia também uma *fecundidade*, na medida em que mais linhas tiverem oportunidade de se cruzarem. Ver-se-á que esse desvio, no sentido em que une e no sentido em que separa, permite dar conta de quase todos os acontecimentos de uma história científica, que deixam agora de ser *acasos* obscuros para tornarem-se *fatos* inteligíveis. A linguagem é mais do que um meio na gênese de um pensamento científico: é a condição de seu movimento. Por trás do conceito, a palavra garante as transposições do sentido. É a presença contínua da mesma palavra que permite a passagem do conceito de um domínio a outro. De um domínio não científico a um domínio científico: o conceito de *limiar*, em uma psicologia científica, é importado da teoria filosófica das pequenas percepções; o conceito de *tonus*, na fisiologia, vem da teoria estoica do *pneuma*. Mas a transposição pode ser feita também de uma ciência para outra: o conceito de *intensidade* (que se encontra, depois de Leibniz, na tentativa de uma *mathesis intensorum*) se deslocou do terreno da dinâmica para o da ótica. A própria palavra pode mudar, ao mesmo tempo que desloca o conceito, e esse trabalho da linguagem sobre si mesma precede talvez a mutação do sentido, concorre com toda a certeza para ela; um apêndice do livro *Conhecimento da vida*, que descreve desta maneira – atendo-se ao nível do vocabulário – a passagem da teoria fibrilar à teoria celular, concluiu: "Vê-se, em resumo, como uma interpretação conjectural do aspecto estriado da fibra muscular conduziu pouco a pouco os defensores da teoria fibrilar a fazerem uso de uma terminologia tal que a substituição de uma unidade morfológica por outra, caso exigisse uma verdadeira conversão intelectual, se achava facilitada pelo fato de que ela encontraria, em grande parte, preparado seu vocabulário expositivo: vesícula, célula..."[22] Essa plasticidade das palavras, esse poder quase "espontâneo" que elas têm de mudar de lugar para acolherem de antemão o conceito novo, encontra evidentemente sua razão essencial na imagem que o conceito encerra em si apenas para expô-la nos momentos cruciais da história e das ideias. O estudo das *variações da linguagem* conduz, portanto, a uma meditação sobre a função da *imaginação*.

---

22 *La connaissance de la vie*, Apêndice I, p. 215.

Essa função é ambígua: corpo preparado para se prevenir de tudo, a imagem se oferece ao mesmo tempo como obstáculo e como guia. Obstáculo: encontram-se aí todos os temas bachelardianos do retorno à mitologia; a ficção recorrente é também uma regressão teórica. É por isso que se pode dizer que há imagens velhas como o mundo, *o que é impossível fazer com respeito aos conceitos*: a propensão ao devaneio reconduz sempre ao mesmo ponto, onde a história parou. O capítulo sobre "a alma ígnea" do livro *Formação do conceito de reflexo* mostra o que pode ser esse desfile de figuras pré-científicas, que leva uma noção aquém das suas possibilidades reais: como se a imaginação tivesse ido longe demais na exploração destas últimas, ela se refugia então em uma imagem familiar e sempre tentadora. Apesar de tudo, tais descrições não devem levar a esquecer o poder de *prospecção* que as imagens detêm. Willis forma a noção de reflexo no quadro de uma doutrina *fantástica*. A invenção aparece como a vontade de ir até ao termo de suas imagens, de seguir o mais longe possível a lógica do seu sonho: é porque Willis *pensa integralmente a vida como luz* que ele recorreu – para descrever o movimento – às *leis óticas da reflexão*, realizando entre dois domínios a junção que Descartes justamente *não conseguiu* alcançar. Imaginar [*figurer*] não é mais então iludir-se ou repousar, retornando aos temas míticos de uma reflexão interrompida: a imagem recebe uma consistência própria; já não é uma evocação, vista de longe como um porto de matrícula, mas apreendida de saída como um trampolim para uma verdadeira dedução.[23] A imagem tornou-se, então, o correlato e a condição de uma definição.

Chega-se, portanto, a colocar em evidência uma lógica singular e particularmente precária, a das palavras. Não se trata de valorizá-la sem reserva, de fazer da vida da linguagem o fundamento da invenção. Mas a história das ciências não é apenas a história das instituições bem-sucedidas. A razão de seu movimento – à pequena escala as descobertas singulares – não é frequentemente senão o resultado de uma aproximação inesperada ou de um voo

---

23 Esse movimento pode exceder sua finalidade, deixar para trás o próprio conceito, preferindo a sombra que ele projeta para frente no impulso de uma *difusão* galopante: ver a história tardia do conceito de reflexo, sua vulgarização, que termina por não mais reter senão a imagem de que ela faz uma abstração.

original. Voltar a essas condições reais, que nem sempre favorecem o momento da *invenção*, é proporcionar-se a representação de uma sucessão *rigorosa*. O levantar voo pode ser infeliz, a aproximação arriscada; essas dificuldades mesmas, nesse caso, são os "estimulantes"[24] da invenção; e a história, *por ser falha*, não é senão mais determinada, e mais racional.[25] O fortuito, precisamente porque é sempre recolocado no campo total de sua aparição, recebe toda sua função da realidade: "Se tudo, em um sentido, acontece por acaso, ou seja, sem premeditação, nada acontece por acaso, ou seja, gratuitamente."[26] O acontecimento é *identificado*, no sentido forte que a poesia algumas vezes deu a esta palavra, como um *encontro*: é o que paradoxalmente, mas não para o historiador, elimina suas incertezas. Há encontros que se teriam dado de qualquer jeito, que se dão em vários lugares ao mesmo tempo, há cadeias de encontros. O tempo da descoberta é assim exatamente *situado*. Contra a ilusão de uma viscosidade do progresso, a história caminha então em seu ritmo real. É isso o que legitima a decisão de se estar atento à opacidade mais do que à transparência (a lógica da ciência). À decisão de esclarecer o fortuito à luz de uma necessidade circunstancial responde a determinação de uma *produção* em lugar de uma *dedução*. A linha do desenvolvimento se quebrou, mas sobre ela se começa a poder assinalar as "épocas do saber".

Essa descrição de uma formação repousa essencialmente em uma *problemática da origem*: a origem é o que especifica, desde o começo, um conceito, individualiza-o em seu nascimento, independentemente de toda relação com uma teoria. Ela se apresenta como uma escolha que determina, sem *contê-la*, a história particular do conceito. Não tem, portanto, um começo neutro, um grau zero da prática científica. Um curso inédito, dado por G. Canguilhem, sobre as origens da psicologia científica (1960-1961), apoia-se na

---

24 Ver *La connaissance de la vie*, capítulo sobre a experimentação.
25 Cf. *Introduction au traité de physiologie de Kayser*, p. 18-20: "... não é senão a esse preço que se podem situar segundo seu justo valor de significação os acidentes que impedem em toda pesquisa um desenvolvimento tranquilo, os impasses da exploração, as crises dos métodos, as falhas técnicas, às vezes felizmente convertidas em vias de acesso, as novas saídas não premeditadas".
26 Artigo citado sobre a tireoide, p. 85.

distinção, etimologicamente estabelecida, entre os conceitos de *começo* e *origem*: *origo-orior* significa sair de, *cum-initiare* (palavra do latim vulgar) significa *ao contrário* entrar em, abrir um caminho. "É quando se abandona a preocupação pelos começos que se descobrem as origens." Por conseguinte, esses conceitos não descrevem duas interpretações de um mesmo momento, mas dois momentos historicamente diferentes: a psicologia científica *começa* no século XIX, mas ela encontra suas *origens* em Locke e Leibniz. Dessa forma, a apreensão do começo e da origem leva a dois movimentos de comportamento exatamente inverso: *parte-se do começo*, mas *remonta-se à origem*. É esse segundo *sentido* que designa a história recorrente tradicional, a história retrospectiva e apologética, como uma *arqueologia*, determinação reflexiva das origens. Tal retorno não se fixa como fim a evidenciação de uma identidade (= eu interpreto o conceito de reflexo em um contexto mecanicista e, aliás, é mesmo nesse contexto que ele aparece), mas de uma especificidade. Trata-se, dentro do *reflexo invertido* da história, de reconhecer o verdadeiro sentido de uma noção, não em um simples contexto teórico retrospectivo, mas em uma *problemática real*: "É no presente que os problemas demandam reflexão. Se a reflexão conduz a uma regressão, esta lhe é necessariamente relativa. Assim sendo, a origem histórica importa menos, na verdade, que a origem reflexiva."[27] Remontar à origem do conceito é pois resgatar a permanência de uma questão e esclarecer seu sentido atual. Por exemplo, buscar as origens do conceito de norma, como faz G. Canguilhem no final de seu livro sobre *O normal e o patológico*, é mostrar como a ideia de uma fisiologia avançou a partir de uma patologia e através das necessidades clínicas. Determina-se então, ao mesmo tempo, o sentido e o valor de uma disciplina: sua natureza.

Esse modo de proceder permite precisar ainda a distinção entre o conceito e a teoria: a presença contínua do conceito, em toda a linha diacrônica que sua história constitui, atesta a permanência de um mesmo *problema*. *Definir o conceito é formular um problema*; o balizamento de uma origem é também a identificação do problema. O importante é, pois, reconhecer, através da sucessão das

---

27 *Observations sur quelques problèmes concernant le normal et le pathologique*, p. 29.

teorias, "a persistência do problema no âmago de uma solução que se acredita lhe tenha sido dada".[28] Por conseguinte, destacar o conceito para escrever a história de uma ciência e *distinguir* sua linha particular é recusar considerar o começo dessa história, e cada uma de suas etapas, como *germe* de verdade, como *elemento* de teoria, unicamente apreciável a partir das normas da teoria ulterior; recusar-se a fazer a reconstituição de premissas imaginárias para não ver, no que dá *início* a essa história, senão a fecundidade de uma atitude, ou ainda a elaboração de um problema. Se o conceito está do lado das *questões*, a teoria está do lado das respostas. Partir do conceito é escolher partir das *questões* para se escrever a história.

O conceito de *norma* fornece um bom exemplo dessa destituição do nível teórico e do privilégio concedido à *abertura* de uma problemática. É impossível dar uma determinação científica do conceito de norma: todas as tentativas feitas nesse sentido (pelo objeto da fisiologia, pela ideia de média...) evadem-se do domínio da ciência. Essas respostas se situam em um nível diferente do da questão: assim sendo, a resposta à "questão" do "homem médio" de Quêtelet lhe é dada por Deus; elas não podem, pois, servir de ponto de vista sobre a história, porque pertencem a uma *outra* história: a resposta fornecida por Deus é demonstração suficiente. É impossível reduzir o conceito à teoria que ele apoia circunstancialmente, esclarecê-lo através dela. O que não quer dizer que seja impossível definir o conceito ou que a questão que nele reside esteja privada de sentido; pelo contrário, *é uma questão em busca de seu sentido*, e é por isso que implica fundamentalmente uma *história*. Daí o conceito de norma possuir um valor eminentemente heurístico: a norma não é nem um objeto a ser descrito, nem uma teoria em potencial; assim sendo, ela pode ser utilizada como regra de pesquisa. "Parece-nos que a fisiologia tem mais a fazer que buscar definir objetivamente[29] o normal, e é reconhecer a normatividade original da vida."[30] Reconhecer o conceito é permanecer fiel à questão e à sua natureza de questão em vez de buscar *realizá-la*, portanto

---

28 *Id.*, p. 38.
29 Em outras palavras: como um objeto.
30 *Id.*, p. 109.

em vez de terminar com ela sem tê-la realmente respondido. Essa exigência vale tanto para o modo de a ciência proceder como para a história das ciências, sem que eles sejam assim reconduzidos a uma medida ou a um ponto de vista comuns: "O que nos importa não é tanto chegar a uma solução provisória, mas mostrar que um problema merece ser colocado."[31] Surpreendentemente, foi nesse sentido que se recuperou a fórmula que faz da filosofia "a ciência dos problemas resolvidos",[32] em uma acepção que Brunschwicg provavelmente não lhe deu: a filosofia – e é preciso dizer, embora isso não deva ficar inteiramente claro na continuação deste estudo, que a filosofia é a história – é a *ciência dos problemas* independentemente de sua solução, a ciência que não se preocupa com as soluções porque, de certo modo, elas sempre existem, os problemas são sempre resolvidos em seu próprio nível; *e a história das soluções não é senão uma história parcial*, uma história obscura e que obscurece tudo aquilo que toca, dando a ilusão de que é possível liquidar os problemas e esquecê-los. A história, deixando para trás a acumulação de teorias e respostas, *é* justamente *a pesquisa dos problemas esquecidos, até em suas soluções.*

O que distingue a Tese de Medicina de 1943 de G. Canguilhem (sobre o normal) de outros livros seus é que a primeira leva menos longe que estes últimos essa exigência metódica, na medida em que, em numerosas passagens, parece oferecer a "solução": *a vida*. Na obra de G. Canguilhem, em que a fidelidade ao "espírito do vitalismo" é regularmente lembrada, se poderiam distinguir *dois vitalismos*: o primeiro, sem sombra de dúvida, forneceria a resposta à questão da fisiologia, ao mesmo tempo que a fundamentaria; forneceria, porque esse vitalismo é logo criticado pela interpretação dada ao espírito do vitalismo, que lhe confere um lugar privilegiado em relação a todas as teorias possíveis: o de não ser teórica senão na aparência, o de não ser no fundo senão a preservação de um conceito, *a vontade de perpetuar uma problemática*. A resposta é, nesse caso, apenas uma transposição da questão, e é o meio encontrado para conservá-la. "O animismo ou o vitalis-

---
31 *Id.*, p. 108.
32 Cf. *La formation du concept de réflexe*.

mo, ou seja, doutrinas que respondem a uma questão, incluindo-a na resposta."[33] Há, então, duas fidelidades possíveis: aquela que toma a questão por uma resposta, que se contenta com uma palavra, e se apressa em esquecer a questão repetindo incansavelmente a palavra. A outra, mais secreta e mais difícil, recupera a questão, reencontra-a, reconhece-a e não admite o vitalismo contra outras teorias senão *pelo motivo de que ele não é uma teoria*; não porque ele *as* critique, mas porque *nelas* ele critica a teoria (ou, preferentemente, sua ilusão), e assim restitui à ciência – no caso, à fisiologia – ao mesmo tempo uma história e um futuro.

Desse modo, toca-se em uma das maiores dificuldades presentes no trabalho de investigação[34] do conceito: se a presença do conceito compreende a permanência de uma questão, na maioria das vezes isso não ocorre senão de forma *obscura*, apresentando a questão como uma resposta, travestindo o conceito em teoria. Entretanto, *a questão jamais é esquecida*: transposta, ela permanece, e é ela que, no final das contas, é refletida por aquele que *utiliza* o conceito, mesmo que ignore aquilo que refletiu.

Em resumo: retornar ao conceito significa exibir *a questão original*, e é esse o sentido da empreitada de uma *arqueologia*: na medida em que a questão não está amarrada às suas respostas por uma relação de necessidade – permanecendo o conceito independente de um contexto teórico –, a história descreve um verdadeiro vir a ser determinado mas *aberto*, dedicando-se a restituir mutações verdadeiras; e estas não podem ser marcadas senão através de sua relação com um nascimento que só tem valor de medida no sentido de que ele não é o índice de uma imutabilidade.

2. Fazer a história do conceito após seu nascimento é dar conta de um movimento, ainda que se possua o segredo de sua *consistência*, que é definida originalmente por uma *polivalência*. Não se tratará, portanto, de uma linha reflexiva em si mesma, mas de um trajeto que não existe senão pelas suas mudanças de sentido, suas distorções. Só assim se desmistifica o tema da origem, pois ele foi separado da representação de uma idade de ouro da verdade, reali-

---
33 *Introduction au traité de physiologie de Kayser*, p. 16.
34 *Défouissement*, no original. (N.T.)

zada positivamente por simples projeção, e negativamente, como não existência de uma incoerência. Sair da idade de ouro é acentuar aquilo que justamente fora rejeitado no mito: o caos do erro. Reencontra-se a ideia bachelardiana do *valor epistemológico do falso*, que é a única que permite exprimir *a passagem do não saber ao saber*. No princípio do método encontra-se, portanto, a *decisão de distinguir a problemática verdadeiro-não verdadeiro da problemática saber-não saber, e de ater-se exclusivamente à segunda*; para empregarmos uma terminologia marxista, que não é a de G. Canguilhem, diremos que a primeira é uma problemática *ideológica* – e o cientista está efetivamente comprometido com a ideologia de sua ciência –, em oposição à segunda, que é uma problemática *científica*: percebe-se a revolução epistemológica implicada nessa forma particular de escrever a história. Reconhece-se também a significação de *uma teratologia dos conceitos*, como descrição rigorosa do não saber: por exemplo, um conceito viável retrospectivamente, porque se sabe apreciar a sua fecundidade, pode aparecer no momento do seu nascimento como *aberrante*; ele não repousa em nada; ainda não constituiu seu pano de fundo teórico. É então que se pode compreender como o conceito evolui por razões não teóricas, particularmente pela *intervenção de uma prática não científica, ou regulada a partir de uma outra ciência: o falso se revela então não ser, na maioria das vezes, senão a interferência não codificada de dois domínios remotos*; sua verdade é ser desproporção, mas ao mesmo tempo ele é, então, a condição de aparecimento de uma ciência.

    A história que recusa a se deixar traduzir nos termos de uma lógica dada de partida, independentemente dela, sabe, no momento devido, encontrar e pensar a *lógica do imprevisto*. Há necessidade de precisá-lo? Essa é uma teoria da própria racionalidade histórica, e não uma ideologia da irracionalidade, ou irracionalismo.[35]

---

[35] E isso sem que esteja presente, ou apenas indicada, a intenção de construir um modelo para toda história a partir do tipo de racionalidade assim evidenciada. Uma análise rigorosa pode ser legitimamente considerada como *exemplar*; tem-se razão quando se diz que se aprende com ela: a obra de G. Canguilhem não nos ajuda apenas a refletir sobre certos episódios da história da fisiologia. Mas seria um contrassenso – e não apenas excessivo – tomá-la ou representá-la como multiplicável ao infinito, ou seja, acreditar que se pode *transportá-la tal qual* a outros domínios: a transposição, ou, para falar mais diretamente, o uso de um *resultado* teórico obedece às regras de uma variação

Uma epistemologia da história: ciência e filosofia

O encontro da história e seu objeto foi assinalado várias vezes: é esse encontro que precisa ser *justificado* atualmente. Na trilha de uma história da biologia elabora-se não uma biologia do conhecimento no sentido tradicional da palavra, isto é, uma explicação mecanicista do processo de produção dos conhecimentos, mas uma reflexão sobre o conhecimento da biologia, esclarecida precisamente pelas luzes da biologia. Há uma relação entre o método e o conteúdo da pesquisa, uma homogeneidade entre os conceitos cuja razão não está unicamente na necessidade, para o historiador, de passar por onde a ciência já passou. Por essa relação, assinala-se um pensamento que se reflete continuamente em seus objetos: de repente, a escolha desses objetos é profundamente significativa; por trás da aparente diversidade de interesses – é daí que se havia partido – anuncia-se *uma unidade de estrutura*, uma intenção[36] determinada. O projeto de tratar da história das ciências a propósito da biologia é profundamente *coerente*: compreende-se que valor de precisão pode-se extrair daí.

---

muito precisa, de uma manipulação comedida. Em outras palavras, seria preciso, antes de proceder à aplicação de um método, *refletir sobre o que aplicar*: o método não traz, na aventura da sua formação, as regras de seu valor; é isso justamente o que G. Canguilhem nos ensina sobre *um caso particular*. É preciso então *começar por descrever a natureza exata de um método*: é o que fazemos aqui, para depois, em um outro momento, estudarmos as *condições de sua transposição*, o que implica um conhecimento senão completo pelo menos coerente (que possui *sua coerência*) do campo de sua transplantação: o método de que se parte pode *ajudar* a fazer esse reconhecimento, mas não é suficiente para abolir o desvio de princípio entre dois domínios. Não é ainda o momento de para desenvolver este ponto. É preciso, entretanto, sublinhar que a maior parte dos epistemólogos *refletem sobre um objeto que privilegiam, sem dizê-lo, ou mesmo sem refletir sobre esse privilégio*; e aqueles que os leem e utilizam-se deles o fazem como se houvessem feito esse trabalho de reflexão, e generalizam assim descrições, cujo valor e rigor não se deviam senão a seu caráter profundamente *adaptado*. Não seria preciso dar a impressão de que este seja o caso tratado aqui. E é para ajudar nisso que não se fará alusão, por exemplo – isso não seria, contudo, sem interesse –, à confrontação possível daquilo que G. Canguilhem alcançou com outros trabalhos: não se perguntará que lugar teria a noção de *corte* em sua história da fisiologia. Não se trata de dizer que ele se encontra com outros, ou que deles se distingue, antes de termos compreendido o que especifica sua *atitude*.

36   *Visée*, no original. (N.T.)

Os meios de formulação, para o modo de proceder da ciência e para a observação desse modo de proceder, não são comuns, mas sim paralelos, incessantemente *pedindo emprestado* um ao outro. A linguagem da história está cheia de ressonâncias teóricas. Desse modo, seria possível, no limite, transportar certas passagens, exclusivamente comprometidas, contudo, pelo movimento da história científica que elas descrevem, e, à custa de ligeiras transformações, dar-lhes uma *outra* significação, de alcance mais geral; em uma palavra: fazê-las refletir sobre si mesmas para que expressem em alto e bom som a filosofia que nelas fala silenciosamente.

Vai-se tomar como exemplo, para tal efeito, uma passagem do artigo de G. Canguilhem sobre a psicologia darwiniana: "O que é dito da teoria darwiniana poder-se-ia dizer também da maneira de inteirar-se das teorias; o que se diz de uma ciência poderia também dizer-se da história das ciências." Contra um uso estabelecido, colocaremos entre aspas apenas as passagens *modificadas*:

Na árvore genealógica da "ciência" – sendo por esta substituída a série linear que vai da "verdade ao erro" – as ramificações marcam etapas e não esboços, e as etapas não são os efeitos e os testemunhos de um poder plástico, cujo objetivo vai além delas mesmas, são causas e agentes de uma história sem desenlace antecipado.

Ora, ao mesmo tempo que a "ciência constituída" deixa de ser considerada a promessa inicial – e para determinados "historiadores" inacessível – da "ignorância", "a ignorância" deixa de ser considerada a ameaça permanente à "ciência", a imagem de um risco de decadência e de degradação presente no próprio seio da apoteose. "A ignorância" é a lembrança do estado "pré-científico" da "ciência", é sua pré-história "epistemológica", e não sua antinatureza metafísica".[37]

---

37 Eis aqui o texto em sua forma original, apresentado por inteiro para que se possa apreciar melhor a *variação de seu sentido*. Artigo citado sobre a *Psicologia do homem e do animal segundo Darwin*, p. 85: "Na árvore genealógica do homem – que tomou o lugar de série animal linear – as ramificações marcam etapas, e não esboços, e as etapas não são os efeitos e os testemunhos de um poder plástico cujo objetivo vai além delas mesmas, são causas e agentes de uma história sem desenlace antecipado.
Ora, ao mesmo tempo que a humanidade deixa de ser considerada a promessa inicial – e, para determinados naturalistas, inacessível – da animalidade, a animalidade deixa

Evidentemente, esse é um jogo que não seria preciso levar muito adiante. Haveria a tentação de dizer que, depois de tudo, não há mais aí senão um encontro de *palavras*, caso não se tivesse sido preparado para dar tanta importância aos meios da formulação de uma ideia, para jamais separar um sentido do processo de sua figuração e de sua formulação. A persistência de uma *linguagem* – em G. Canguilhem não há "cruzamento epistemológico" – é, portanto, significativa: ela nos conduz de fato – e não podia servir senão a uma introdução como esta – a uma ligação mais profunda. O artigo Experimentação de *O conhecimento da vida* demonstra já em que sentido os métodos da ciência podem ser eles próprios considerados como objetos de ciência (nesse caso preciso, de uma mesma ciência), e, mesmo que eles não assumam seu verdadeiro sentido senão nessa transferência possível ao mundo dos objetos, a experimentação recebe na biologia um valor privilegiado porque a experiência sobre as funções é, ela própria, uma função. "É que existe para nós uma espécie de parentesco fundamental entre as noções de experiência e função. Aprendemos nossas funções em experiências, e nossas funções são, consequentemente, experiências formalizadas."[38] O caráter heurístico da experimentação em biologia liga-se, portanto, à sua função de *reconstituição* da realidade das funções: a história da experimentação poderia ser a da constituição de uma função. A história não é, portanto, a simples *aplicação* ou superposição de um olhar a um objeto, ou então esse olhar prolonga um outro olhar, constitui com ele uma série harmoniosa. Sabe-se que em biologia, precisamente, o objeto do saber se conjuga com o sujeito do saber: independentemente de um paralelismo ou de uma adequação, elabora-se uma história *inscrita* no movimento do que ela tem em vista.

Assim sendo, os conceitos da história, seus meios epistemológicos, são profundamente inspirados pelo "conhecimento da vida". Um conceito, particularmente, parece poder ser transposto à teoria

---

de ser considerada a ameaça permanente à humanidade, a imagem de um risco de decadência e de degradação presente no próprio seio da apoteose. A animalidade é a lembrança do estado pré-científico da humanidade, é sua pré-história orgânica, e não sua antinatureza metafísica."

38 Expérimentation. In: *La connaissance de la vie*.

da história: o conceito de norma.³⁹ Uma transposição como essa relacionaria os seguintes níveis:
— fisiologia — estado atual de uma ciência;
— patologia — teratologia dos conceitos;
— clínica — inserção em um universo de instrumentos técnicos.

No sentido biológico, que é preciso começar a dar em seus termos mais gerais, a presença da norma implica a possibilidade de introduzir uma *margem de tolerância*; trata-se de um conceito essencialmente *dinâmico*, que não descreve formas paralisadas, mas as condições para a invenção de novas formas. O conceito de norma contém, pois, a questão: como descrever um movimento, no sentido da adaptação a condições novas, de resposta organizada a condições imprevistas? O trabalho do conceito coincide com a recusa de se *fundamentar* a representação desse movimento na ideia metafísica de poder, ou na da vida como invenção pura, como plasticidade essencial. Pelo contrário, o conceito ajuda a recolocar a questão em seu contexto real, a incluí-la em uma outra questão, a das relações entre o ser vivo e o meio ambiente. Os movimentos orgânicos são eles próprios condicionados por um movimento fundamental, que é a história do meio ambiente. "Já que o ser vivo qualificado vive em meio a um mundo de objetos qualificados, ele vive em meio a um mundo de acidentes possíveis. Nada acontece por acaso, mas tudo ocorre sob a forma de acontecimentos. Eis o sentido em que o meio ambiente é infiel. Sua infidelidade é, propriamente falando, seu devir, sua história."⁴⁰

O ser vivo não se relaciona com uma natureza exterior a si, radicalmente estática, mas com um meio ambiente habitado por uma história, que é também a do organismo, na medida em que ela contribui para constituí-la. O fato de que o meio ambiente *coloca problemas* para o organismo, em uma ordem legitimamente imprevisível, expressa-se na noção biológica de *luta*.⁴¹ Essa forma de circunscrever a questão fundamental da biologia não a leva a um indeterminismo, ao contrário. "A ciência explica a experiência, mas ela

---
39 A reflexão sobre o conceito de norma enquadra a obra de G. Canguilhem: ela é o assunto do seu primeiro livro (1943) e também do curso que ele ministrou na Sorbonne em 1962-1963.
40 *Observations sur quelques problèmes*, p. 122.
41 *Débat*, no original. (N.T.)

de modo algum a anula."⁴² Encontra-se, portanto, como condição de uma racionalidade, a temática do imprevisível. A biologia e sua história se unem sobre dois conceitos: *a questão e o acontecimento*. Para dar continuidade a esta reflexão filosófica, pode-se, pois, perguntar agora o que seria uma história construída *sistematicamente* a partir da ideia de norma. Ela responderia a três exigências:

1. *A representação da ciência como debate com um contexto* (ver tudo o que foi dito sobre a importância da noção metódica de *campo*: campo técnico, campo imaginário, interferência dos campos científicos, ou de um campo científico com os campos não científicos, sejam eles práticos, técnicos ou ideológicos): é somente na perspectiva de um *desvio*⁴³ que pode ser justificado o movimento da história (passagem de um "não se sabe" a um "sabe-se"); paralelamente, o estado atual de uma questão não recebe todo seu sentido senão da possibilidade de uma inserção em perspectiva diacrônica. Para ilustrar esse tema, pode-se propor uma nova transposição: "Não se compreende bem como, em meios ambientes característicos dos homens, o próprio homem se encontra normal ou anormal em momentos diferentes, possuindo os mesmos órgãos, a não ser que se compreenda como a vitalidade orgânica se desenvolve no homem em plasticidade técnica e em avidez de dominação."⁴⁴ Basta substituir "homem" por "ciência", "possuindo os mesmos órgãos" por "tendo o mesmo valor de coerência", "vitalidade orgânica" por "pesquisa de uma racionalidade científica".

2. *A rejeição de uma lógica pura, especulativa*. O movimento não pode ser descrito a partir da presença ideal do verdadeiro, mas somente a partir da sua ausência real. Ora, a ideia de norma fornece justamente os meios para se descrever essa ausência (ela não existe, não pode ser determinada cientificamente). Compreende-se, nesse caso, como o movimento da história científica não se reduz à *eliminação do falso, mas implica uma retomada do erro no interior do próprio movimento*; do mesmo modo, a doença é também uma norma fisiológica. "É o anormal que suscita o interesse pelo normal."⁴⁵

---

42 *Id.*
43 *Écart*, no original. (N.T.)
44 *Id.*, p. 124.
45 *Id.*, p. 129.

3. *A evidenciação de uma questão de princípio*: a do "valor" *da ciência*. Da mesma maneira, a fisiologia deve ser considerada como uma avaliação do ser vivo, um estudo de suas exigências e de suas possibilidades: de um lado como do outro, o objetivo essencial reside na *evidenciação de questões*. Mas, nessa mesma medida, a história (e a inteligência racional da essência da "historicidade", essência própria à história), ou seja, a filosofia, *é questionamento das questões da ciência*: ela se situa, portanto, de fora em relação a esta, coloca para a ciência suas próprias questões: "A história da ciência não pode ser escrita senão com ideias diretrizes sem relação com as da ciência. (...) Não há, então, por que se surpreender em ver o histórico do reflexo compor-se pouco a pouco, como se viu que ele fez, pois esses são motivos não científicos que levam às fontes da história das ciências."[46]
Vê-se que a harmonia entre os métodos da história e o que ela escreve tem como correlato necessário *uma descontinuidade*, o que permitiria então criticar a ideia de uma biologia do conhecimento no sentido estrito, após ter-se servido, como guia filosófico, do modelo mesmo da biologia para dar acesso ao conceito de uma história das ciências.

A filosofia pergunta então: o que quer a ciência? Ou ainda: o que quer cada ciência? O que a filosofia reflete e que a ciência pratica sem refleti-lo é a *determinação*, a *limitação de um domínio*, portanto, de uma essência real. Esse domínio não é dado, como um mundo de objetos colocado diante do olhar científico; ele depende da constituição de uma objetividade: "Há muito tempo que se tem buscado a unidade característica do conceito de uma ciência na direção de seu objeto. O objeto ditaria o método utilizado para o estudo de suas propriedades. Mas, no fundo, isso seria limitar a ciência à investigação de um dado, à exploração de um domínio. Do momento em que fica patente que toda ciência se atribui mais ou menos seu dado e se apropria, de fato, daquilo que se chama seu domínio, o conceito de uma ciência contou mais com seu método do que com seu objeto. Ou, mais exatamente, a expressão, objeto da ciência, recebeu um sentido novo. O objeto da ciência não é mais apenas o domínio específico dos problemas, dos obstáculos a serem resolvidos, é também a intenção e o desíg-

---

46 *La formation du concept de réflexe*, p. 158-159.

nio do sujeito da ciência, é o projeto específico que constitui como tal uma consciência teórica."[47] É somente nesse caso que se possui o sentido da reflexão sobre as origens. O objeto da *Tese sobre o normal* revela, finalmente, nos últimos capítulos, ser o de mostrar em que terreno ao certo se constituiu a fisiologia, "o espírito da fisiologia nascente" (ver a chamada a Sigerist, a propósito da obra de Harvey): uma ciência das condições da saúde. Assim é que se depreende uma linha histórica, estudada a partir de um conceito central, que antes esboça um *comportamento*[48] do que explora um objeto. Assim, a pesquisa recupera, tematizando-a, uma forma conhecida: a história de um *problema* científico; chega-se a determinar – em vez do objeto da fisiologia – o seu sujeito (ver a conclusão da *Tese sobre o normal*, p. 143-144).

Após ter caracterizado dessa maneira a *origem conceitual*, é possível empreender o estudo da ciência tal como ela existe de fato e relacioná-la à *sua* determinação: o que ela quer. Pode acontecer que se revele uma desproporção, um deslocamento, não entre as intenções e os atos – terminologia que não é psicológica *senão na aparência*, mas que é realmente teórica, e teórica precisamente como dependente da *teoria de uma história real* –, mas entre o *sentido real*, tal como ele se inscreveu na história, e *suas expressões*: o caso mais esclarecedor é o da *psicologia científica*, que, no momento em que acabou de nascer, entra em decadência; *sucede então que ela faz outra coisa que aquilo que ela quer, que está a serviço de interesses diversos dos seus*. Ela se dedica a um domínio que não lhe pertence, mas que lhe foi dado: o homem como instrumento. Nesse momento é que se coloca a questão da filosofia para a ciência, que só é possível quando a filosofia se converteu profundamente no que ela é: *história* (é assim que ela conhece as origens). A questão pode, então, ser colocada muito diretamente, tanto mais que se tomou como ponto de partida, como base, uma história cujas regras estão fora da prática da ciência. Eis como termina a conferência de G. Canguilhem O que é a psicologia: "Mas ninguém pode mais impedir que a filosofia continue a se perguntar sobre o *status* mal definido da psicologia, mal definido tanto pelo lado das ci-

---
47 Qu'est-ce que la psychologie?. In: *Revue de métaphysique*, 1958, p. 13.
48 *Allure*, no original. (N.T.)

ências como pelo lado das técnicas. A filosofia se conduz, assim, com sua ingenuidade constitutiva, tão pouco semelhante à tolice, que ela não exclui um cinismo provisório, e que a leva a voltar-se, uma vez mais, para o lado popular, isto é, para o lado nativo dos não especialistas. É então, de modo muito trivial, que a filosofia coloca à psicologia a questão: diga-me a que aspiras, para que eu saiba quem és? Mas o filósofo pode também dirigir-se ao psicólogo sob a forma – uma vez não são vezes – de um conselho de orientação, e dizer: quando se sai da Sorbonne pela rua Saint-Jacques, pode-se subir ou descer; se subirmos, aproximamo-nos do Panthéon, que é o conservatório de alguns grandes homens, mas, se descermos, dirigimo-nos certamente para a Chefatura de Polícia." Poder-se-ia tomar outro exemplo: o artigo sobre a difusão científica, que conclui também por uma *defesa*, cuja possibilidade se encontra fundamentada na epistemologia da história racional. Na medida em que os *meios* usados para descrever um objeto implicam uma concepção do próprio objeto, são criadas então as condições de possibilidade de um questionamento desse objeto.

Em vez de se fazer uma teoria da ciência, é preciso formular *o conceito da ciência*, ou o conceito de *cada* ciência; e esse conceito não se expressa, em parte alguma aliás, senão na história de suas formulações: no limite pode acontecer dificilmente de ele ser extraído destas. Esse conceito caracteriza a ciência como uma função que é preciso encontrar a cada passo, seguindo o caminho inverso de uma arqueologia: essa função não pode ser descrita em si mesma, independentemente das suas modalidades de aparecimento. O conceito, longe de dar uma ideia geral dela, *especifica* a noção de ciência. Assim, em um sentido bem freudiano, a arqueologia é a elucidação de uma especificidade atual. Seria descabido tomar emprestado a uma disciplina diferente – não há, cumpre lembrar, "cruzamento epistemológico" – o termo que caracteriza essa representação: rejeitar-se-á, portanto, a palavra psicanálise, retomada, contudo, por Bachelard, em um sentido muito mais distanciado de seu sentido original do que seria aqui. Mas talvez seja permitido dizer que, com a obra de G. Canguilhem, se possui, no sentido muito forte e não especializado que Freud dava a essa palavra, ou seja, no sentido objetivo e racional, *a análise de uma história*.

Pierre Macherey